山浦久司 [監修]
東 信男 [著]

政府公会計の理論と実務

国の予算・決算制度，財産管理，政策評価
及び国際公会計基準への対応

東京　白桃書房　神田

はじめに

　本書は著者が「公会計論」を大学で講義するために作成したテキストに加筆修正し，さらに監修者の立場から整理したものである。したがって，読者としては主に会計学や政府・地方自治体等の公共経営体の行政や財政を専攻する学生を対象としているが，国家財政が厳しさを増す中で公会計の重要性が高まってきており，現行制度や公会計改革に関心を有する方々にも有益な内容となっている。また，近年，公認会計士らの職業会計人も公的部門に関わり，その会計に関する業務を担当するケースも増えており，そのような方々にも役立つものと考えられる。

　公会計とは，政府や地方自治体等の公的部門の会計のことであるが，本書は主に国の会計制度を取り上げている。国の会計制度を取り上げているのは，わが国には，国際公会計基準（IPSAS）等の公会計に適用される基礎概念等を定めた包括的な基準がないため，公会計を論じるに当たっては，特定の制度を対象とせざるを得ないからである。国の会計制度と地方自治体等の他の公会計では，個々の制度設計は異なるものの，民主的な財政統制，説明責任の履行，財政活動の効率化など，公会計の目的は共通しているため，国の会計制度を学ぶことは，他の公会計の理解にも資すると思われる。また，特に1つの章を設けてIPSASを取り上げているのは，これが公会計基準のグローバル・スタンダードであるため，わが国の公会計改革を評価する場合に，ベンチマークとして利用できるからである。

　本書は先ず第1章において，公会計の目的，財政に関する法令，国の財務報告，政策など，本書を理解する上で必要な基礎概念等を説明している。第2章から第6章にかけては，国の予算制度，財産管理制度，政策評価制度及び会計検査制度を取り上げ，財政法等の関連法令に基づいて現行制度の解説を行っている。

　第7章から第9章にかけては，現行制度の課題を論じるとともに，省庁別財務書類，国の財務書類及び政策別コスト情報の作成など，国の公会計改革を取り上げ，省庁別財務書類の作成基準等に基づいて財務書類の解説を行っ

ている。第10章と第11章は，国の行政の一翼を担う独立行政法人の会計制度を取り上げ，独立行政法人会計基準等に基づいて現行制度の解説を行うとともに，独法会計の課題を論じている。第12章はIPSASを取り上げ，わが国の公会計改革とのベンチマーキングを行っている。最後の第13章は，わが国の常識が必ずしも世界の常識ではないことを読者に知ってもらうため，公会計改革の先進国である英国の公会計制度を紹介している。

　本書の作成に当たり，法令等に基づきながら可能な限り客観的な記述に努めたが，著者の私見も含まれていることを付け加えたい。著者はここ15年間，会計検査院の調査課長，官房審議官（検査支援・国際担当）等として公会計だけではなく，公監査，政策評価等の関連分野の調査研究に従事してきた。本書はこのような著者の調査研究の成果を反映した内容となっている。また，本書には監修者（山浦）が研究代表を努め，著者も共同参加した，平成27年度科学研究費補助金（基盤研究B）での研究の成果も含めている。

　本書が国の会計制度に対する関心を高め，ひいては公会計改革の進展の一助になれば監修者ならびに著者にとり幸いである。

平成28年1月

監修者　山浦　久司
著　者　東　　信男

目　　次

第 1 章　公会計の枠組み ……………………………………………… 1

1　公会計の定義 … 1
2　国の経済活動 … 2
　2.1　財政 … 2　　2.2　特徴 … 2
3　公会計の目的 … 3
　3.1　民主的な財政統制 … 3　　3.2　説明責任の履行 … 5
　3.3　財政活動の効率化 … 6
4　経済主体 … 6
　4.1　国 … 6　　4.2　政府出資法人 … 7
5　財政に関する法令 … 8
　5.1　財政権力に関する法令 … 8　　5.2　財政管理に関する法令 … 9
6　会計 … 9
　6.1　認識基準 … 9　　6.2　簿記法 … 10
7　国の財務報告 … 11
　7.1　予算執行 … 11　　7.2　財産管理 … 11
　7.3　特別会計財務書類 … 12　　7.4　歳入歳出外現金 … 12
8　政策 … 14
　8.1　政策体系 … 14　　8.2　ロジック・モデル … 14
　8.3　政策評価 … 15

第 2 章　国の予算制度（1）……………………………………………… 17

1　予算 … 17
2　予算の基礎概念 … 18
　2.1　歳入・歳出 … 18　　2.2　総計予算主義 … 18
　2.3　会計年度 … 19　　2.4　会計年度独立の原則 … 19

2.5　会計年度の所属区分 … 19　　2.6　出納整理期限 … 20
　　　2.7　予算単一の原則 … 20　　2.8　建設公債の原則 … 22
　　　2.9　暫定予算・補正予算 … 22
　3　予算の内容 … 23
　　　3.1　予算総則 … 23　　3.2　歳入歳出予算 … 23
　　　3.3　継続費 … 24　　3.4　繰越明許費 … 25
　　　3.5　国庫債務負担行為 … 25
　4　予算編成の流れ … 26
　　　4.1　中期財政計画 … 26　　4.2　概算要求 … 27
　　　4.3　概算と予算 … 28　　4.4　国会の予算審議 … 28
　5　政策と予算 … 30

第 3 章　国の予算制度（2） …………………………………………… 31

　1　予算の配賦 … 31
　2　支出負担行為実施計画の作成 … 31
　3　支払計画の作成 … 32
　4　弾力的な予算執行の仕組み … 32
　　　4.1　移用 … 32　　4.2　流用 … 33
　　　4.3　移替え … 33　　4.4　予備費 … 33
　5　歳入事務 … 34
　　　5.1　歳入徴収官 … 34　　5.2　出納官吏（収入官吏）… 35
　　　5.3　出納員 … 35
　6　歳出事務 … 36
　　　6.1　支出負担行為 … 36　　6.2　支出行為 … 38
　7　日本銀行 … 40
　8　契約 … 41
　　　8.1　契約機関 … 41　　8.2　契約方式 … 41
　　　8.3　予定価格 … 42　　8.4　契約の締結 … 42
　　　8.5　契約の履行 … 42

9　決算 … 43

　　10　決算の手続 … 43

　　　10.1　決算報告書の作成 … 43　　10.2　歳入歳出決算の作成 … 44

　　　10.3　会計検査院の検査 … 44　　10.4　国会の決算審議 … 45

　　11　剰余金 … 46

第4章　国の財産管理制度 …………………………………………… 49

　　1　国の財産 … 49

　　2　国庫金 … 50

　　　2.1　現金管理機関 … 50　　2.2　政府預金 … 50

　　　2.3　財務報告 … 51

　　3　債権 … 51

　　　3.1　適用範囲 … 51　　3.2　債権管理機関 … 52

　　　3.3　債権管理事務 … 52　　3.4　財務報告 … 55

　　4　物品 … 56

　　　4.1　適用範囲 … 56　　4.2　分類 … 57

　　　4.3　物品管理機関 … 57　　4.4　物品管理事務 … 58

　　　4.5　財務報告 … 60

　　5　国有財産 … 62

　　　5.1　適用範囲 … 62　　5.2　分類・種類 … 62

　　　5.3　国有財産管理機関 … 63　　5.4　国有財産管理事務 … 63

　　　5.5　財務報告 … 65

　　6　債務 … 66

　　　6.1　適用範囲 … 66　　6.2　分類 … 67

　　　6.3　債務管理事務 … 67　　6.4　財務報告 … 68

第5章　国の政策評価制度 …………………………………………… 71

　　1　政策評価の必要性 … 71

2 評価の理論的枠組み … 71
     2.1 政策体系 … 71　2.2 セオリー … 72
     2.3 ロジック・モデル … 72
     2.4 評価の手法：プログラム評価 … 73
     2.5 評価の手法：業績測定 … 77　2.6 評価の手法：メタ評価 … 77
   3 政策評価制度 … 77
     3.1 導入の経緯 … 77　3.2 各府省の政策評価 … 78
     3.3 総務省の政策評価 … 78　3.4 政策評価の観点 … 79
     3.5 政策評価の方式 … 80
   4 目標管理型の政策評価の課題 … 85
     4.1 府省横断的な政策の業績測定 … 85
     4.2 単位当たりコストの活用 … 85　4.3 業績データの信頼性 … 86
     4.4 独立行政法人の業績評価 … 86
   5 行政事業レビュー … 86

第 6 章　国の会計検査制度 …… 89

   1 会計検査の目的 … 89
   2 会計検査の実施主体 … 90
   3 会計検査院の組織 … 90
     3.1 検査官会議 … 91　3.2 事務総局 … 92
   4 会計検査の対象 … 93
     4.1 必要的検査対象 … 93　4.2 選択的検査対象 … 93
   5 会計検査の観点 … 94
     5.1 正確性の検査 … 94　5.2 合規性の検査 … 95
     5.3 経済性及び効率性の検査 … 96　5.4 有効性の検査 … 97
   6 会計検査基準（試案）… 97
   7 会計検査の実施方法 … 98
   8 意見表示・処置要求 … 99
     8.1 会計検査院法第 34 条 … 99　8.2 会計検査院法第 36 条 … 100

>　9　検査の実績 … 100
>　10　決算検査報告 … 101
>　　10.1　品質管理 … 102　　10.2　掲記事項 … 104
>　　10.3　検査報告の実績 … 106

第7章　国の公会計改革（1） ……………………………… 107

>　1　現行制度の概要 … 107
>　2　公会計の課題 … 108
>　　2.1　民主的な財政統制 … 108　　2.2　説明責任の履行 … 110
>　　2.3　財政活動の効率化 … 114
>　3　企業会計 … 115
>　　3.1　発生主義会計 … 115　　3.2　複式簿記 … 115
>　　3.3　原価計算 … 116　　3.4　連結決算 … 116
>　4　現金主義会計と発生主義会計の比較 … 116
>　5　公会計の改革 … 118
>　　5.1　過去の取組 … 118　　5.2　省庁別財務書類 … 118
>　　5.3　政策別コスト情報 … 119
>　　5.4　公会計改革の法的位置付け … 119

第8章　国の公会計改革（2） ……………………………… 121

>　1　省庁別財務書類 … 121
>　　1.1　体系 … 121　　1.2　作成方法 … 123
>　2　省庁別財務書類の作成基準 … 124
>　　2.1　貸借対照表 … 124　　2.2　業務費用計算書 … 129
>　　2.3　資産・負債差額増減計算書 … 132
>　　2.4　区分別収支計算書 … 135
>　3　公債関連情報 … 137

第9章　国の公会計改革（3） …………………………………… 139

1　省庁別連結財務書類 … 139
　1.1　体系 … 139　　1.2　作成目的 … 139
　1.3　連結の対象 … 140　　1.4　連結の方法 … 140
2　国の財務書類 … 141
　2.1　体系 … 141　　2.2　作成目的 … 142
　2.3　国の財務業績 … 143　　2.4　国の財政状態 … 144
3　政策別コスト情報 … 146
　3.1　作成目的 … 146　　3.2　政策 … 146
　3.3　作成方法 … 146　　3.4　コスト情報 … 148
4　公会計改革の課題 … 150
　4.1　活用方法 … 150　　4.2　会計制度 … 150
　4.3　内部統制制度 … 151　　4.4　政策評価制度 … 152
　4.5　会計検査制度 … 153

第10章　独立行政法人の会計制度（1） …………………………… 155

1　独立行政法人の定義 … 155
2　独立行政法人の分類 … 155
　2.1　中期目標管理法人 … 157　　2.2　国立研究開発法人 … 157
　2.3　行政執行法人 … 157
3　独法会計の目的 … 158
　3.1　民主的な財政統制 … 158　　3.2　説明責任の履行 … 158
　3.3　財政活動の効率化 … 159
4　独法会計の特徴 … 160
　4.1　運営状況 … 160　　4.2　損益の均衡 … 161
　4.3　資本取引と損益取引 … 161
　4.4　効率化へのインセンティブ … 162
5　財務諸表の体系 … 162

　　　　5.1　貸借対照表 … 162　　5.2　損益計算書 … 163
　　　　5.3　キャッシュ・フロー計算書 … 164
　　　　5.4　利益の処分又は損失の処理に関する書類 … 164
　　　　5.5　行政サービス実施コスト計算書 … 164　　5.6　附属明細書 … 164
　　6　独立行政法人固有の会計処理 … 165
　　　　6.1　運営費交付金 … 165　　6.2　損益外費用 … 166
　　　　6.3　費用収益相殺 … 170

第11章　独立行政法人の会計制度（2） … 175

　　1　減損 … 175
　　　　1.1　定義 … 175　　1.2　減損の兆候 … 176
　　　　1.3　減損の認識 … 176　　1.4　減損額の測定 … 177
　　　　1.5　減損額の会計処理 … 177
　　2　行政サービス実施コスト計算書 … 178
　　3　独法会計の課題 … 179
　　4　民主的な財政統制 … 180
　　　　4.1　運営費交付金 … 180　　4.2　政府出資 … 183
　　5　説明責任の履行 … 185
　　　　5.1　損益計算書 … 185　　5.2　貸借対照表 … 185
　　　　5.3　セグメント情報 … 187
　　6　財政活動の効率化 … 188
　　　　6.1　業務運営の効率化目標 … 188　　6.2　政府出資の機会費用 … 189
　　　　6.3　単位当たりコスト … 190
　　7　目的積立金 … 190
　　8　損益の均衡 … 192

第12章　国際公会計基準（IPSAS） … 195

　　1　IPSASB … 195

2　概念 FW … 196
　　3　IPSAS … 196
　　4　IPSAS と省庁別財務書類作成基準の比較 … 198
　　　4.1　基礎概念 … 199　　4.2　資産項目 … 204
　　　4.3　負債項目 … 207　　4.4　財務書類以外の情報 … 209
　　5　作成基準の特徴 … 213
　　　5.1　基礎概念 … 213　　5.2　資産項目 … 213
　　　5.3　負債項目 … 214　　5.4　財務書類以外の情報 … 214

第 13 章　英国の公会計制度 …………………………………… 215

　　1　比較制度論 … 215
　　2　英国の公会計制度 … 216
　　　2.1　財政規律 … 216　　2.2　予算制度 … 217
　　　2.3　会計制度 … 219　　2.4　内部統制制度 … 220
　　　2.5　政策評価制度 … 221　　2.6　会計検査制度 … 222
　　3　発生主義会計情報の活用状況 … 223
　　　3.1　民主的な財政統制 … 223　　3.2　説明責任の履行 … 227
　　　3.3　財政活動の効率化 … 228

参考文献 ………………………………………………………………… 233
索引 ……………………………………………………………………… 237

法令名略語表

1 日本

略　語	法　令　名
院法	会計検査院法（昭和22年法律第73号）
会法	会計法（昭和22年法律第35号）
貨資法	貨幣回収準備資金に関する法律（平成14年法律第42号）
評価法	行政機関が行う政策の評価に関する法律（平成13年法律第86号）
帳簿令	国の会計帳簿及び書類の様式等に関する省令（大正11年大蔵令第20号）
債管法	国の債権の管理等に関する法律（昭和31年法律第114号）
決資法	決算調整資金に関する法律（昭和53年法律第4号）
国資法	国税収納金整理資金に関する法律（昭和29年法律第36号）
国財法	国有財産法（昭和23年法律第73号）
国組法	国家行政組織法（昭和23年法律第120号）
財法	財政法（昭和22年法律第34号）
財資法	財政融資資金の長期運用に対する特別措置に関する法律（昭和48年法律第7号）
特会法	特別会計に関する法律（平成19年法律第23号）
通則法	独立行政法人通則法（平成11年法律第103号）
内府法	内閣府設置法（平成11年法律第89号）
憲法	日本国憲法（昭和21年）
物管法	物品管理法（昭和31年法律第113号）
放法	放送法（昭和25年法律第132号）
予決令	予算決算及び会計令（昭和22年勅令第165号）

2 英国

略語	法令名
BRNA法	2011年予算責任・国家会計検査法（Budget Responsibility and National Audit Act 2011）
GRA法	2000年政府資源・会計法（Government Resources and Accounts Act 2000）

（注）本文中に（　）で条文を引用するときは、法令名は上記の法令名略語表に従って略語を用い、条・項・号はそれぞれ次の例のように表記した。

〔例〕会計検査院法第23条第1項第2号　→　院法23①二

第1章 公会計の枠組み

1 公会計の定義

　会計とは，経済主体が営む経済活動及びこれに関連して発生する経済事象を貨幣額によって測定・記録し，かつ報告する行為のことである。会計は経済主体の相違によりマクロ会計とミクロ会計に区分される。

　マクロ会計とは，国全体を一つの経済主体とみる会計のことである。一方，ミクロ会計とは，国民経済を構成する経済主体別に行われる会計のことで，①家計，②企業会計，③公会計，④非営利法人会計に区分される（図表1-1参照）。

　このうち，公会計とは，公的部門の会計のことで，経済主体には，国，地方公共団体，及びこれらが所有又は支配する政府出資法人が含まれる。政府出資法人として公庫，独立行政法人，国立大学法人などが設立されている。政府出資法人の中には株式会社の組織形態をとるものもあり，これらは企業

図表1-1　会計の種類

```
         ┌ ミクロ会計 ┌ 家計（個人及び家庭の会計）
         │            │ 企業会計（株式会社等の会社その他の企業の会計）
会計 ────┤            │ 公会計（国，地方公共団体及びこれらが所有又は支配する政府出資法人の会計）
         │            └ 非営利法人会計（公益社団法人，公益財団法人，社会福祉法人等の営利を目的としない法人の会計）
         └ マクロ会計
```

(出典) 新井・川村（2014）1-3頁より筆者作成

会計を採用しているため，株式会社の組織形態をとる政府出資法人の会計は，公会計には含まれない。本書は公会計のうち，主に国及び独立行政法人の会計を取り上げている。

2 国の経済活動

2.1 財政

　国は経済の様々な分野で多くの活動を行っている。この中には，一般的な行政事務や，国防，外交，治安維持などのほか，社会資本の整備，自然環境の保全，教育，社会保障などの活動が含まれる。これらはいずれも民間部門の経済活動を補ったり，又は，民間部門が提供できないサービスを供給したりしている。国はこれらの活動に必要な財源を，租税，社会保険料，様々な料金，さらには国債などの手段によって民間部門から調達している。このような国の経済活動は，財政と呼ばれる。

2.2 特徴

　ミクロ会計が国民経済を構成する経済主体別に4つに区分されるのは，それぞれの経済活動の目的等が異なるため，必要となる会計情報も異なってくるからである。ここでは，企業活動と比較しながら，国の経済活動の特徴をみてみたい。

（ア）　企業活動の目的は，市場で利益を追求することであり，その成果は，獲得した利益という会計情報により評価することができる。これに対し，政府活動の目的は，国民の福祉の向上を図るなどの政策目的を達成することであり，その成果は，会計情報だけでは評価することができず，別途，非財務的な情報が必要になる。

（イ）　企業が提供する財・サービスの量・質は，市場での自発的な交換取引により決定され，購入者にとって受益と負担は一致する。これに対し，政府が提供するサービスは，非自発的に徴収された租税を根源的な財源とし，量・質は議会において集合的に決定され，受益時には無料であるため，購入者にとって受益と負担は一致しない。

（ウ）　市場での交換取引は，需給が一致する時点で成立するため，購入者も供給者も選好が合わなければ取引から退出して他の相手を選択することができる。これに対し，国民は政府が提供するサービスに不満があったとしても，政府を企業のように自由に選択することは容易ではない。
（エ）　企業活動に制約はなく，購入者の選好に応えて財・サービスを国内に止まらず，世界各国に供給することができる。これに対し，政府は法令及び予算の統制を受け，主権の及ぶ地域の国民にのみサービスを提供している。

　このように企業の経済活動は，交換取引であり，市場での評価を受けているため，企業会計は収益から費用を控除した利益で，企業活動の純成果に関する会計情報を提供できる。一方，国の経済活動は，非交換取引であり，市場の評価を受けていないため，公会計において企業会計の利益又は純資産の増減に相当するものは，調達した資源と使用した資源の差額に関するフロー，ストックの会計情報にすぎず，公会計は政府活動の純成果に関する会計情報を提供できない。

3　公会計の目的

　国は国民の福祉の向上を図るなどの政策目的を達成するため，租税を根源的な財源として市場性のないサービスを提供している。国は企業とは異なる目的等を有しているため，公会計は企業会計にはない目的を有している。日本国憲法は財政民主主義を基本原則の一つとして採用している（図1-2参照）。これは，国の財政活動が国民の経済活動と密接な関係をもち，かつ国民の負担に直接関わるため，これを国民の監視の下に置くことは，民主的な財政制度にとって不可欠な要素となるからである。公会計は財政民主主義を実現するため，次のような会計情報を提供することが求められている。

3.1　民主的な財政統制
(1) 予算及び財政に関する法律
　国の財政活動の基本は，国が国民から強制的に徴取した租税等を政策に応

4　第1章　公会計の枠組み

図表1-2　日本国憲法における財政民主主義の仕組み

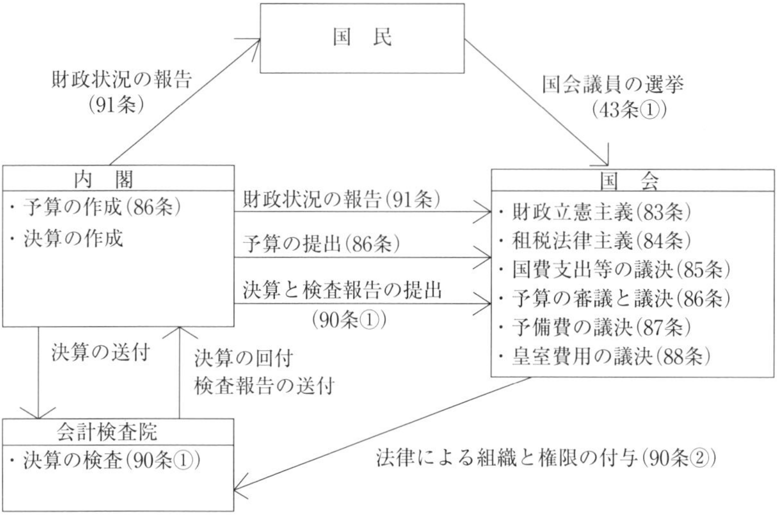

```
                          ┌─────────┐
                          │  国  民  │
        財政状況の報告    └─────────┘   国会議員の選挙
           (91条)          ↗         ↖      (43条①)
   ┌──────────────┐                        ┌──────────────────────┐
   │    内  閣    │  財政状況の報告(91条)   │ ・財政立憲主義(83条) │
   │・予算の作成  │ ───────────────→       │ ・租税法律主義(84条) │
   │ (86条)       │  予算の提出(86条)        │ ・国費支出等の議決   │
   │・決算の作成  │ ───────────────→       │  (85条)              │
   │              │  決算と検査報告の提出    │ ・予算の審議と議決   │
   │              │    (90条①)              │  (86条)              │
   └──────────────┘                        │ ・予備費の議決(87条) │
        │      ↑                           │ ・皇室費用の議決     │
   決算の送付  決算の回付                   │  (88条)              │
        │    検査報告の送付                 └──────────────────────┘
        ↓      │                                    │
   ┌──────────────────┐                            │
   │    会計検査院    │ ← 法律による組織と権限の付与(90条②)
   │・決算の検査      │
   │  (90条①)        │
   └──────────────────┘
```

（注）（　）は日本国憲法の条文
（出典）東（2011b）図表1-1（2頁）

じて配分することである。このような配分は，一会計年度における国の収入支出の見積りである予算に基づいて行われる。日本国憲法は，内閣は毎会計年度の予算を作成し，国会に提出して，その審議を受け議決を経なければならないと定めている（憲法86）。また，国会は国の財政活動に充てる財源を調達したり，調達した財源を管理し，使用したりするため，財政に関する法律を制定し，予算執行と財産管理を行うに当たり準拠すべき会計処理の原則及び手続を定めている。

(2) 決算

国の財政活動は，予算及び財政に関する法律に準拠して行われ，その結果は，一会計年度における国の収入支出の実績を整理した決算に表示される。日本国憲法は，国の収入支出の決算はすべて毎年会計検査院がこれを検査し，内閣は次の年度に，その検査報告とともに，これを国会に提出すると定めている（憲法90①）。決算を国会に提出するのは，単に報告するということではなく，財政民主主義の当然の帰結として，国会が事前審査した予算に基づき現実に行われた国の財政活動について事後審査を行うためであると解され

ている。
　このように内閣は，国会から予算循環過程を通じて一連の財政統制を受けているため，公会計は民主的な財政統制に資する会計情報を提供する必要がある。

3.2　説明責任の履行
(1)　国会
　内閣は国の財政を処理する権限を有する一方で，その行使について国会に対し連帯して責任を負っている。このため，内閣は国会に対し国の財政に係る自己の行為を説明し，それを正当化する義務を課せられている。日本国憲法は，内閣は国会及び国民に対し定期に，少なくとも毎年一回，国の財政状況について報告を行うと定めている（憲法91）。また，国会が予算審議，予算関連法案の審議及び決算審議において的確な意思決定を行うためには，予算及び決算以外に，国の財政状況に関する十分な情報が必要になる。従って，内閣が国会に対し説明責任を履行することは，財政統制が有効に機能する上で，不可欠な要素となる。

(2)　国民
　国の財政活動は，国民の経済活動と密接な関係をもち，かつ国民の負担に直接関わるため，国民は国の財政状況に重大な関心を有している。民主主義国家は，国民が自己の利害関係において政権交代を望む場合，選挙権を行使することにより，予算執行責任者である内閣及び国会与党の政治責任を追及する途を開いている。国民が選挙において的確な意思決定を行うためには，国の財政状況に関する十分な情報が必要になる。従って，内閣が国民に対し説明責任を履行することは，財政統制が有効に機能する上で，不可欠な要素となる。

　このように内閣は，国会及び国民に対し国の財政状況について説明する義務を課せられているため，公会計は説明責任の履行に資する会計情報を提供する必要がある。

3.3 財政活動の効率化

　内閣は国会及び国民に対し説明責任を履行する義務を課せられているが，この義務を果たすためには，その前提として自己の行為を正当化するため，財政活動の効率性等に関し自己評価を行う必要がある。これは，国の財政活動では，市場原理が働かないだけではなく，公債発行により国民負担を将来世代に先送りできるため，効率化へのインセンティブが機能しないからである。しかし，放漫財政が続けば，財政の持続可能性に対する信頼を失い，経済の安定を損ね，最終的に国民に不利益を及ぼす。その結果，予算執行責任者である内閣及び国会与党は，選挙を通じて政治責任を問われることになる。

　このように内閣は，国会及び国民に対し説明責任を履行する前に自己評価を行い，予算執行及び財産管理の改善を図ることが求められているため，公会計は財政活動の効率化に資する会計情報を提供する必要がある。

4　経済主体

4.1　国

　日本国憲法は国の機関として国会，内閣，裁判所及び会計検査院を設置している。財政を処理する権限は内閣に与えられているが，内閣はその権限を行使するため，国家行政組織を整えている。内閣府設置法は，内閣総理大臣が政府全体の見地から管理することがふさわしい行政事務を遂行したりするため，内閣府を置いている（内府法2）。内閣府の長は，内閣総理大臣となっている。また，国家行政組織法は国の行政事務を遂行するため，国の行政機関として省，委員会及び庁を置いている（国組法3②）。

　このうち，省は内閣の統轄の下に行政事務をつかさどる機関として置かれ，委員会及び庁は，省に，その外局として置かれている。省の長は大臣，委員会の長は委員長，庁の長は長官と呼ばれている（図表1-3参照）。財政を処理する権限は内閣に与えられているが，財政に関する法令では，国の財政活動に関し最終的な責任を有しているのは，衆議院議長，参議院議長，最高裁判所長官，会計検査院長，内閣総理大臣及び各省大臣（以下「各省各庁の長」という。）である。

図表 1-3 経済主体：国

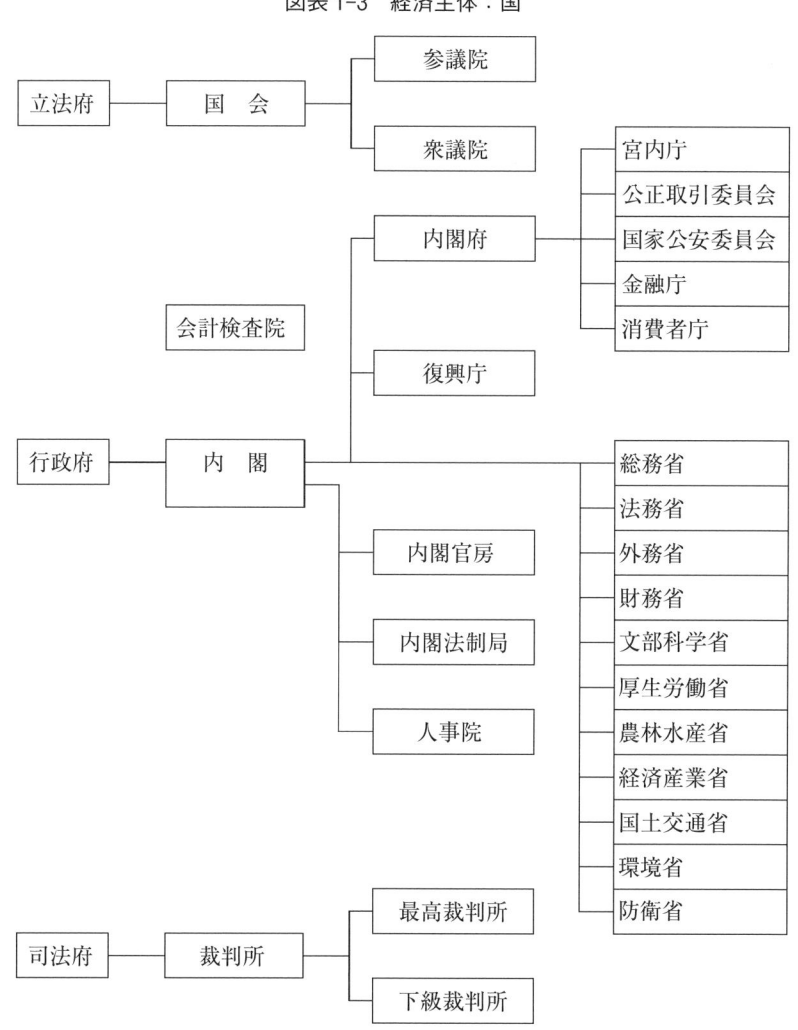

（出典）国家行政組織法等より筆者作成

4.2 政府出資法人

 国は政策目的を達成するため，政策手段として，①自ら行う直轄事業，②政府出資法人が行う事業，③地方公共団体等が行う補助事業，④租税特別措置，⑤規制等を用いている。このうち，政府出資法人は国が資本金の全部又

は一部を出資している法人のことで，それぞれの個別法や共通的な事項を定めた通則法に基づいて設立されている。個別法及び通則法は，各法人の名称，目的，事業の内容，ガバナンス構造だけではなく，予算，決算等の会計に関する事項も定めている。政府出資法人はその経済活動に対する国の関与の程度や事業の内容に応じて，①政府関係機関（沖縄振興開発金融公庫等），②独立行政法人（国立公文書館等），③国立大学法人（北海道大学等），④大学共同利用機関法人（人間文化研究機構等），⑤その他の法人（日本私立学校振興・共済事業団等）に区分できる。

例えば，政府関係機関は政策金融を行っており，予算は国会で議決され，決算報告書は国会に提出される。これに対し，独立行政法人は主務省の政策実施機関で，予算は国会で議決される必要はなく，決算報告書も主務大臣に提出され，その承認を受ければ足りることになっている。

5 財政に関する法令

財政とは，国の経済活動に必要な財源を調達し，その調達した財源を管理し，使用する一連の作用のことである。この財政の作用は，その性格の違いにより，財政権力作用と財政管理作用に区分され，財政に関する法令もそれぞれの作用に応じて次のように区分することができる。

5.1 財政権力に関する法令

財政権力作用とは，国の経済活動に必要な財源を調達するため，一般統治権に基づいて国民に命令し，強制する作用のことである。この財政権力作用は，国民の経済的負担に密接かつ直接関わるとともに，国の存立を支える経済的基盤となるため，厳格な法的規制を受ける必要がある。このため，国家権力を行使することを目的に，財政権力に関する法令が定められている。財政権力に関する法令には，租税及び社会保障関係の法令があり，これらの法令は，①所得税，法人税，消費税，相続税，贈与税等の租税，②労働保険，健康保険，厚生年金保険等の保険料の徴収に当たり準拠すべき会計処理の原則及び手続を定めている。

5.2 財政管理に関する法令

財政管理作用とは，調達した財源を管理し，使用する作用のことである。この財政管理作用は，国家権力の行使を伴わないものの，国の財政活動が国民の利害関係に直接的又は間接的な影響を及ぼすだけではなく，国の行政機構が複雑多岐にわたるため，一定の法的規制を受ける必要がある。このため，国の組織内部を管理することを目的に，財政管理に関する法令が定められている。つまり，国の財政活動に関する内部統制は，財政管理に関する法令により整備されることになる。財政管理に関する法令は，さらに，会計法令と政策に関する法令に区分できる。

(1) 会計法令

会計法令は国の財政活動に関する会計処理を統一的に行うため，公会計の枠組みとともに，各府省が予算執行及び財産管理を行うに当たり準拠すべき会計処理の原則及び手続を定めている。予算執行については，財政法，会計法等が定められ，これらの法令は，予算の作成と執行，決算の作成等に関して会計処理の原則及び手続を定めている。また，財産管理については，国有財産法，物品管理法等が定められ，これらの法令は，財産の取得，維持，運用，処分等に関して会計処理の原則及び手続を定めている。

(2) 政策に関する法令

政策に関する法令は，各府省が行政課題に対応した政策目的を達成するため，特定の政策を実施するに当たり国民に提供するサービスの内容を定めている。各府省の政策は，個々に異なるため，当該政策の会計処理の細部については，個別具体的に定める必要がある。政策に関する法令は，社会保障政策を例にとれば，政策の目的，受給者の受給資格，給付金の支給期間，給付金の支給額等に関して当該政策固有の会計処理の原則及び手続を定めている。

6 会計

6.1 認識基準

会計において収益及び費用の認識に関する基本的な考え方には，現金主義と発生主義がある。現金主義会計とは，現金の収入及び支出があった時点で

収益及び費用を認識する方法で，認識の対象は現金である。また，発生主義会計とは，経済的価値の生成及び消費が発生した時点で収益及び費用を認識する方法で，認識の対象はすべての経済資源である。

　日本国憲法は財政民主主義の原則を支出面から具体化するため，国費を支出し，又は国が債務を負担するには，国会の議決に基づくことを必要とすると定めている（憲法85）。財政法によると，収入とは，国の各般の需要を充たすための支払の財源となるべき現金の収納，支出とは，国の各般の需要を満たすための現金の支払とされている（財法2①）。国費の支出及び債務の負担に対する国会の議決は，予算の形式でなされるため，予算とその執行実績を整理した決算の作成は，現金主義会計で行われることになる。

6.2　簿記法

　会計において経済活動の取引事実を記録する方法には，単式簿記と複式簿記がある。単式簿記とは，経済活動の取引の一部を一面的に捉えて記録する方法である。また，複式簿記とは，経済活動の取引が及ぼす影響を二面的に捉えて記録する方法である。

　会計法は，歳入徴収官，支出負担行為担当官等の会計機関は，政令の定めるところにより，帳簿を備え，かつ報告書等を作成すると定め（会法47①），帳簿の様式及び記入の方法については，財務大臣が定めるとされている。財務大臣が定めた国の会計帳簿及び書類の様式等に関する省令によると，予算の執行に係る帳簿の様式及び記入の方法は，単式簿記となっている（帳簿令第16号書式等）。

　このように公会計は，単式簿記による現金主義会計を採用しているため，決算の構成要素は，現金の収入，支出及びその残高となる。現金以外の資産及び負債については，会計的認識の対象から除外され，それぞれが別々の法体系で管理されることになる。

7 国の財務報告

7.1 予算執行

　国の財政活動は，国会の承認を受けた歳入歳出予算により統制されているため，当該年度の国の予算執行に関する財務報告として，歳入歳出予算の執行実績を表示した「歳入歳出決算（財法38①）」が作成されている。国の会計は，一般会計と特別会計とに区分して経理されているため，歳入歳出決算は歳入歳出予算と同様に一般会計及び特別会計ごとに作成されている。

　また，歳入歳出決算の添付書類として継続費により完成した事業の執行実績を表示した「継続費決算報告書（財法37③）」，歳入歳出予算の添付書類として国全体の実質的な財政規模を表示した「歳入歳出決算の純計表（財法28三）」が作成されている。歳入歳出決算の純計表とは，国を一般会計と各特別会計が統合された一つの経済主体とみなし，一般会計と各特別会計の歳入歳出決算額の単純合計額から，各会計相互の歳入歳出決算額を内部取引として相殺消去したものである。

　内閣は会計検査院の検査を経た歳入歳出決算を，翌年度開会の常会において国会に提出するのを常例とするとされている（財法40①）。

7.2 財産管理

　国の会計は，現金主義に基づいた単式簿記により処理されているため，フロー情報とストック情報が有機的に結合していないことから，当該年度末の国の財産管理に関する財務報告が歳入歳出決算とは別に作成されている。

　この財務報告には，国の金銭債権を表示した「国の債権の現在額総報告（債管法40③）」，国の所有に属する取得価格又は見積価格50万円以上（防衛用品及び美術品については300万円以上）の機械，器具等を表示した「物品増減及び現在額総報告（物管法38③）」，国の所有に属する不動産等を表示した「国有財産増減及び現在額総計算書（国財法33②）」及び国の金銭債務等を表示した「国の債務に関する計算書（財法37①）」がある。これらの計算書に計上する資産又は負債の範囲，計上価額，計上方法等はそれぞれ別の法令で規定されており，国内部で統一された会計基準に基づいて作成されてい

るわけではない。

　これらの財務報告以外に，無償で貸し付けられた国有財産を表示した「国有財産無償貸付状況総計算書（国財法36②）」が作成されている。

　内閣は会計検査院の検査を経た国有財産増減及び現在額総計算書，国有財産無償貸付状況総計算書を，翌年度開会の国会の常会に報告することを常例とするとされている（国財法34①，37①）。

7.3　特別会計財務書類

　特別会計は特別会計に関する法律に基づき，国が特定の事業を行ったり，特定の資金を保有してその運用を行ったりなどする場合に設置されており，平成27年度には14の特別会計が設置されている。所管大臣は毎会計年度，その管理する特別会計について資産及び負債の状況その他決算に関する財務情報を開示するための書類を企業会計の慣行を参考として作成し，財務大臣に送付することになっている（特会法19①）。

　この特別会計財務書類の体系は，①貸借対照表，②業務費用計算書，③資産・負債差額増減計算書，④区分別収支計算書，⑤附属明細書で，特別会計財務書類の作成基準に準拠して作成されている。

　内閣は会計検査院の検査を経た特別会計財務書類を，国会に提出するとされている（特会法19②）。

7.4　歳入歳出外現金

　国の財政活動の中には，歳入歳出予算を財源とするものに加え，国税収納金整理資金，財政融資資金，労働保険特別会計・雇用勘定の雇用安定資金，年金特別会計・厚生年金勘定の積立金など，財政法第44条に基づく資金を財源とするものも含まれている。これらの資金は歳入歳出外現金となっていて，その運営実績は歳入歳出決算には反映されないため，これらの資金については，特別の法律に基づき，財務報告が作成されている。

　この財務報告には，一般会計歳入歳出決算の添付書類として「国税収納金整理資金受払計算書（国資法16①）」，「決算調整資金の増減及び現在額計算書（決資法10①）」，「貨幣回収準備資金の増減及び現在額計算書（貨資法

13①)」と，財政投融資特別会計・財政融資資金勘定歳入歳出決算の添付書類として「財政融資資金の長期運用予定額に係る運用実績報告書（財資法4①)」がある。また，特別会計に関する法律に基づき，これらの資金が属する特別会計の歳入歳出決算の添付書類として「資金増減実績表」,「積立金明細表」等が作成されている。

　内閣は会計検査院の検査を経た国税収納金整理資金受払計算書を，一般会計の歳入歳出決算とともに，国会に提出するとされている（国資法16③)（国の決算書類体系については，図表1-4参照)。

図表1-4　国の決算書類体系

予算執行	歳入歳出決算(財法38①)
	継続費決算報告書(財法37③)
	歳入歳出決算の純計表(財法28三)

財産管理	国の債権の現在額総報告(債管法40③)
	物品増減及び現在額総報告(物管法38③)
	国有財産増減及び現在額総計算書(国財法33②)
	国有財産無償貸付状況総計算書(国財法36②)
	国の債務に関する計算書(財法37①)

特別会計財務書類	貸借対照表(特会法19①)
	業務費用計算書(同上)
	資産・負債差額増減計算書(同上)
	区分別収支計算書(同上)
	附属明細書(同上)

歳入歳出外現金	国税収納金整理資金受払計算書(国資法16①)
	決算調整資金の増減及び現在額総計算書(決資法10①)
	貨幣回収準備資金の増減及び現在額計算書(貨資法13①)
	財政融資資金の長期運用予定額に係る運用実績報告書(財資法4①)

(注)　(　)は根拠規定
(出典)　東（2011b）図表3-1（37頁）に加筆修正

8 政策

8.1 政策体系

　国の財政活動の目的は，国民の福祉の向上を図るなどの政策目的を達成することである。各府省の政策は，国民生活や社会経済に発生した特定の課題を解決するために実施されることから，政策目的と政策手段の関係としてとらえると「政策（狭義）→施策→事務事業」から構成されていると考えられる。

　ここで，①政策（狭義）とは特定の行政課題を解決するための基本的な目標，②施策とは政策（狭義）を達成するための具体的な目標で，組織的な行政活動のまとまり，③事務事業とは施策を達成するための具体的な政策手段で，個々の行政活動のことである。各府省の政策は，多くの場合，一つの政策（狭義）に複数の施策があり，また，一つの施策に複数の事務事業があるため，ピラミッド型の3層構造になっている。このように政策（狭義），施策及び事務事業は，相互に目的と手段の関係を保ちながら，全体として一つの政策体系を構成している。

8.2 ロジック・モデル

　各府省の政策は，原因と結果の因果関係としてとらえると「資源→投入（インプット）→行政活動→行政サービス（アウトプット）→＜外部要因＞→効果（アウトカム）」の各過程を経て国民生活や社会経済に変化を与えると考えられる。評価の理論では，この一連の流れをロジック・モデルと呼んでいる。

　ここで，①資源とは行政活動に投入する資金，人，物等の生産要素，②投入（インプット）とは行政活動を実施するために必要な資源の費消，③行政活動とは行政サービスを提供するための組織的な生産活動，④行政サービス（アウトプット）とは国民生活や社会経済に発生した特定の課題を解決するために提供する公共財，⑤外部要因とは効果に影響を与える当該アウトプット以外の要因，⑥効果（アウトカム）とはアウトプットが国民生活や社会経済に発生した特定の課題に与える好ましい変化のことである。

このように資源，インプット，行政活動，アウトプット及びアウトカムは，相互に原因と結果の関係を保ちながら，全体として一つのロジック・モデルを構成している。

8.3 政策評価

国の財政活動は，租税を根源的な財源に行政サービスを非交換取引により，非競争の環境下で提供しているため，その成果は会計情報だけでは十分に評価できない。別途，個々の政策別に評価する必要がある。政策評価の観点には，経済性，効率性，有効性等がある。

ここで，①経済性とは，特定の政策において，行政活動が最少の資源投入で実施されているかどうか，②効率性とは，特定の政策において，一定の資源投入の下で最大の行政サービスが提供されているかどうか，③有効性とは，特定の政策において，政策目的を達成しているかどうかということである。

図表1-5 ロジック・モデルと政策評価の関係

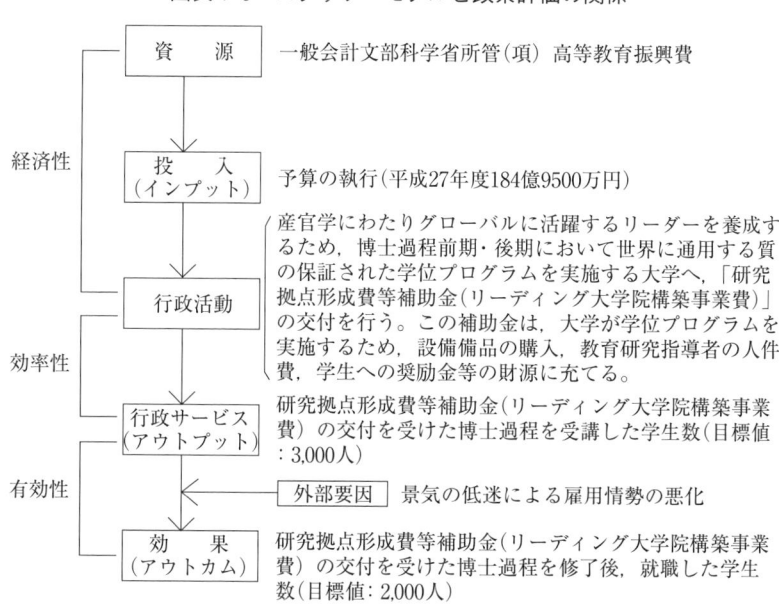

(注) ロジック・モデルは文部科学省が実施している博士過程教育リーディングプログラムの例
(出典) 文部科学省（2014）等より筆者作成

それぞれの観点から政策を定量的に評価するためには，政策を実施する前に，当該政策のロジック・モデルを作成し，それぞれのインプット，アウトプット及びアウトカムの目標値を明確にするとともに，インプット，アウトプット及びアウトカムの実績値を把握する必要がある（ロジック・モデルと政策評価の観点については，図表 1-5 参照）。公会計は政策評価においてインプット，つまり，投入された資源に関する会計情報を提供することになる。

第2章

国の予算制度（1）

1 予算

　予算とは，一会計年度における国の収入支出の見積りのことで，政府が当該年度に実施しようとする政策を網羅的に貨幣額によって体系化するとともに，その財源的な裏付けを明らかにしたものである。

　予算により，国の歳入・歳出の総額が決まり，政策別に資源が配分される。毎会計年度の予算は，内閣により編成され，国会に提出される。予算は国会の議決を成立要件としており（憲法86），予算の成立により，内閣は国会から財政権限を付与されると同時に，当該予算を財政に関する法令に準拠しながら執行する法的責任を負うことになる。

　民間部門でも，企業の内部管理を目的として，各種の予測や一定の仮定に基づいて予算や事業計画が作成され，経営上の意思決定や部門別の業績評価においてベンチマークとして用いられている。これらは，国の予算とは異なり，あくまで見積りであり，経営環境の変化に応じて柔軟に変更することが可能で，法的な拘束力は全くない。

2 予算の基礎概念

2.1 歳入・歳出

歳入とは，一会計年度における一切の収入のことで，歳出とは，一会計年度における一切の支出のことである（財法2④）。収入とは，国の各般の需要を充たすための支払の財源となるべき現金の収納のことで，支出とは，国の各般の需要を充たすための現金の支払のことである（財法2①）。この定義において国の各般の需要を充たすとは，政策を実施するということである。現金の収納には，他の財産の処分又は新たな債務の負担により生ずるものも含まれ，現金の支払には，他の財産の取得又は債務の減少を生ずるものも含まれる。また，収入及び支出には，会計間の繰入れその他国庫内において行う移替えによるものも含まれる。

収入支出は上記のように定義されているため，国の会計は，収益及び費用に関する認識基準として現金主義を採用していることになる。このため，収入支出は経常的収支と資本的収支の区別を行わず，また，公債金収入及び国債の元本償還費も含む。さらに，一般会計と特別会計，又は特別会計と他の特別会計との間の財源の繰入れは，国庫外に現金が支払われることはないが，支出として整理する。

2.2 総計予算主義

予算編成方法には，総計予算主義と純計予算主義の2つがある。総計予算主義とは，歳入と歳出を差引き計算せず，一会計年度間における一切の現金支出を歳出に計上し，一切の現金収入を歳入として計上する方法である。これに対し，純計予算主義とは，収入を受け入れるのに必要な経費を差し引いた金額を歳入に計上し，支出に伴って生じる収入を差し引いた金額を歳出に計上する方法である。財政法は，歳入歳出はすべてこれを予算に編入すると定めており（財法14），総計予算主義を採用している。このため，各省各庁の長は，その所掌に属する収入を国庫に納めなければならず，直ちにこれを使用することはできない（会法2）。これにより，国の予算の全貌が明らかになり，国会による民主的な財政統制の実効性が高まることになる。

2.3 会計年度

国の財政活動は，半永久的に継続すると考えられるが，国の収入支出を管理し，整理するためには一定期間ごとに区分する必要がある。会計年度とは，この期間のことである。財政法は，国の会計年度は毎年4月1日に始まり，翌年3月31日に終わると定めており（財法11），一会計年度の期間は1年となっている。これにより，複数年を一会計年度とする場合と比べ，各府省の概算要求において用いられる予測や仮定の不確実性は軽減され，予算の実現可能性が高まることになる。

2.4 会計年度独立の原則

会計年度独立の原則とは，各会計年度の経費は，その年度の歳入をもって支弁し，特定の年度における収入支出は，他の年度の収入支出と区分する原則のことである。財政法は，各会計年度における経費はその年度の歳入を以て，これを支弁すると定め（財法12），また，繰越明許費の金額を除く外，毎会計年度の歳出予算の経費の金額は，これを翌年度において使用することができないと定めており（財法42），会計年度独立の原則を採用している。このため，各府省は当該年度に使用する物品を翌年度の予算で購入することはできない。また，年度内に工事がしゅん工しないにもかかわらず，予算の繰越手続を行わないで，当該年度の予算から請負代金を支払うことはできない。これにより，各会計年度の収入支出は当該年度に完結し，整理され，他の会計年度には影響を及ぼさないことになる。

2.5 会計年度の所属区分

歳入歳出の会計年度の所属区分を行うに当たっては，債権債務の発生の事実に基づいて年度の所属区分を定める発生主義的年度区分と，債権債務の発生の事実にかかわらず，現金授受の事実に基づいて年度の所属区分を定める現金主義的年度区分の2つの考え方がある。予算決算及び会計令は，例えば，歳入の会計年度所属区分において随時の収入で納入告知書を発するものは，納入告知書を発した日の属する年度と定め（予決令1の2①二），また，歳出の会計年度所属区分において工事製造費，物件の購入代価等で相手方の行

為の完了があった後交付するものは，その支払いをなすべき日の属する年度と定めており（予決令2①五），発生主義的年度区分の方法を採用している。

　国の会計は，現金主義を採用しているため，発生主義的年度所属区分を採用した場合，当該年度に発生した債権債務についてその収支を完了させた上で決算を行う必要がある。しかし，すべての収支を完了させてから決算を行うためには，会計年度終了後，相当の期間を要し決算が著しく遅延することになる。このため，収入支出の出納整理期限までに未収未払として残った債権債務については，出納整理期間経過後に現金が授受された段階で，現年度の所属とされている（会法9，27）。

2.6　出納整理期限

　出納整理期限とは，決算の内容となる収入支出の出納に関する事務を整理してこれを最終的に確定するための期限のことで，出納整理期間とは，会計年度終了の翌日から出納整理期限までのことである。会計法は，一会計年度に属する歳入歳出の出納に関する事務は，政令の定めるところにより，翌年度7月31日までに完結すると定めており（会法1①），予算決算及び会計令により，4月30日又は5月31日が出納整理期限となっている（予決令3〜7）。出納整理期限は国の会計が現金主義を採用しているにもかかわらず，歳入歳出の会計年度の所属区分が発生主義的年度区分を採用しているため，一定の期間内に収支を完了させるために導入されている。

2.7　予算単一の原則

　予算単一の原則とは，毎会計年度における国の政策を網羅的に通観できるよう，単一の会計（一般会計）で一体として経理する原則のことである。この原則は，国全体の財政状態を把握したり，国全体の収支を調整したりする上で有用であるが，国の財政活動が複雑化・多様化してくると，単一の会計では，特定の事業の財務業績や資金の運用実績が他の事業や資金のものと一体化されてしまい不明確となるため，当該事業や資金に係る経理が適切に行えない場合も生じる。

　財政法は，国の会計を分って一般会計及び特別会計とすると定め（財法

13①),①国が特定の事業を行う場合,②特定の資金を保有してその運用を行う場合,③その他特定の歳入を以て特定の歳出に充て一般の歳入歳出と区分して経理する必要がある場合に限り,法律を以て,特別会計を設置するものとすると定めており(財法13②),予算単一の原則に例外を設けている。

特別会計は特別会計に関する法律に基づいて設置されており,平成27年度には14の特別会計が設置されている(図表2-1参照)。特別会計にも,一般会計と同様に財政法が適用され,各特別会計において必要がある場合には,財政法の規定と異なる定めをなすことができるとされている。

図表2-1 特別会計一覧(平成27年度)

種類	名称	所管	勘定
事業会計	地震再保険特別会計	財務省	
	労働保険特別会計	厚生労働省	労災勘定・雇用勘定・徴収勘定
	年金特別会計	内閣府・厚生労働省	基礎年金勘定・国民年金勘定・厚生年金勘定・健康勘定・子ども・子育て支援勘定・業務勘定
	食糧安定供給特別会計	農林水産省	農業経営安定勘定・食糧管理勘定・農業共済再保険勘定・漁船再保険勘定・漁業共済保険勘定・業務勘定・国営土地改良事業勘定
	国有林野事業債務管理特別会計	農林水産省	
	貿易再保険特別会計	経済産業省	
	特許特別会計	経済産業省	
	自動車安全特別会計	国土交通省	保障勘定・自動車検査登録勘定・自動車事故対策勘定・空港整備勘定
	東日本大震災復興特別会計	国会等17府省	
資金会計	外国為替資金特別会計	財務省	
	財政投融資特別会計	財務省・国土交通省	財政融資資金勘定・投資勘定・特定国有財産整備勘定
区分経理会計その他	交付税及び譲与税配付金特別会計	内閣府・総務省・財務省	
	国債整理基金特別会計	財務省	
	エネルギー対策特別会計	内閣府・文部科学省・経済産業省・環境省	エネルギー需給勘定・電源開発促進勘定・原子力損害賠償支援勘定

(出典)財務省(2015c)54頁等より筆者作成

2.8 建設公債の原則

　国の歳出は，税収等で賄われるのが理想であるが，国の歳出には，経常的支出だけではなく，資本的支出もあり，後者に関しては，固定資産が形成され，将来世代に引き継がれる。建設公債の原則とは，固定資産は将来世代に長期にわたり受益を提供できるため，固定資産を形成するための財源として公債を発行し，その元利償還を通じて将来世代に負担を求めても，世代間負担の公平性という観点からは許容されるという考え方である。財政法は，国の歳出は公債又は借入金以外の歳入を以て，その財源としなければならないが，公共事業費，出資金及び貸付金の財源については，国会の議決を経た金額の範囲内で，公債を発行し又は借入金をなすことができると定めており（財法4①），建設公債の原則を採用している。

　財政法は公債の発行を建設公債に限定しているが，近年，財政需要の増大と景気の低迷に伴う税収の減少により，建設公債以外の公債が発行されている。この公債は，特例公債と呼ばれ，公共事業費，出資金及び貸付金以外の財源，つまり，経常的支出の財源に充てられている。特例公債は財政法第4条の特例措置であり，また，世代間負担の公平性の観点からも問題があるため，発行の都度，特別の法律が制定されている。24年度から27年度までに発行される特例公債に関しては，「財政運営に必要な財源の確保を図るための公債の発行の特例に関する法律」が制定されている。同法は特例公債の発行権限だけを定め，具体的な発行限度額は毎年度の予算総則で定められている。

2.9 暫定予算・補正予算

(1) 暫定予算

　国の政策の中には，日々絶え間なく行われるものもあるため，新会計年度の政策に財源的裏付けを与える予算は，毎年4月1日以前に成立している必要があるが，政治情勢等により，国会が年度開始までに予算を議決しないこともあり得る。このため，財政法は，内閣は必要に応じて一会計年度のうち一定期間に係る暫定予算を作成し，これを国会に提出することができると定めている（財法30①）。

(2) 補正予算

予算は各種の予測や一定の仮定を用いて編成されているため，その後の社会経済情勢の変化により当初の予測や仮定が該当しなくなり，予算額に不足が生じたり，予算の内容を変更せざるを得なくなったりすることもあり得る。このため，財政法は，内閣は一定の場合に限り予算作成の手続に準じて補正予算を作成し，これを国会に提出することができると定めている（財法29）。一定の場合とは，予算作成後に生じた事由に基づき，特に緊要となった経費の支出の追加を行ったり，予算に追加以外の変更を加えたりする場合などである。

3 予算の内容

財政法は予算を予算総則，歳入歳出予算，継続費，繰越明許費及び国庫債務負担行為に区分している（財法16）。

3.1 予算総則

予算総則は歳入歳出予算，継続費，繰越明許費及び国庫債務負担行為に関する総括的事項及び内閣の財政活動を統制する上で特に重要な事項を定めている。このうち，内閣の財政活動を統制する上で特に重要な事項とは，①建設公債の原則に関連して定める公債又は借入金の限度額と，その対象となる公共事業費の範囲（財法22一，二），②災害復旧その他緊急の必要がある場合の国庫債務負担行の限度額（財法22五）である。なお，2.8で述べたとおり，特例公債の発行限度額も予算総則で定められる。

3.2 歳入歳出予算
(1) 歳入予算

歳入予算は一会計年度における収入の見積りであるが，これによって内閣は徴収権限を付与されたり，徴収義務を課せられたりすることはない。なぜなら，租税や社会保険料の賦課徴収は，財政権力に関する個別の法令により行われるからである。従って，実際の歳入が予算を超過したり，また，予算

を下回ったりしても，各省各庁の長は，法的責任を問われることはない。

　歳入予算は，予算額を「主管→部→款→項」（大分類から小分類）に区分して計上している（財法 23）。主管とは歳入の徴収及び収納に関する事務を管理する府省のことで，部，款及び項とは収入の性質のことである。議決の対象は項までであるが，予算に添付される歳入予算明細書は，項を「目」に区分し，具体的な収入の内訳を示している。

(2) 歳出予算

　歳出予算は一会計年度における支出の見積りであるが，これによって内閣は当該年度の債務負担権限及び支出権限が付与される。債務負担とは，国の支出の原因となる債務を負担することで，物品購入契約の締結や，工事・製造請負契約の締結などが該当する。支出とは，発生した債務を弁済するため，現金を支払うことである。従って，実際の歳出が予算を超過した場合，各省各庁の長は，法的責任を問われることになる。

　歳出予算は，予算額を「所管→組織→項」（大分類から小分類）に区分して計上している（財法 23）。所管とは歳出予算の執行に関して責任を有する府省のことで，組織とは所管内で支出に関係のある部局等のことで，項とは支出の目的のことである。最小の区分単位は項となっており，各府省は項別に定められた金額を超過することはできず，項以外に新たな金額を支出することはできない。また，項の金額はその項で定められた目的以外に支出することはできない。議決の対象は項までであるが，予算に添付される予定経費要求書は，項を「目」に区分し，具体的な支出の内訳を示している。

3.3　継続費

　継続費は工事，製造その他の事業で，その完成に数年度を要するものについて経費の総額及び年割額を定めている（財法 14 の 2 ①）。これにより，数年度にわたる債務負担権限と支出権限を付与することになる。継続費は歳出予算と同様に，予算額を「所管→組織→項」に区分して計上している。国が支出することができる年限は，原則として当該会計年度以降 5 箇年度以内で，年割額のうち，当該年度内に支出を終わらなかったものについて，事業の完成年度まで逓次繰り越して使用できることになっている。歳出予算の一覧性

を確保するため、歳出予算にも継続費の年割額が計上される。実際の運用では、継続費を計上しているのは、防衛省の護衛艦及び潜水艦の建造に限られている。

3.4 繰越明許費

繰越明許費は歳出予算の経費のうち、その性質上又は予算成立後の事由により年度内に支出を終わらない見込みのあるものについて定めている（財法14の3①）。繰越明許費は「所管→組織→事項」（大分類から小分類）に区分されている。事項は項のうち年度内に支出の終わらない見込みのある目を掲記している。事項は予算額を計上しておらず、金額については、その性質上又は予算の執行上やむを得ない事由が生じた場合に、事項ごとに、その事由及び金額を明らかにし、財務大臣の承認を経ることになっている。繰越明許費のうち、予算の執行上やむを得ない事由がある場合は、財務大臣の承認があった金額の範囲内において、翌年度にわたって支出すべき債務を負担することができる（財法43の3）。

財政法は繰越明許費以外に、歳出予算の経費の金額のうち、年度内に支出負担行為を行い、避け難い事故のため年度内に支出を終わらなかったものは、翌年度に繰り越して使用することができると定めている（財法42但書）。この繰越しは、事故繰越しと呼ばれている。繰越明許費と同様に、事項ごとに、その事由及び金額を明らかにし、財務大臣の承認を経ることになっている。

3.5 国庫債務負担行為

国会が内閣に与える財政権限には、債務負担権限と支出権限がある（憲法85）。これは、通常の経済活動では、債務を負担した後に支出を行うからである。歳出予算及び継続費は、両者を付与するが、国庫債務負担行為は前者しか付与しない。財政法は、法律に基づくもの又は歳出予算の金額若しくは継続費の総額の範囲内におけるものの外、国が債務を負担する行為をなすには、予算を以て、国会の議決を経なければならないと定めている（財法15①）。

また、財政法はこれ以外に、災害復旧その他緊急の必要がある場合においては、国は毎会計年度、国会の議決を経た金額の範囲内において債務を負担

する行為をなすことができると定め（財法15②），予算総則においてその限度額を定めている。国が債務を負担する行為により支出することができる年限は，原則として当該会計年度以降5箇年度以内とされている。国庫債務負担行為は債務負担権限だけを付与するため，支出に当たっては，改めて歳出予算に計上する必要がある。

4　予算編成の流れ

4.1　中期財政計画
(1)　財政目標
　予算は一会計年度における国の収入支出の見積りであるため，対象期間は1年間であるが，財政規律を維持するためには，中期的な視点で計画的に財政運営を行う必要がある。このため，中期財政計画が策定され，対象期間の各年度において予算を編成する場合の方針や目標が示されている。現在の中期財政計画は，25年8月8日に閣議了解された「当面の財政健全化に向けた取組等について－中期財政計画－」で，27年度及び32年度までに達成すべき財政目標を設定している。
　この中期財政計画は，国・地方を合わせた基礎的財政収支について27年度までに22年度に比べ赤字の対GDP比を半減させて，32年度までに黒字化を達成し，その後の債務残高対GDP比の安定的な引下げを目指すとしている。このうち，27年度の目標達成に向けて，国の一般会計の基礎的財政収支について26年度予算では赤字を19兆円程度，27年度予算では赤字を15兆円程度とするとしている。また，新規国債発行額については，26年度及び27年度においてそれぞれ前年度を上回らないよう，最大限努力するとしている。このように中期財政計画は，対象期間の各年度において一般会計予算を編成する場合の具体的な目標を示している。

(2)　基礎的財政収支
　基礎的財政収支とは，プライマリー・バランス（Primary Balance）とも呼ばれ，国民経済計算における中央政府及び地方政府の純借入れから純利払いを控除したものである。中央政府及び地方政府には，一般会計，特別会計，

独立行政法人等が含まれる。また，一般会計における基礎的財政収支とは，税収等（公債金収入を除く。）から基礎的財政収支対象経費を控除した額である。基礎的財政収支対象経費とは，歳出から国債費（元本償還費及び利払費）を控除したものである。基礎的財政収支が均衡したとしても，利払費だけ債務残高は増加するため，債務残高を増加させないためには，利払費を含む財政収支を均衡させる必要がある。

（参考）
基礎的財政収支＝（歳入－公債金収入）－（歳出－国債費）
　　　　　　　＝国債費－公債金収入
　　　　　　　＝（元本償還費＋利払費）－公債金収入

4.2　概算要求

　予算の編成は，各府省の概算要求から始まるため（財法17②），内閣が中期財政計画に沿った当該年度の予算を編成するためには，先ず各府省に概算要求を行う場合の基本的な方針を示す必要がある。このため，例年，各府省が概算要求を行う場合の基本的な方針が作成されている。27年度予算を例にとると，26年7月25日に「平成27年度予算の概算要求に当たっての基本的な方針について」が閣議了解されている。概算要求の基本的な考え方は例年共通しており，経費を大きく年金・医療費等，地方交付税交付金・地方特例交付金，義務的経費及び裁量的経費に区分し，それぞれ前年度当初予算をベースに，増減額又は増減率を示している。

　27年度予算を例にとると，①年金・医療費等については，前年度当初予算に8300億円を加算した額の範囲内，②地方交付税交付金・地方特例交付金については，中期財政計画との整合性に留意すること，③人件費等の義務的経費については，前年度当初予算の額の範囲内，④裁量的経費については，前年度当初予算に0.9を乗じた額の範囲内とされている。各府省はそれぞれの経費が上限内に収まるよう各政策の所要額を積算し，その結果をまとめた概算要求を前年度の8月31日までに財務大臣に送付することになっている（予決令8③）。

4.3 概算と予算

　財務省は9月以降，各府省の説明を受けながら概算要求の査定を行うが，その最終局面において例年，内閣が予算編成を行う場合の基本方針が作成されている。27年度予算を例にとると，26年12月27日に「平成27年度予算編成の基本方針」が閣議決定されている。この基本方針は，予算編成において中期財政計画で設定された財政目標に取り組む方針を示すとともに，27年度において各府省が取組む政策に関する基本的な考え方を主な歳出分野別に示している。

　財務大臣は概算要求の査定後，概算を作成し，閣議決定を経るとされている（財法18①）。その後，財務大臣は歳入予算明細書を作成し，各府省は概算の範囲内で予定経費要求書等を作成し，財務大臣に送付することになっている。予定経費要求書は，項を政策の内容に応じて「事項」に区分している。財務大臣は歳入予算明細書及び各府省の予定経費要求書等に基づいて予算を作成し，閣議決定を経て政府原案としている。政府原案の閣議決定は，例年，12月末となっている。

4.4 国会の予算審議

　予算は政府原案の閣議決定後，国会に提出されるが，先ず衆議院に提出される（憲法60①）。この提出は，前年度の1月中に提出するのを常例としている。予算には，歳入予算明細書，各府省の予定経費要求書等が添付される。

図表2-2　一般会計予算（平成27年度）　　　　（単位：億円）

歳入		歳出	
項目	金額	主要経費	金額
消費税	171,120 (17.8%)	社会保障関係費	315,297 (32.7%)
所得税	164,420 (17.1%)	地方交付税・地方特例交付金	155,357 (16.1%)
法人税	109,900 (11.4%)	公共事業関係費	59,711 (6.2%)
その他の租税等	99,810 (10.4%)	文教及び科学振興費	53,613 (5.6%)
特例公債	308,600 (32.0%)	防衛関係費	49,801 (5.2%)
建設公債	60,030 (6.2%)	国債費	234,507 (24.3%)
その他の収入	49,540 (5.1%)	その他の経費	95,133 (9.9%)
計	963,420 (100%)	計	963,420 (100%)

（出典）財務省（2015c）1-2頁より筆者作成

予算は国会の審議を経て両議院で可決したときに成立するが、参議院で衆議院と異なった議決をした場合に、両院の協議会を開いても意見が一致しないとき、又は参議院が、衆議院の可決した予算を受け取った後、国会休会中の期間を除いて30日以内に議決しない場合は、衆議院の議決を国会の議決とするとされ（憲法60②）、衆議院の優越性が認められている。

27年度予算は暫定予算を経て27年4月9日に成立したが、一般会計予算の内訳は、図表2-2のとおりとなっている。

図表2-3　政策体系と予算体系の関係（文部科学省の例）

1. 政策体系

政策（狭義）	施策	事務事業
Ⅰ．生涯学習社会の実現		（1）研究拠点形成事業
‥‥‥		（2）国際化拠点整備事業
Ⅳ．個性が輝く高等教育の振興	1. 大学などにおける教育研究の質の向上	（3）大学改革推進事業
‥‥‥	2. 大学などにおける教育研究基盤の整備	（4）国立大学改革強化推進事業
Ⅵ．私学の振興		
‥‥‥		

2. 予算体系

政策体系	予算体系		
	組織	項	目
Ⅳ．個性が輝く高等教育の振興	文部科学省本省		
1. 大学などにおける教育研究の質の向上		高等教育振興費	
（1）研究拠点形成事業			研究拠点形成費等補助金
（2）国際化拠点整備事業			国際化拠点整備事業費補助金
（3）大学改革推進事業			大学改革推進等補助金
（4）国立大学改革強化推進事業			国立大学改革強化推進補助金

（出典）文部科学省（2014）等より筆者作成

5 政策と予算

　各府省の政策は,「政策(狭義)→施策→事務事業」から構成されているが,予算の項は,おおむね施策レベルに対応している。但し,必ずしも一対一で対応しているわけではなく,一つの施策の財源が複数の項に計上されたり,逆に複数の施策の財源が一つの項に計上されたりしている。また,予算の目は,おおむね事務事業レベルに対応している。但し,必ずしも項の金額がすべて事務事業別に区分されているわけではなく,複数の事務事業に共通する経費が別途計上されたりしている(政策体系と予算体系の関係については,図表2-3参照)。

第3章

国の予算制度（2）

1 予算の配賦

　予算の配賦とは，内閣が国会で成立した予算を各省各庁の長に配分することである。これは，予算執行に関する最終的な責任は，歳入については財務大臣が，歳出については各省各庁の長が，それぞれ有しているからである。財政法は，予算が成立したときは，内閣は国会の議決したところに従い，各省各庁の長に対し，その執行の責に任ずべき歳入歳出予算，継続費及び国庫債務負担行為を配賦すると定めている（財法31①）。この場合，歳入歳出予算及び継続費については，項は目に区分され，各省各庁の長は，財務大臣の予算統制を受けることになる。

2 支出負担行為実施計画の作成

　各省各庁の長は，配賦された歳出予算，継続費及び国庫債務負担行為のうち，公共事業費その他財務大臣の指定する経費に係るものについては，これらに基づいてなす支出負担行為の実施計画に関する書類を作成して，財務大臣の承認を得る必要がある（財法34の2①）。支出負担行為とは，国の支出の原因となる契約その他の行為のことである。支出負担行為実施計画の作成が必要になるのは，公共事業費を例にとると，予算編成の過程では，必ずし

も具体的な事業箇所，事業内容，予算規模等の詳細が確定しているわけではないため，予算の執行段階で，これらを確定するためである。各省各庁の長は，支出負担行為を行う場合，公共事業費その他財務大臣の指定する経費に係るものについては，承認された支出負担行為実施計画に定める金額を超えてはならない（会法12）。

3　支払計画の作成

各省各庁の長は，配賦された歳出予算，継続費及び国庫債務負担行為に基づき，支出担当事務職員ごとに支出の所要額を定め，支払の計画に関する書類を作成して，財務大臣の承認を得る必要がある（財法34①）。これは，財務大臣が国庫金の残高，歳入の収納状況，歳出の支出状況等を勘案しながら，資金収支の統制を行っているからである。このため，承認の対象となる経費は，支出負担行為実施計画の承認と異なり，すべての経費となっている。支払計画は官署支出官別に，毎四半期における当該官署支出官の支出額を組織別及び項別に計上している。

4　弾力的な予算執行の仕組み

歳出予算は当初の計画通りに執行するのが理想であるが，予算編成後の社会経済情勢の変化により，当初予算をそのまま執行できなくなったり，当初予算のまま執行すると，不適切な事態を招いたりすることがある。このため，予算を弾力的に執行するための仕組みがいくつか設けられている。

4.1　移用

移用とは，同一の「所管」内において，歳出予算又は継続費の「組織」の金額又は「項」の金額を，他の「組織」又は他の「項」に移して使用することである。移用は国会の議決科目を予算の執行段階で変更することになるため，あらかじめ予算をもって国会の議決を得た場合に限り認められ，財務大臣の承認を必要とする（財法33①但書）。通常，予算総則で所管別に，移用

できる組織と組織，項と項を定めている。移用することができるのは，項の間において，政策の目的が同一又は類似していたり，相互に関連していたり，また，組織又は項の間において，人件費に過不足が生じたりする場合である。

4.2　流用

　流用とは，同一の「項」内において，「目」の金額を他の「目」に移して使用することである。流用は各項に定める予算の目的の範囲内で行う場合に限り認められ，財務大臣の承認を必要とする（財法33②）。流用については，移用とは異なり，新たな目を設置して行うことも認められている。流用は国会の議決科目の変更ではないため，移用とは異なり，あらかじめ予算を以て国会の議決を得る必要はない。

4.3　移替え

　移替えとは，予算の成立後，「所管」又は「組織」の金額を他の「所管」又は他の「組織」に移して使用することである。予算の移替えは，財政法上に規定はないが，毎年度の予算総則に規定して国会の議決を得て行うことになっている。移替えが行われるのは，行政組織に関する法令の改廃等による職務権限の変更等に伴い，所管又は組織の設置，廃止が行われ，それに伴って予算の責任所属の変更を行う場合である。また，予算編成において，予算額を所管別又は組織別に区分することなく，特定の所管又は組織に一括計上し，予算執行の段階で，その執行に当たる所管又は組織に移して使用する場合である。従って，移替えでは，移用とは異なり，予算の目的は変更されない。

4.4　予備費

　予備費とは，予見し難い予算の不足に充てるため，使途を特定せずに，歳入歳出予算に計上しているものである（財法24）。予見し難い予算の不足に対応する予算上の制度としては，補正予算があるが，補正予算は軽微な事態や災害等の緊急事態には必ずしも機動的に対応できないため，予備費の制度が設けられている。予備費は財務大臣が管理しているため，各省各庁の長は，

予備費の使用を必要と認めるときは，理由，金額及び積算の基礎を明らかにした調書を作成し，財務大臣に送付する。その後，財務大臣は調書に基づいて予備費使用書を作成し，閣議の決定を得ることになっている。予備費使用書の決定により，予算は各省各庁の長に配賦されたものとみなされている。これにより，新しい項の金額が作られたり，既定の項の金額が追加されたりする。内閣は予備費の使用について，事後に国会の承諾を得なければならない（憲法87②，財法36③）。

5 歳入事務

会計法は収入行為を徴収行為と収納行為に区分している。徴収行為とは，収入の原因となる権利の内容を調査して収入金額を確定し，債務者に対して納入の告知を行うことで，金銭債権の履行の請求に関する行為である。一方，収納行為とは，現実に債務者から現金を領収することで，金銭債権の返済の受領に関する行為である。歳入事務を執行する会計機関は，収入行為に応じて徴収機関と収納機関に区分され，職務の分離により内部統制を行うため，兼職は禁止されている（会法8）。

5.1 歳入徴収官

歳入徴収官は徴収機関で，各省各庁の長から歳入の徴収に関する事務の委任を受け，徴収事務を行っている（会法4の2①）。歳入徴収官の徴収事務は，調査決定と納入の告知に区分される。調査決定とは，法令の規定又は契約により金銭債権が発生した場合，その発生原因，発生時期，債務者，納付すべき金額等について調査を行い，具体的に債務者，納付金額，納付期日等を確定することである。納入の告知とは，調査決定に基づき，債務者に対して納付金額，納付期日，納付場所等を通知することである。歳入徴収官は徴収簿を備え，徴収決定済額，収納済歳入額，不納欠損額及び収納未済歳入額を登記することになっている（予決令131）。歳入徴収官の登記は，次のように行われる。

（ア）調査決定を行ったときは，直ちに調査決定年月日，徴収決定済額等の登記を行う。
（イ）納入の告知を行った後，収入官吏及び日本銀行から領収済の報告を受けたときは，収納年月日，収納済歳入額等の登記を行う。
（ウ）徴収決定済額のうち収納済とならないものについては，消滅時効の完成等により金銭債権が消滅することがある。この場合，国の金銭債権を減額するため，不納欠損の整理を行い，不納欠損の整理を行った年月日，不納欠損額等の登記を行う。
（エ）徴収決定済額の中には，出納整理期限までに収納されないものもある。この場合，出納整理期限の翌日に翌年度への繰越整理を行い，収納未済歳入額の登記を行う。

　歳入徴収官は毎月，徴収済額報告書を作成し，徴収決定済額，収納済歳入額，不納欠損額及び収納未済歳入額について，翌月15日までに各省各庁の長に報告している。

5.2　出納官吏（収入官吏）

　出納官吏は収納機関で，収納事務を行っている（会法7①）。出納官吏はその出納保管する現金の性質に応じて①収入官吏，②資金前渡官吏，③歳入歳出外現金出納官吏に区分されるが，歳入金の収納事務を行うのは，収入官吏である。収入官吏が債務者から領収した現金は，遅滞なく日本銀行に払い込まれる（会法7②）。この中には，収入官吏自身が領収した現金と出納員から払い込まれた現金が含まれる。収入官吏は現金出納簿を備え，現金の受入，払出及び残高をその発生の都度，直ちに登記している。収入官吏は毎月，現金払込仕訳書を作成し，領収した金額及び日本銀行に払い込んだ金額について，翌月5日までに歳入徴収官に報告している。

5.3　出納員

　出納員は収納機関で，収入官吏の補助者として収納事務を行っている（会法40①）。出納員が債務者から領収した現金は，所属の収入官吏に払い込まれる（予決令113）。出納員は収入官吏と同様に現金出納簿を備え，現金の

図表 3-1 歳入事務の流れ

```
                    各省各庁の長
                         ↑
                    ⑦徴収済額報告書の送付
                         │
                    歳入徴収官 ←──────────────┐
                         ↑                    │
                    ⑥収納現金・払込現金の領収報告  ①調査決定
                         │                      納入の告知
                    日本銀行 ←─────┐            │
                         ↑ ④       │            │
                    収納現金の払込   │            │
                         │          ②現金の納付  │
   ⑤現金払込仕訳書の送付  出納官吏（収入官吏）← 債務者
                         ↑ ③
                    収納現金の払込
                         │
                       出納員
```

（出典）会計法等より筆者作成

受入，払出及び残高をその発生の都度，直ちに登記している（歳入事務の流れについては，図表 3-1 参照）。

6 歳出事務

歳出事務は契約の締結等により国の支出の原因となる債務を負う支出負担行為と，これに基づいて，現実にその金銭債務の履行を行う支出行為に区分されている。歳出事務のうち，支出負担行為に関与する会計機関は，相互牽制により内部統制を行うため，執行機関と審査機関に区分されている。

6.1 支出負担行為
(1) 支出負担行為担当官

支出負担行為担当官は執行機関で，各省各庁の長から委任を受けて支出負担行為に関する事務を行っている（会法13①）。各省各庁の長は，支出負担行為を支出負担行為担当官に行わせようとするときは，内閣から配賦された

歳出予算，継続費及び国庫債務負担行為の範囲内で，支出負担行為担当官ごとに科目，金額等を記載した支出負担行為計画を作成し，各支出負担行為担当官に示達することになっている（予決令39①）。この場合，支出負担行為計画は当該支出負担行為により支出を行うことになる官署支出官や，当該支出負担行為の認証を行う支出負担行為認証官にも送付される。

支出負担行為担当官は支出負担行為を行おうとするときは，支出負担行為決議書を作成することにより，当該支出負担行為の内容と意思決定を明確にすることになっている。この場合，各庁各庁の長から示達された支出負担行為計画の科目別金額を超えてはならない。支出負担行為担当官は支出負担行為の確認又は認証を受けた後，契約の締結，国庫補助金の交付決定等の支出負担行為を行うことになる。

(2) 支出負担行為確認官（官署支出官）

支出負担行為確認官は審査機関で，支出負担行為担当官が支出負担行為を行うときに，当該支出負担行為の金額が各庁各庁の長から示達された支出負担行為計画の科目別金額を超えていないかどうかの確認を行っている（会法13の2①）。この確認は，当該支出負担行により支出を行うことになる官署支出官により行われる。官署支出官は支出負担行為差引簿を備え，支出負担行為計画の示達額，支出負担行為の確認済額，支出負担行為計画示達額のうち確認未済額の登記を行う。支出負担行為確認官の確認は，支出負担行為認証官の認証を受けた場合は行われない。

(3) 支出負担行為認証官

支出負担行為認証官は審査機関で，各省各庁の長が予算執行の適正を期するため特に必要があると認めたときに認証を行っている（会法13の3①）。認証は，当該支出負担行為が法令又は予算に違反していないか，金額の算定に誤りがないか，支出負担行為計画の科目別金額を超えていないかなどの審査を行う。支出負担行為認証官は支出負担行為差引簿を備え，支出負担行為計画の示達額，支出負担行為の認証済額，支出負担行為計画示達額のうち認証未済額の登記を行う（支出負担行為の流れについては，図表3-2参照）。

図表 3-2　支出負担行為の流れ

```
                              財務大臣
              ①支出負担行為実施計画の │ ②支出負担行為実施計画の承認
                 申請           ↑ ↓
    ④支出負担行為計画を示達した旨の通知    ④支出負担行為計画を示達した旨の通知
         ←―――――――――― 各省各庁の長 ――――――――――→
                              ↓
                      ③支出負担行為計画の示達
                              ↓
   ┌─────────┐  ⑤支出負担行為の認証  ┌──────────┐  ⑤支出負担行為の確認  ┌─────────┐
   │支出負担行為 │ ――――――――――→ │ 支出負担行為担当官 │ ――――――――――→ │支出負担行為 │
   │  認証官  │                │          │  ⑦契約締結の通知   │  確認官   │
   └─────────┘                │          │ ――――――――――→ │(官署支出官)│
                              │          │                  └─────────┘
                              │          │  ⑩契約履行の通知      ↑
                  ⑥契約の締結 ↓ ↑⑧契約履行の確認   ⑨検査調書の送付
                         契約の相手方(債権者) ←――――― 検査職員
```

(出典) 会計法等より筆者作成

6.2　支出行為

　会計法は支出行為を支出行為（狭義）と支払行為に区分している。支出行為（狭義）とは，国の負担した債務に基づいて支出の意思決定を行い，現金支払の命令を行うことである。一方，支払行為とは，命令に基づいて現実に現金の支払を行い，金銭債務の弁済を行うことである。歳出事務のうち，支出事務を執行する会計機関は，支出行為に応じて支出機関と支払機関に区分され，職務の分離により内部統制を行うため，兼職は禁止されている（会法26）。また，支出機関の事務は，官庁会計事務データ通信システム（ADAMS）で処理されているため，支払指図書の交付を決定する事務と，実際に支払指図書の交付を行う事務に区分されている。

(1)　官署支出官

　官署支出官は支出機関で，各省各庁の長から委任を受けて支払指図書の交付を決定する事務を行っている（会法24①）。各省各庁の長は，官署支出官に支出の決定をさせようとするときは，配賦を受けた歳出予算を当該官署支出官に示達することになっている（予決令41①）。この示達は，財務大臣の

承認を受けた支払計画で定められた金額の範囲内で行われ，センター支出官にも示達内容が通知される。

官署支出官は契約の履行等に伴い支出の決定を行おうとするときは，支出決定決議書を作成することにより，当該支出決定の内容と意思決定を明確にすることになっている。この場合，当該支出の原因となる支出負担行為が確認又は認証されているかどうか，支出負担行為差引簿に登記されているかどうか，また，支出額が示達された支払計画を超過していないかどうか調査する。その後，官署支出官は支出の決定を行ったときは，その旨をセンター支出官に通知している（予決令42の2）。この通知には，支払指図書の交付の場合，債権者の住所・氏名，支出金額，予算科目，交付年月日，振込先金融機関，口座番号等が記載される。官署支出官は支出決定簿を備え，支払計画示達額，支出決定済額，支払計画示達額のうち支出決定未済額の登記を行う。

(2) センター支出官

センター支出官は支出機関で，実際に支払指図書を交付する事務を行っている。ADAMSは財務省会計センターで管理されており，ここに，センター支出官（会計センター会計管理部長）が置かれている。センター支出官は官署支出官から支出決定の通知を受け，支出金額が支払計画の範囲内である場合は，日本銀行に必要な事項を記載した支払指図書を交付するとともに（予決令43③），債権者に国庫金振込通知書を送付している。センター支出官は「支出簿」を備え，支払計画示達額，支出済額，支払計画示達額のうち支出未済額の登記を行う。また，センター支出官は毎月，支出済額報告書を作成し，支払計画示達額，支出済額について，翌月15日までに各省各庁の長に報告している。

(3) 出納官吏（資金前渡官吏）

出納官吏は支払機関で，支払事務を行っている（会法38①）。出納官吏はその出納保管する現金の性質に応じて①収入官吏，②資金前渡官吏，③歳入歳出外現金出納官吏に区分されるが，歳出金の支払事務を行うのは，資金前渡官吏である。資金前渡官吏は債権者に現金の支払いを行うため，センター支出官から資金の前渡を受け，これを出納保管している。歳出金の支出は，現金の交付に代え，日本銀行を支払人とする小切手，国庫金振替書又は支払

40　第3章　国の予算制度（2）

図表 3-3　支出行為の流れ

```
                        財務大臣
            ①支払計画の申請 ↑ ↓ ②支払計画の承認
                        各省各庁の長 ←──────────┐
        ③支払計画の示達 ↓ ↓ ③支払計画の示達内容の通知   ⑥支出済額報告書の送付
                ④支出決定の通知           ⑤支払指図書の交付
        官署支出官 ──→ センター支出官 ──────→ 日本銀行本店
                    ⑤国庫金振込通知書の送付              ⑦銀行振込 ↓
                        ↓        ⑧口座取引
                        債権者 ←──────────→ 金融機関
```

（出典）会計法等より筆者作成

指図書で行われることとなっているが（会法15），交通通信の不便な地方で支払う経費など，一定の経費については，現金支払を行うための資金が資金前渡官吏に交付されている（会法17）。資金前渡官吏は現金出納簿を備え，現金の受入，払出及び残高をその発生の都度，直ちに登記している。資金前渡官吏は収入官吏と同様に，補助者として出納員を置くことができる（支出行為の流れについては，図表3-3参照）。

7　日本銀行

　日本銀行は国庫金出納の事務を取り扱うこととされ（会法34①），歳入金及び歳出金の出納を行っている。国庫金とは，国に属する現金のことである。日本銀行は債務者から直接，現金を領収するだけではなく，出納官吏及び出納員が領収した現金についても，すべて払込を受け，歳入金を統一的に管理している。日本銀行は歳入金を収納したり，歳入金の払込を受けたりしたときは，領収済になったことを歳入徴収官に報告している。また，日本銀行はセンター支出官から支払指図書を交付されたときは，指定された金融機関に振込を行い，歳出金を統一的に管理している。日本銀行が行う国庫金出納の事務は，日本銀行本支店で行うほか，民間金融機関のうち，一定の設置基準

を満たす同行代理店及び歳入代理店でも行われている。

8 契約

8.1 契約機関

　国の契約機関は，契約担当官と支出負担行為担当官（以下「契約担当官等」という。）である。契約担当官は各省各庁の長から契約に関する事務の委任を受け，売買，貸借，請負その他の契約事務を行っている（会法29の2①）。支出負担行為担当官は支出の原因となる契約を行い，契約担当官はそれ以外の契約で，①収入の原因となる財産売払等の契約，②前渡資金の額の範囲内で締結する契約，③歳入歳出外現金の受入又は払出の原因となる契約を行っている。

8.2 契約方式

　契約担当官等は契約の相手方を選定するときは，競争性の程度に応じて，次のような契約方式を採用している。

(1) 一般競争契約

　一般競争契約とは，公告により不特定多数の者を誘引し入札させる方法によって競争を行わせ，入札者のうち，国に最も有利な条件を以て入札した者を選定し，その者と契約を締結する方式のことである。契約担当官等は契約の相手方を選定するときは，原則として一般競争契約を採用することになっている（会法29の3①）。

(2) 指名競争契約

　指名競争契約とは，指名通知により指名した特定多数の者を誘引し入札させる方法によって競争を行わせ，入札者のうち，国に最も有利な条件を以て申込みをした者を選定し，その者と契約を締結する方式のことである。契約の性質又は目的により競争に加わるべき者が少数で一般競争に付する必要がない場合など，一定の要件を満たす場合において，採用されている（会法29の3③）。

(3) 随意契約

随意契約とは，競争によることなく，契約担当官等が資力，信用，能力などを有する特定の者を選定し，その者と契約を締結する方式のことである。契約の性質又は目的が競争を許さない場合，緊急の必要により競争に付することができない場合など，一定の要件を満たす場合において，採用されている（会法29の3④）。

8.3 予定価格

予定価格とは，契約担当官等が競争契約を行うに当たり事前に作成する競争に係る見積価格のことで，落札者及び契約金額を決定するときの基準として用いられる。一般競争契約及び指名競争契約は，収入原因契約については予定価格以上で最高価格を入札した者を，また，支出原因契約については予定価格以下で最低価格を入札した者を，それぞれ契約の相手方としている（会法29の6①）。一方，随意契約は可能な限り二人以上の者から見積書を徴して，それらの者の価格を比較検討し，予定価格の制限の範囲内で国にとって最も有利な価格の見積者を契約の相手方としている（予決令99の6）。

8.4 契約の締結

契約担当官等は競争により落札者を決定したとき，又は随意契約の相手方を決定したときは，契約の目的，契約金額，履行期限，契約保証金その他必要な事項を記載した契約書を作成することになっている（会法29の8①）。この契約書は，契約担当官等が契約の相手方とともに記名押印することにより確定する。国の場合，契約書の作成は，契約成立の要件となっている。支出負担行為担当官は契約を締結したときは，官署支出官に証拠書類及び関係書類を添えて契約が締結された旨を通知している。

8.5 契約の履行

契約担当官等は契約の相手方に契約を確実に履行させるため，監督及び検査を行っている。監督とは，契約担当官等が工事又は製造その他の請負契約を締結した場合に，自ら又は補助者に命じて，契約の適正な履行を確保する

ため，相手方の履行途中において立会い，指示等の干渉を行うことである（会法29の11①）。また，検査とは，契約担当官等が請負契約又は物件の買入れその他の契約を締結した場合に，自ら又は補助者に命じて，相手方の履行の最終段階において給付完了の確認，つまり，品質，規格，性能，数量等が契約内容に適合しているかどうか，確認することである（会法29の11②）。検査職員は検査の終了後，検査調書を作成することになっている。

契約担当官等は検査調書により，相手方の給付が契約の内容に適合していることを確認した場合には，その引渡しを受け，契約担当官については，相手方に支払を行い，支出負担行為担当官については，相手方への支払のため，官署支出官に証拠書類及び関係書類を添えて契約が履行された旨を通知している。

9 決算

決算とは，国会の議決によって成立した予算の執行実績のことで，一会計年度における国の収入支出の実績を整理したものである。決算はその性格上，予算のように国の財政活動を規律するものではなく，政府が国会の議決によって成立した予算を，財政に関する法令に準拠して執行した結果について，事後に国会に報告するものである。予算は各種の予測や一定の仮定を用いた収入支出の見積りであるため，実際には，予測が実現しなかったり，仮定が充たされなかったりすることもあるからである。毎会計年度の決算は，内閣により作成され，国会に提出される（憲法90）。国会は決算を単に受け取るだけではなく，決算の審議を行うことにより，内閣の政治責任を追及したり，今後の予算編成や予算執行を監督したりすることになる。

10 決算の手続

10.1 決算報告書の作成

内閣において歳入歳出決算を作成するのは財務大臣であるが，財務大臣が歳入歳出決算を作成するためには，各府省の予算の執行実績を把握する必要

がある。このために作成させるのが，決算報告書である。財政法は，各省各庁の長は毎会計年度，その所掌に係る歳入及び歳出の決算報告書を作成し，財務大臣に送付すると定めている（財法37①）。歳入については，財務大臣が総括責任者であるため（会法4），各府省の歳入決算報告書に基づいて，歳入予算明細書と同一の区分により，歳入決算明細書を作成することになる。また，継続費については，単年度ではなく，複数年度にわたる債務負担権限と支出権限を付与しているため，各省各庁の長は，その所掌の継続費に係る事業が完成したときは，「継続費決算報告書」を作成し，財務大臣に送付するとされている（財法37③）。決算報告書及び継続費決算報告書の財務大臣への送付期限は，翌年度の7月31日までとなっている。

10.2 歳入歳出決算の作成

財務大臣は歳入決算明細書及び歳出決算報告書に基づいて，「歳入歳出決算」を作成している（財法38①）。歳入歳出決算は歳入歳出予算と同一の区分で作成し，歳入については，①歳入予算額，②徴収決定済額，③収納済歳入額（決算額），④不納欠損額，⑤収納未済歳入額，歳出については，①歳出予算額，②前年度繰越額，③予備費使用額，④流用等増減額，⑤支出済歳出額（決算額），⑥翌年度繰越額，⑦不用額をそれぞれ明らかにすることになっている。内閣は歳入歳出決算に歳入決算明細書，各府省の歳出決算報告書，継続費決算報告書等を添付して，翌年度の11月30日までに会計検査院に送付するとされているが（財法39），近年は，国会における決算の早期審査に資するため，9月上旬頃に送付している。歳入歳出決算は内閣が会計検査院へ送付する旨の決定を行った時点で確定する。

10.3 会計検査院の検査

会計検査院は，検査の結果により国の収入支出の決算の確認を行っている（院法21）。決算の確認とは，国の歳入歳出決算の計数の正確性と，歳入歳出決算の内容をなす会計経理の妥当性を判定して，検査を了したことを表明することである。

決算の確認において，計数の正確性は，①内閣から会計検査院に提出され

る歳入歳出決算の決算額，②日本銀行から会計検査院に提出される歳入金歳出金出納明細書の金額，③各府省の歳入徴収官又は支出官から会計検査院に提出される歳入徴収額計算書又は支出計算書の金額の三者を突合して行われる。また，会計経理の妥当性は，各府省から会計検査院に提出される計算書，証拠書類等を対象とした書面検査と，各府省に出張して行う実地検査により，会計経理の合規性，経済性，効率性，有効性等を審議し，最終的な結論を出すことにより行われる。

内閣は会計検査院の検査が済んだ歳入歳出決算を国会に提出することになっているが，会計検査院が決算の確認という公的な意思表明を行うことにより，内閣は歳入歳出決算を国会に提出することが可能となる。

10.4　国会の決算審議

内閣は会計検査院の検査を経た歳入歳出決算を，翌年度開会の常会において国会に提出するのを常例とするとされているが（財法40①），近年は，国会における決算の早期審査に資するため，秋の臨時国会が開かれている場合は，11月20日前後に提出している。

図表3-4　歳入歳出決算の流れ

```
         ┌──────────┐
         │  各府省   │
         └────┬─────┘
              │ 歳入決算報告書，歳出決算報告書，
              │ 継続費決算報告書の作成・送付
              ▼
         ┌──────────┐
         │  財務省   │
         └────┬─────┘
              │ 歳入歳出決算の作成・送付
              │ （歳入決算明細書，歳出決算報告書，継続費決算報告書等の添付）
              ▼         送付
         ┌──────────┐ ─────────▶ ┌──────────┐
         │  内  閣  │             │ 会計検査院│
         │          │ ◀───────── │          │
         └────┬─────┘  検査・回付  └──────────┘
              │            ▲
              │ 提出       │ 決算検査報告
              ▼         ┌──┴───────┐
         ┌──────────┐   │決算検査報告│
         │  国  会  │   └──────────┘
         └──────────┘
```

(出典) 財政法等より筆者作成

歳入歳出決算には，会計検査院の決算検査報告，歳入決算明細書，各府省の歳出決算報告書，継続費決算報告書等が添付される。歳入歳出決算は予算と異なり，衆・参両議院に同時に提出され，それぞれ独自の立場で審議される。決算の審議は，衆議院では決算行政監視委員会で，参議院では決算委員会でそれぞれ行われる。決算の議決は，衆議院と参議院で異なる形で行われ，国会としての決議は行われない（図表3-4参照）。

11　剰余金

　毎会計年度において歳入歳出決算に剰余を生じた場合は，これを翌年度の歳入に繰り入れることになっている（財法41）。この剰余金は，歳入決算総額（収納済歳入額）から歳出決算総額（支出済歳出額）を控除して算定される。この剰余金から翌年度への繰越歳出予算の財源と，地方交付税交付金の財源等を控除したものは純剰余金と呼ばれている（平成26年度一般会計剰余金については，図表3-5参照）。地方交付税交付金については，所得税，消費税，法人税等の国税5税の一定割合が一般会計から交付税及び譲与税配付金特別会計へ繰り入れられることになっているが，当初予算では，収入見込額に基づいて算定されているため，収入実績額に基づいて精算が行われるからである。純剰余金の1/2を下らない金額は，当該剰余金を生じた年度の翌々年度までに，公債又は借入金の償還財源に充てることになっている（財法6①）。

図表 3-5　一般会計剰余金（平成 26 年度）　　　　（単位：億円）

歳　入			歳　出		
項　目	金　額		主要経費	金　額	
所得税	167,902	(16.0%)	社会保障関係費	301,709	(30.5%)
消費税	160,289	(15.3%)	地方交付税・地方特例交付金	170,962	(17.3%)
法人税	110,316	(10.5%)	公共事業関係費	73,208	(7.4%)
その他の租税等	101,200	(9.7%)	文教及び科学振興費	58,659	(5.9%)
特例公債	319,158	(30.5%)	防衛関係費	50,628	(5.1%)
建設公債	65,769	(6.3%)	国債費	221,856	(22.5%)
その他の収入	122,154	(11.7%)	その他の経費	111,109	(11.2%)
計	1,046,791	(100%)	計	988,134	(100%)
剰余金	58,656				
純剰余金	15,808				

（出典）財務省（2015f）より筆者作成

第4章

国の財産管理制度

1 国の財産

　各府省は予算執行に伴い資産を取得したり，負債を負ったりするが，現行の公会計は，単式簿記による現金主義会計を採用しているため，現金以外の資産及び負債については，予算執行の過程では，会計的認識の対象からは除外される。この結果，歳入歳出決算の構成要素は，現金の収入，支出及びその残高だけとなる。

　つまり，公会計はフロー情報とストック情報を有機的に結合できないため，別途，財産管理に関する会計を必要とする。国の財産は，①国庫金，②債権，③物品，④国有財産，⑤債務に区分され，それぞれが別々の法体系で管理されている。会計処理の原則及び手続についても，それぞれの法体系で規定され，統一的に適用される会計基準というものは存在しない（図表4-1 参照）。

図表4-1　財産管理の体系

財産の区分	主な管理対象	主な関連法令
国庫金	現金	会計法
債権	金銭債権	国の債権の管理等に関する法律
物品	動産	物品管理法
国有財産	不動産その他	国有財産法
債務	金銭債務その他	財政法

（出典）会計法等より筆者作成

2 国庫金

2.1 現金管理機関

国庫金とは，国に属する現金のことである。日本銀行は国庫金出納の事務を取り扱わなければならないとされているため（会法34①），国の現金管理機関となっている。日本銀行は歳入金，歳出金のみならず，国税収納金整理資金，預託金，保管金，財政融資資金預託金その他各種の国庫金を取り扱っている。

2.2 政府預金

日本銀行が受け入れた国庫金は，国の預金となるため（予決令106②），国庫金の出納は，日本銀行における政府預金の受払として整理される。政府預金はその性格に応じて，当座預金勘定，別口預金勘定，指定預金勘定等に区分され，日本銀行本店が一括管理している。

(1) 当座預金勘定

当座預金勘定は政府預金の主体であり，日本銀行において取り扱う国庫金のうち現金によるすべての受払を整理している。このため，別口預金勘定及び指定預金勘定で整理される国庫金についても，先ず当座預金勘定に計上された後に，勘定相互間の移し替えが行われる。当座預金勘定は国の支払準備資金に当たるため，国庫金の支払いに支障がないよう常に一定額（1500億円）以上の残高が保持されている。

(2) 別口預金勘定

別口預金勘定は貨幣（硬貨），代用納付証券（取立未済の小切手）など，一般の通貨と同一視できない特殊な通貨等により払い込まれた国庫金を整理している。これらの特殊な通貨等は，日本銀行券のように無制限には流通できないため，現金とは区分されている。日本銀行はこれらの特殊な通貨等を国庫金として受け入れたときは，その金額を当座預金勘定に受け入れると同時に，当座預金勘定から別口預金勘定に移し替えている。その後，日本銀行は貨幣の場合は金融機関への支払い，小切手の場合は取立てを行い，これらの特殊な通貨等を現金化したときに，別口預金勘定から当座預金勘定に移し

替えている。

(3) 指定預金勘定

　指定預金勘定は財務大臣が特別の条件を指定した預金の受払を整理している。指定預金には，国内指定預金，外貨指定預金及び在外指定預金の3種類あるが，現在受払があるのは，国内指定預金のみである。指定預金勘定に属する預金には，財務大臣が指定した利子を付すことになっているため，国内指定預金には利子が付される。日本銀行は財務大臣の指定に従い，その日の国庫金の受払終了後に，当座預金勘定に支払準備資金として置くことになっている1500億円を超える部分について，指定預金勘定に移し替えている。

2.3　財務報告

　日本銀行は国庫金の出納報告書を財務大臣に提出するとされているため（予決令108），毎日，国庫金貸借対照表，国庫金受払報告表，別口預金受払内訳表及び指定預金受払内訳表を作成し，財務省に提出している。財務省は少なくとも毎四半期ごとに，国庫の状況その他財政の状況について国会及び国民に報告するとされているため（財法46②），日本銀行からの報告に基づいて政府預金の増減及び現在額等を表示した「国庫の状況報告書」を作成している。国庫金の年度末現在額は，図表4-2のとおりである。

図表4-2　国庫金の年度末現在額

種　別	25年度末現在額（千円）	24年度末現在額（千円）	差引き増△減額（千円）
当座預金勘定	149,998,722	149,999,975	△1,252
別口預金勘定	360,092,216	388,499,396	△28,407,180
指定預金勘定	1,170,391,358	958,308,225	212,083,133
その他	493	493	－
計	1,680,482,791	1,496,808,091	183,674,699

（出典）財務省（2014d）別表5（11頁）等より筆者作成

3　債権

3.1　適用範囲

　国の債権の管理等に関する法律（以下「債権管理法」という。）の適用を

受ける債権は，金銭の給付を目的とする国の権利，つまり，国の金銭債権である（債管法2①）。但し，すべての国の金銭債権が債権管理法の適用対象となっているわけではなく，罰金，科料等の徴収金に係る債権，社債，株式等の証券に化体されている債権等は債権管理法の適用対象から除外されている。また，国税収納金整理資金，財政融資資金，外国為替資金，年金特別会計・国民勘定の積立金及び年金特別会計・厚生年金勘定の積立金に属する債権については，債権管理法の報告に関する規定のみが適用されている。

3.2　債権管理機関

　国の債権は，法律の規定又は契約により発生し，通常，債務者の弁済により消滅する。債権の管理とは，債権者として行うべき取立，保全，内容の変更及び消滅に関する事務のことで，法務大臣の権限に属する事項等は除かれる。債権管理事務は歳入徴収その他の金銭会計の事務と密接に関連しているため，債権管理のための会計機関は特に設置されていない。

　各省各庁の長は，歳入金債権の管理に関する事務については歳入徴収官に，歳出の金額に戻入する返納金債権の管理に関する事務については官署支出官にそれぞれ委任している（債管法5①）。債権管理機関としての歳入徴収官等は債権管理簿を備え，債権管理に必要な事項を登記することになっているが，帳簿の様式は特に規定されておらず，歳入徴収官の法定帳簿である徴収簿に所要の補正を加えて債権管理簿としている。

3.3　債権管理事務
(1) 債権の発生

　歳入徴収官等は所掌に属する債権が発生したり，帰属したりしたときは，遅滞なく，債務者の住所・氏名，債権金額，履行期限等について調査を行い，確認の上，債権管理簿に登記している（債管法11①）。このため，債権の発生又は帰属の事実を職務上知り得る立場にある特定の職員は，遅滞なくその旨を歳入徴収官等に通知することになっている（債管法12）。この特定の職員とは，国の財産の売払又は貸付契約を締結した契約担当官，返納金債権が発生した支出負担行為を行った支出負担行為担当官のことである。

(2) 債権の取立

歳入徴収官等は債務者に国の債権を履行させるため，次のように債権の取立を行っている。

(ア) 所掌に属する債権について履行を請求するため，債務者に対して納入の告知を行う（債管法13①）。納入告知書には，債務者の住所・氏名，債権金額，履行期限，履行場所等が記載される。

(イ) 所掌に属する債権について全部又は一部が履行期限までに弁済された場合は，履行済額を債権管理簿に登記する。このため，弁済の受領を行う立場にある特定の職員は，その旨を歳入徴収官等に通知することになっている。この特定の職員とは，歳入金の収納機関である収入官吏及び日本銀行のことである。

(ウ) 所掌に属する債権について全部又は一部が履行期限までに弁済されなかった場合は，債務者に対して督促を行う。督促を行った後，相当の期間を経過しても弁済されない場合は，担保の付されている債権については担保の処分を行い，保証人の保証のある債権については保証人に対して履行を請求する。担保権の実行手続として競売等を行う場合は，歳入徴収官等はその措置を取るべき旨を法務大臣に請求する。

(3) 債権の保全

歳入徴収官等は債務者が強制執行を受けたり，租税その他の公課について滞納処分を受けたりしたことを知った場合において，法令の規定により国が債権者として配当の要求その他債権の申出をすることができるときは，直ちに，そのための措置を取ることとされている（債管法17）。債権の申出とは，債務者が強制執行を受けるなどその責任財産が危うくなった場合に，債務者の財産の分配に当たり不利益を被らないよう，国が債権者として，その債権の存在を主張することである。

例えば，歳入徴収官等はその所掌に属する債権の債務者が他の国又は国以外の者の有する他の債権について強制執行を受けたことを知った場合において，二重に申立てを行う場合を除き，当該所掌債権の履行期限が既に到来しているときは，配当要求の手続を取ることになっている。配当要求は訴訟手続であるため，歳入徴収官等はその措置を取るべき旨を法務大臣に請求する。

債権の保全には，債権の申出以外に，担保提供の請求，仮差押え又は仮処分の請求，債権者代位権の行使，詐害行為取消権の行使及び時効中断の措置がある。

(4) 徴収停止

徴収停止とは，履行が遅滞している債権において取り立てた場合の収入金額よりも，取立てその他の管理に要する費用の額が上回ると見込まれる場合に，債権管理上の明らかな費用倒れを避けるために，以後，その債権について積極的に管理を行わないことである。徴収停止の整理が行われるのは，履行期限後相当の期間を経過しても完全に履行されない債権で，法人である債務者が事業を休止し，将来その事業を再開する見込みが全くなく，かつ差し押さえることができる財産の価値が強制執行の費用を超えないと認められる場合などである（債管法21①）。

徴収停止の整理を行った債権については，以後，担保及び証拠書類の保存以外の債権の保全及び取立てに関する事務は行われない。このため，徴収停止の整理を行った債権については，時効期間が満了に近づいても時効中断の措置を取る必要はないため，その債権は，消滅時効の完成により消滅することになる。

(5) 債権の消滅

国の債権は，通常，債務者の弁済により消滅するが，相殺又は充当により消滅することがある。相殺とは，双方が互いに対立した同種の債権を持っている場合に，現実の弁済に代えて相互の債権を対等額だけ消滅させることである。また，充当とは，法律の規定に基づき，特定の公課の過誤納還付金をその支払に代えて，未納の，又は将来一定期間内に納付されるべき当該公課の金額に充てることである。歳入徴収官等はその所掌に属する債権について，法令の規定により当該債権と相殺し，又はこれに充当することができる国の債務があることを知ったときは，直ちに，当該債務に係る官署支出官，資金前渡官吏等に対し，相殺又は充当すべきことを請求することになっている(債管法22①)（債権管理事務の流れについては，図表4-3参照）。

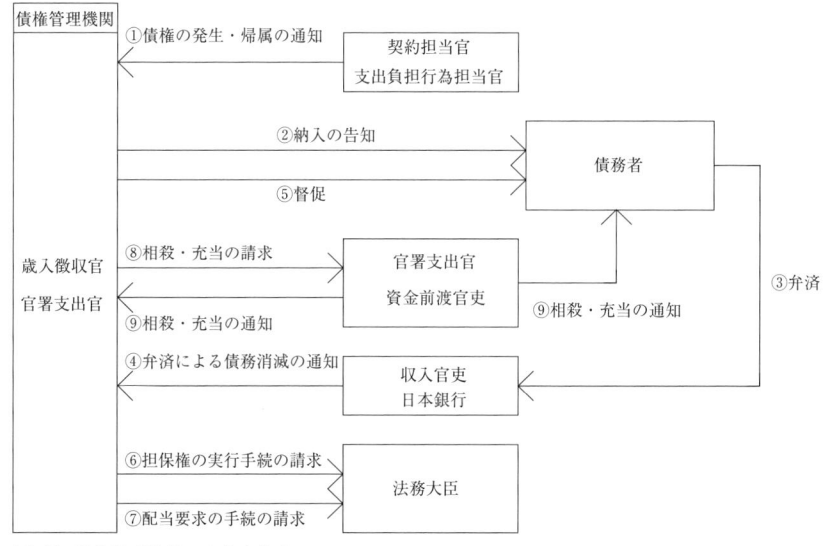

図表4-3　債権管理事務の流れ

```
債権管理機関  ①債権の発生・帰属の通知  ←  契約担当官
                                        支出負担行為担当官

歳入徴収官    ②納入の告知        →   債務者
官署支出官    ⑤督促             →

              ⑧相殺・充当の請求   →   官署支出官
                                        資金前渡官吏
              ⑨相殺・充当の通知   ←                    ⑨相殺・充当の通知 → 債務者

              ④弁済による債務消滅の通知 ←  収入官吏
                                              日本銀行         ③弁済

              ⑥担保権の実行手続の請求 →  法務大臣
              ⑦配当要求の手続の請求  →
```

(出典) 債権管理法等より筆者作成

3.4　財務報告

　各省各庁の長は，歳入徴収官から送付された債権現在額通知書に基づいて各府省の毎年度末における「債権現在額報告書」を作成し，翌年度の7月31日までに財務大臣に送付するとされている（債管法39）。財務大臣は各省各庁の長から提出された債権現在額報告書に基づいて「債権現在額総計算書」を作成している。その後，内閣は債権現在額総計算書に基づいて国の毎年度末における「国の債権の現在額総報告」を作成し，当該年度の歳入歳出決算とともに国会に提出している（債管法40③）。債権現在額総計算書は国の債権を，①歳入，②歳入外，③積立金，④資金に分け，それぞれ「部→款→項→目」（大分類から小分類）に区分して計上している。計上金額は，歳入及び歳入外については，毎年度末における現在額のうち，当該年度所属の歳入金又は歳出の金額への戻入として翌年度の4月30日までに収納されたものを除く金額で，それ以外は，毎年度の3月末における現在額である。国の債権の年度末現在額は，図表4-4のとおりである。

図表 4-4　債権の年度末現在額

区　分	25 年度末現在額（千円）	24 年度末現在額（千円）	差引き増△減額（千円）
歳入	8,210,812,456	8,722,460,577	△ 511,648,121
独立行政法人日本学生支援機構貸付金債権（一般会計）	2,553,243,922	2,512,484,557	40,759,365
保険料債権（年金特別会計・国民年金勘定）	1,735,419,744	1,893,331,419	△ 157,911,675
・・・・・	・・・・・	・・・・・	・・・・・
歳入外	96,576	137,580	△ 41,003
返納金債権（労働保険特別会計・労災勘定）	78,768	117,876	△ 39,108
返納金債権（労働保険特別会計・雇用勘定）	10,386	13,175	△ 2,789
・・・・・	・・・・・	・・・・・	・・・・・
積立金	104,769,423,356	106,742,013,909	△ 1,972,590,553
年金積立金管理運用独立行政法人寄託金債権（年金特別会計・厚生年金勘定）	98,085,445,494	99,874,833,140	△ 1,789,387,646
同上（年金特別会計・国民年金勘定）	6,683,977,861	6,867,180,769	△ 183,202,908
・・・・・	・・・・・	・・・・・	・・・・・
資金	122,052,362,111	126,486,971,260	△ 4,434,609,148
地方公共団体貸付金債権（財政融資資金特別会計・財政融資資金勘定）	52,117,085,538	52,871,419,072	△ 754,333,534
株式会社日本政策金融公庫貸付金債権（同上）	16,138,795,653	16,639,313,317	△ 500,517,664
・・・・・	・・・・・	・・・・・	・・・・・
計	235,032,694,500	241,951,583,328	△ 6,918,638,115

（出典）財務省（2014b）47 頁等より筆者作成

4　物品

4.1　適用範囲

　物品管理法の適用を受ける物品は，国が所有する動産と国が供用のために保管する動産である（物管法2①）。但し，国が所有する動産のうち，現金，日本銀行に寄託すべき有価証券及び国有財産に属する動産は除かれる。動産

とは，不動産以外の物すべてのことであり，不動産とは，土地及びその定着物のことであるため，動産とは，土地及びその定着物以外の物ということになる。また，供用とは，物品をその用途に応じて国において使用させることである。

4.2 分類

各省各庁の長は，その所管に属する物品について供用及び処分の目的に従って分類を設けている（物管法3①）。処分とは，国の事務事業の目的に従い用途に応じて物品を処分することである。分類は原則として，予算で定める物品に係る経費の目的に反しないものとされ，歳出予算を基準としている。具体的には，会計の別，歳出予算の部局等の組織の別，項の目的の別に区分されている。各省各庁の長は，物品の管理のため必要がある場合は，細分類を設けている。

4.3 物品管理機関

物品管理法は物品管理行為を命令行為と執行行為に区分している。命令行為とは，物品の管理に関して意思決定を行うことである。一方，執行行為とは，命令に基づいて現実に物品を取り扱うことである。物品管理機関は物品管理行為に応じて命令機関と執行機関に区分されている。

(1) 物品管理官

物品管理官は命令機関で，各省各庁の長から委任を受けて物品の管理に関する事務を行っている（物管法8①）。物品の管理とは，物品の取得，保管，供用及び処分のことである。職務の分離により内部統制を行うため，その事務の一部は物品出納官に委任されている。物品管理官は物品管理簿を備え，物品の分類，細分類及び品目ごとに，取得，供用，処分等に伴う増減等の異動の数量，現在数量等を登記することになっている。

物品のうち，取得価格又は見積価格が50万円以上の機械及び器具，取得価格又は見積価格が300万円以上の美術品については，その価格を登記している。これらの物品は，重要物品と呼ばれ，国会への財務報告の対象となっている。重要物品の価格は，機械又は器具について性能を向上させるような

改造を行った場合や，機械又は器具の一部が滅失したり，その一部を撤去したりした場合などには，改訂されている。

(2) 物品出納官

物品出納官は執行機関で，物品管理官の委任を受けて物品の出納及び保管に関する事務を行っている（物管法9①）。つまり，物品出納官は倉庫番としての役割を果たしている。物品出納官は物品出納簿を備え，管理する物品の異動を登記している。

(3) 物品供用官

物品供用官は執行機関で，物品管理官の委任を受けて物品の供用に関する事務を行っている（物管法10①）。物品供用官は物品出納官とは異なり，必ずしも設置することは義務付けられていない。物品供用官は物品供用簿を備え，管理する物品の異動を登記している。

4.4 物品管理事務

(1) 分類換・管理換

分類換とは，物品管理官が各省各庁の長の命により，又は各省各庁の長の承認を得て，物品の所属分類を変更することである（物管法5①，②）。この分類換は，特定の目的に供用又は処分するために取得した物品が，他の目的に供用又は処分する必要が生じた場合に，当該物品を効率的に供用又は処分するために行われる。一方，管理換とは，物品管理官が各省各庁の長の命により，又は各省各庁の長の承認を得て，物品管理官の間において物品の所属を移すことである（物管法16①，②）。管理換は分類換と同様の理由で行われる。管理換が異なる会計の間で行われる場合は，有償で整理することになっている。

(2) 取得

物品管理官は物品の供用又は処分を行う必要が生じたときは，契約担当官又は支出負担行為担当官に対し，取得のために必要な措置を請求している（物管法19①）。この措置請求では，取得を必要とする物品の品目，規格，数量，取得を必要とする時期及び場所を明らかにする。契約担当官等はその請求に基づいて，かつ予算を要するものにあっては予算の範囲内で，取得のために

必要な措置を取ることになっている。契約担当官等は契約の締結等により必要な措置を取ったときは，速やかに当該物品の品目，数量，取得の時期，場所等を物品管理官に通知している。物品管理官は検査職員が契約の履行を確認して物品の引渡を受けたときは，物品出納官に対し受入命令を発して，当該物品を受け入れさせている。

(3) 保管

物品は国の施設において良好な状態で常に供用又は処分することができるように保管するとされている（物管法22）。但し，国の施設において保管した場合，物品を供用したり，処分したりする上で不都合が生じるときは，国以外の者の施設で保管することができる。

具体的には，国が倉庫等の保管施設を借り上げて物品を保管したり，寄託契約を締結して物品を国以外の者に寄託したりすることである。保管施設を借り上げる場合，物品管理官は契約担当官等に対し，保管のために必要な措置を請求することになる。この措置請求では，保管を必要とする物品の品目，数量，保管期間及び保管上の条件を明らかにする。一方，寄託契約の場合，物品の所有権は国にあるが，物品自体は国の占有下から離れるため，物品の異動としては，処分に該当する。

(4) 供用

物品の供用には，物品供用官が行う場合と物品供用官が置かれておらず，物品管理官が自ら行う場合がある。物品供用官が置かれている場合，物品供用官は使用職員の請求に基づき，物品管理官に対し必要な物品について供用のための払出請求を行う（物管法20①）。この払出請求では，当該物品の品目，規格，数量及び用途を明らかにする。

物品管理官は物品供用官からの払出請求に基づき，当該物品の在庫を確認したり，新規に取得したりした後，物品出納官に対し払出命令を発するとともに，物品供用官に対し受領命令を発して，当該物品を受領させている。物品供用官は当該物品の受領後，使用職員に供用することになる。一方，物品供用官が置かれていない場合，物品管理官は物品出納官に対し払出命令を発して，当該物品を使用職員に受領させている。

物品供用官は供用中の物品で供用の必要がないもの，修繕又は改造を要す

図表 4-5　物品管理事務の流れ

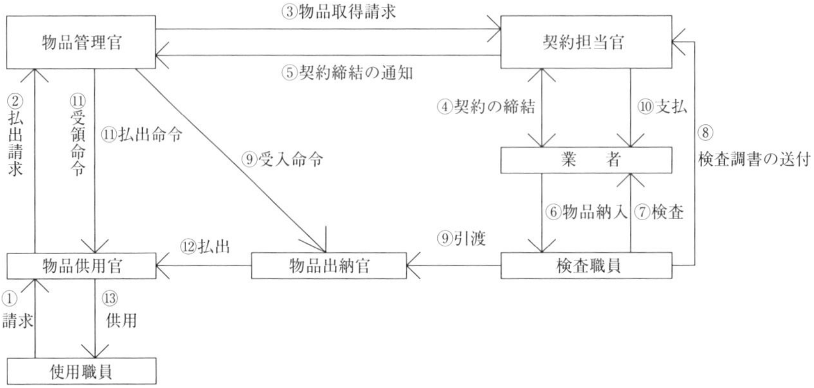

(出典) 物品管理法等より筆者作成

るもの，又は供用することができないものがある場合は，その旨を物品管理官に報告している。この報告では，該当する事態別に，その理由，当該物品の分類，品目，数量，現況等を明らかにする。

(5) 不用の決定

物品管理官は供用及び処分の必要がない物品について分類換・管理換の方法により適切な処理を行うことができない場合，又は供用及び処分できない物品がある場合は，これらの物品について不用の決定を行うことができる（物管法 27 ①）。不用の決定を受けた物品は，売払われるが，売払のための経費が売上収入を上回ると見込まれるような場合は，廃棄される（物品管理事務の流れについては，図表 4-5 参照）。

4.5　財務報告

各省各庁の長は，国が所有する物品のうち重要なもの（重要物品）について毎会計年度間の増減及び毎年度末における現在額を表示した「物品増減及び現在額報告書」を作成し，翌年度の 7 月 31 日までに財務大臣に送付するとされている（物管法 37）。財務大臣は各省各庁の長から提出された物品増減及び現在額報告書に基づいて「物品増減及び現在額総計算書」を作成している。その後，内閣は物品増減及び現在額総計算書に基づいて毎会計年度間

の物品の増減及び毎年度末における物品の現在額を表示した「物品増減及び現在額総報告」を作成し，当該年度の歳入歳出決算とともに国会に提出している（物管法 38 ③）。報告の対象となる物品は，取得価格又は見積価格が 50 万円以上の機械及び器具，取得価格又は見積価格が 300 万円以上の美術品となっている。但し，防衛用品については，取得価格又は見積価格が 300 万円以上の機械及び器具である。物品増減及び現在額総計算書は物品を 21 の品目に区分して表示している。国の物品の年度末現在額は，図表 4-6 のとおりである。

図表 4-6　物品の年度末現在額

品　目	25 年度末現在 数量（個）	25 年度末現在 価格（千円）	24 年度末現在 数量（個）	24 年度末現在 価格（千円）	差引き増△減 数量（個）	差引き増△減 価格（千円）
電気機器	17,789	65,977,543	16,542	67,066,159	1,247	△ 1,088,615
通信機器	109,121	686,501,980	105,140	665,230,111	3,981	21,271,869
工作機器	722	1,758,253	719	1,752,082	3	6,170
木工機器	1,294	3,624,312	1,291	3,595,821	3	28,490
土木機器	5,807	115,883,661	5,747	116,186,353	60	△ 302,692
試験及び測定機器	80,269	499,947,054	77,526	494,897,694	2,743	5,049,359
荷役運搬機器	1,019	2,110,637	1,015	2,221,302	4	△ 110,664
産業機器	11,990	24,422,311	11,879	24,220,380	111	201,930
船舶用機器	870	13,631,951	904	16,166,987	△ 34	△ 2,535,036
車両及び軌条	148,470	743,206,849	143,575	730,167,737	4,895	13,039,112
医療機器	9,431	32,975,706	9,525	32,969,537	△ 94	6,169
特殊用途機器	33,854	100,869,698	32,842	96,148,339	1,012	4,721,358
雑機器	72,329	303,105,748	73,582	274,030,309	△ 1,253	29,075,439
防衛用武器	37,369	3,345,102,780	36,895	3,331,462,034	501	13,640,745
防衛用施設機器	7,902	192,419,696	7,823	189,475,539	79	2,944,156
防衛用電気通信機器	110,340	3,216,926,144	109,076	3,116,984,919	1,264	99,941,225
防衛用航空機用機器	36,043	1,135,979,247	35,054	1,067,598,403	989	68,380,844
防衛用船舶用機器	1,690	139,662,786	1,688	135,012,799	2	4,649,986
防衛用衛生器材	3,023	44,203,259	3,022	43,996,159	1	207,099
防衛用一般機器	37,422	1,391,261,598	37,689	1,379,361,428	△ 267	11,900,169
美術品	804	34,983,952	644	32,197,404	160	2,786,547
計	727,585	12,094,555,175	712,178	11,820,741,506	15,407	273,813,668

（出典）財務省（2014e）24 頁より筆者作成

5 国有財産

5.1 適用範囲

　国有財産法の適用を受ける国有財産は，①土地，立木竹，建物，工作物等の不動産，②船舶，航空機及びこれらの従物，不動産の従物等の動産，③地上権，地役権等の用益物権，④特許権，著作権等の無体財産権，⑤政府出資，株式等の有価証券等，⑥不動産の信託の受益権である（国有法2①）。これらの国有財産には，物品に比べ，比較的経済的価値が高い，或いは長期間にわたってサービスを提供するという共通点が見受けられる。但し，これらの国有財産に対してすべての国有財産法の規定が適用されるわけではなく，公共用財産のうち公園及び広場以外のものについては，台帳，報告及び計算書に関する規定は適用されない（国有法38）。

5.2 分類・種類

　国有財産は行政財産と普通財産に分類されている（国有法3①）。行政財産とは，国が行政目的のために所有する国有財産のことで，①公用財産，②公共用財産，③皇室用財産，④森林経営用財産の4種類がある。
(ア)　公用財産とは，国において国の事務事業，又はその職員の住居の用に供し，又は供するものと決定したもので，各府省の庁舎，国家公務員用の宿舎等が該当する。
(イ)　公共用財産とは，国において直接公共の用に供し，又は供するものと決定したもので，道路，河川，港湾，海浜，国営公園等が該当する。
(ウ)　皇室用財産とは，国において皇室の用に供し，又は供すると決定したもので，皇居，御所，御用邸等が該当する。
(エ)　森林経営用財産とは，国において森林経営の用に供し，又は供すると決定したもので，国有林野，国有林野事業従事者の宿舎等が該当する。

　一方，普通財産とは，行政財産以外の一切の国有財産のことである。普通財産には，特定の行政目的に供しなくなって不用となったもの，政府出資法人に対する出資による権利，条約に基づいて在日米軍に提供している土地及び建物等が含まれる。

5.3 国有財産管理機関

国有財産のうち，行政財産を管理しているのは，各省各庁の長である（国有法5）。行政財産の管理とは，行政財産の取得，維持，保存及び運用のことである。国有財産法は国有財産管理のための会計機関を特に設置しておらず，各省各庁の長は，部局等の長に国有財産に関する事務の一部を分掌させている（国有法9①）。各省各庁の長又は部局等の長は，国有財産台帳を備え，国有財産の分類及び種類ごとに，①区分・種目，②所在，③数量，④価格，⑤得喪変更の年月日及び事由（取得，所管換，処分等）を登記することになっている。

一方，国有財産のうち，普通財産を管理及び処分しているのは，財務大臣である（国有法6）。国有財産法は管理と処分を区別し，処分する権限を財務大臣に与えている。このため，各省各庁の長は，行政財産の用途を廃止した場合，又は普通財産を取得した場合は，財務大臣に引き継ぐことになっている。用途廃止とは，行政財産の行政目的の消滅に伴いその使用を廃止することである。

5.4 国有財産管理事務
(1) 所管換・所属替

所管換とは，各省各庁の長の間において国有財産の所管を移すことである。一方，所属替とは，同一所管内に二以上の部局等がある場合に，一の部局等に所属する国有財産を他の部局等の所属に移すことである。各省各庁の長は，国有財産を所属が異なる会計の間において所管換・所属替をしたり，所属が異なる会計に使用させたりする場合は，当該会計間において有償で整理することになっている（国有法15）。この場合，有償の整理は時価で行われる。

(2) 行政財産の管理事務

行政財産の管理のうち，取得とは，購入，新築，新設，新造，交換（受），寄付（受入），出資等により財産が絶対的に増加することである。各省各庁の長は，行政財産として土地又は建物を取得するときは，事前に財務大臣と協議することになっている（国有法14一）。各省各庁の長は，財務大臣の同意を得た後，購入契約，請負契約又は交換契約を締結したりして，土地又は

建物を取得している。

　行政財産の維持及び保存とは，改良，修理，修繕等によりその現状を良好な状態に維持し，財産の効用を十分に発揮させることである。維持及び保存は，財産の用途又は目的を変えない範囲で行われ，対外的な財産の増減は生じない。

　行政財産の運用とは，国が行政目的のために，自ら財産を使用したり，収益したりして財産を有効に活用することである。行政財産は原則として，貸付，交換（渡），売払，譲与，信託，出資の目的又は私権の設定を禁止されているが（国有法18①），その用途又は目的を妨げない範囲で，国以外の第三者に対し貸付，地上権・地役権の設定，使用収益の許可等の運用を行っている。国の財産は，法律に基づく場合を除き，適正な対価なくして貸し付けてはならないとされているため（財法9①），貸付は時価で行われる。

(3) 普通財産の管理処分事務

　普通財産は取得，維持及び保存に関して，行政財産と異なるところはない。普通財産の場合，その取得事由に関連した府省が一旦取得した後，財務大臣に引き継がれることが多い。また，各府省が行政財産を用途廃止した場合も財務大臣に引き継がれている。

　普通財産の運用では，行政財産とは異なり，貸付，管理委託，交換（渡），売払，譲与，信託又は私権の設定をできるとされているため（国有法20①），国以外の第三者に対し貸付，管理委託，地上権・地役権の設定等を行っている。貸付の場合，地方公共団体が当該財産を緑地，公園等に供するときは，無償で貸し付けることが認められている（国有法22）。

　処分とは，国有財産の所有権その他の財産権が消滅する行為のことで，財産が絶対的に減少する。普通財産の処分では，国以外の第三者に対し交換（渡），売払，譲与，信託，出資の目的等を行っている。国の財産は，法律に基づく場合を除き，適正な対価なくして譲渡してはならないとされているため（財法9①），売払は時価で行われ，無償で譲与できる相手は，公共用財産の維持管理費用を負担した地方公共団体等に限定されている（国有法28）。また，普通財産を出資の目的とする場合には，法律により特別の定めを設ける必要がある。

(4) 台帳価格の改訂

国有財産台帳は新たに財産を取得した場合の登記価格を，基本的に取得原価としている。このため，購入の場合は購入価格，新築の場合は建築費又は製造費，租税物納の場合は収納価格で登記される。国有財産の台帳価格は，新規登記後の物価変動等によって実勢と著しく乖離することもあるため，各省各庁の長は，毎会計年度，当該年度末の現況において国有財産の評価を行い，その評価額により台帳価格の改訂を行っている。評価額は例えば，土地については相続税評価額，建物については減価償却後の取得原価，市場価格のある政府出資については一株当たりの時価に株数を乗じたものとなっている。

5.5 財務報告

各省各庁の長は，その所管に属する国有財産について毎会計年度間の増減及び毎年度末における現在額を表示した「国有財産増減及び現在額報告書」を作成し，翌年度の7月31日までに財務大臣に送付するとされている（国有法33①）。財務大臣は各省各庁の長から提出された国有財産増減及び現在額報告書に基づいて「国有財産増減及び現在額総計算書」を作成している。その後，内閣は会計検査院の検査を経た国有財産増減及び現在額総計算書を翌年度開会の国会の常会に報告している（国有法34①）。

また，各省各庁の長は，無償貸付を行った国有財産について毎年度末における現在額を表示した「国有財産無償貸付状況報告書」を作成し，翌年度の7月31日までに財務大臣に送付するとされている（国有法36①）。財務大臣は各省各庁の長から提出された国有財産無償貸付状況報告書に基づいて「国有財産無償貸付状況総計算書」を作成している。その後，内閣は会計検査院の検査を経た国有財産無償貸付状況総計算書を翌年度開会の国会の常会に報告している（国有法37①）。国有財産の年度末現在額は，図表4-7のとおりである。

図表 4-7 国有財産の年度末現在額

区分	数量単位	25年度末現在 数量	25年度末現在 価格（千円）	24年度末現在 数量	24年度末現在 価格（千円）	差引き増△減 数量	差引き増△減 価格（千円）
土地	千㎡	87,651,833	17,477,843,719	87,656,588	16,824,312,272	△4,755	653,531,446
立木竹			2,913,743,133		6,982,875,768		△4,069,132,635
建物　建面積	千㎡	26,277		26,215		62	
延べ面積	千㎡	58,563	3,459,842,876	58,330	3,522,143,723	232	△62,300,847
工作物			3,111,966,962		4,916,316,783		△1,804,349,821
機械器具			0		0		─
船舶	隻	2,281	1,403,852,098	2,274	1,404,120,165	7	△268,067
航空機	機	1,727	617,135,674	1,733	662,999,791	△6	△45,864,116
地上権等	千㎡	2,826	811,217	2,826	831,696	0	△20,478
特許権等	件	1,618,573	2,227,244	1,536,388	1,954,306	82,185	272,938
政府出資等			75,802,384,134		70,914,731,284		4,887,652,850
不動産の信託の受益権	件	2	23,338,363	2	24,507,247	0	△1,168,884
計			104,813,145,424		105,254,793,040		△441,647,615

（出典）財務省（2014c）1 頁より筆者作成

6　債務

6.1　適用範囲

　債務は負の財産であるが，資産とは異なり，特に管理のための包括的な法律は定められていない。各省各庁の長は，毎会計年度，「国の債務に関する計算書」を作成し，財務大臣に送付するとされている（財法37①）。同計算書に計上する債務については，財政法その他の財政に関する法令において明確な定義は定められていないが，「一般会計の歳入及び歳出の決算報告書等の様式について」（昭和45年蔵計第2572号）において計上すべき債務の範囲が定められている。

　これによると，債務の計上基準は，①後年度に国の財政負担が生じること，②法律等において債務負担の権限が賦与されていること，③金額の計数が計算書の作成時までに具体的に把握できることの3要件を満たすものとされている。国の債務に関する計算書には，この3要件を満たすものとして，次の債務を計上することになっている。

（ア）　予算総則で債務負担の限度額が定められているものに係る債務負担額
（イ）　歳出予算の繰越債務負担額

（ウ）財政法14条の2第1項の規定に基づく継続費による債務負担額
（エ）財政法15条第1項の規定に基づく国庫債務負担行為
（オ）財政法15条第2項の規定に基づく国庫債務負担行為
（カ）法律，条約等で債務の権能額が定められているものに係る債務負担額（公債及び借入金に係るものを除く。）
（キ）公債
（ク）借入金
（ケ）政府短期証券
（コ）一時借入金
（サ）他会計への繰入未済金（他会計への繰戻未済金を含む。）
（シ）予算総則で保証及び損失補償の限度額が定められているものに係る保証及び損失補償の債務負担額
（ス）法律，条約等で保証の権能額が定められているものに係る保証債務負担額

6.2 分類

　上記の債務は，その内容に応じて，①将来，国の支出の原因となる債務を負担する権限で，現在のところ法律上の債務を負っていないもの（（ア）から（カ）），②当該年度の歳入財源を調達するために負担した債務で，既に法律上の債務を負っているもの（（キ）から（コ）），③国内部の債務で，法律の定めるところにより次年度以降に他会計へ繰り入れる義務を負っているもの（（サ）），④将来，一定の条件を満たす事態が生じたときに法律上の債務が生じるもの（（シ）及び（ス））に分類することができる。このうち，①と③は予算制度上の債務であり，また，④は偶発債務であるため，企業会計の負債に相当するのは，②の分類に含まれるものだけである。

6.3 債務管理事務

　上記の債務に関する分類のうち，国の債務の大宗を占めるのは，②に含まれる公債，借入金等である。これらの債務の管理事務は，国債整理基金特別会計で行われている。つまり，一般会計では建設公債，特例公債及び借入金

で歳入財源を，特別会計では借入金，政府短期証券及び一時借入金で歳入財源をそれぞれ調達しているが，これらの債務の償還，利払等は，すべて国債整理基金特別会計で一元的に経理されている。このため，国債整理基金特別会計における償還，利払等の財源に充てるため，一般会計及び特別会計から資金が繰り入れられている。

　このうち，一般会計からは，①国債残高に対応した定率繰入(特会法42②)，②減税特例国債に係る特例繰入，③一般会計純剰余金の1/2の繰入れ（財法6①），④必要に応じた予算繰入（特会法42⑤）が行われている。定率繰入とは，前年度期首の国債総額の1.6/100に相当する金額を一般会計から国債整理基金に繰り入れる仕組みである。国債整理基金特別会計は一般会計及び特別会計からの繰入資金，借換債発行収入金等を財源として，60年償還ルールにより減債を行っている。これは建設公債で整備される資産の平均耐用年数が概ね60年であることから，この期間内に現金償還を終了するという考え方によるものである。

6.4　財務報告

　内閣は会計検査院の検査を経た歳入歳出決算を翌年度開会の常会において国会に提出しているが，この歳入歳出決算には，国の債務に関する計算書を添付することになっている（財法40②）。国の債務の年度末現在額は，図表4-8のとおりである。

図表 4-8　債務の年度末現在額

種別	25年度末現在額（千円）	24年度末現在額（千円）	差引き増△減額（千円）
予算総則で債務負担の限度額が定められているものに係る債務負担額	146,569,375	66,745,966	79,823,408
歳出予算の繰越債務負担額	4,090,868,401	5,054,094,038	△ 963,225,637
財政法14条の2第1項の規定に基づく継続費による債務負担額	315,640,155	341,922,880	△ 26,282,725
財政法15条第1項の規定に基づく国庫債務負担行為	6,933,045,630	6,678,912,050	254,133,579
財政法15条第2項の規定に基づく国庫債務負担行為	10,384,102	18,185,110	△ 7,801,007
法律，条約等で債務の権能額が定められているものに係る債務負担額（公債及び借入金に係るものを除く。）	－	111,178,553	△ 111,178,553
公債	853,820,214,474	821,531,196,669	32,289,017,805
借入金	55,504,742,798	54,859,333,795	645,409,003
政府短期証券	115,688,430,000	115,267,660,000	420,770,000
他会計への繰入未済金（他会計への繰戻未済金を含む。）	5,475,429,592	6,013,076,361	△ 537,646,769
予算総則で保証及び損失補償の限度額が定められているものに係る保証及び損失補償の債務負担額	46,970,909,346	47,668,749,535	△ 697,840,188
計	1,088,956,233,878	1,057,611,054,962	31,345,178,915

（出典）財務省（2014a）755-758頁等より筆者作成

第5章
国の政策評価制度

1 政策評価の必要性

　国は国民の福祉の向上を図るなどの政策目的を達成するため，租税を根源的な財源として様々な行政サービスを提供している。それらの行政サービスの多くは，非交換取引で行われている。このため，公会計において企業会計の利益又は純資産の増減に相当するものは，調達した資源と使用した資源の差額に関するフロー，ストックの会計情報にすぎず，公会計は政府活動の純成果に関する会計情報を提供できない。政府活動が経済的，効率的に実施されているかどうか，或いは政策目的を達成しているかどうかは，個々の政策ごとに，会計情報だけではなく，別途，非財務的な情報を用いて評価する必要がある。

2 評価の理論的枠組み

　国の政策評価制度は，評価の理論的枠組みを用いて制度設計されているため，ここでは，先ず評価の基礎概念，評価の手法等について紹介したい。

2.1 政策体系
　各府省の政策は，国民生活や社会経済に発生した特定の課題を解決するた

めに実施されることから，政策目的と政策手段の関係としてとらえると「政策（狭義）→施策→事務事業」から構成されていると考えられる。ここで，①政策（狭義）とは特定の行政課題を解決するための基本的な目標，②施策とは政策（狭義）を達成するための具体的な目標で，組織的な行政活動のまとまり，③事務事業とは施策を達成するための具体的な政策手段で，個々の行政活動のことである。各府省の政策は，多くの場合，一つの政策（狭義）に複数の施策があり，また，一つの施策に複数の事務事業があるため，ピラミッド型の3層構造になっている。このように政策（狭義），施策及び事務事業は，相互に目的と手段の関係を保ちながら，全体として一つの政策体系を構成している。

2.2 セオリー

各府省の政策は，その目標を達成するまでの過程が整合性の取れた理論（セオリー）に基づいて設計される必要がある。このセオリーとは，原因と結果が連鎖上に連なる「仮定」のことである。つまり，原因1が結果1を引き起こすと，この結果1は次の原因2となって次の結果2を引き起こしていく。さらに，この結果2は，次の次の原因3となって次の次の結果3を引き起こしていく。政策が目標を達成するまでの過程は，この連鎖状に連なる「仮定」に基づいて設計されており，この仮定のどこかがうまく機能しなければ，政策は途中で破綻し，目標とする効果までたどり着かないことになる。

2.3 ロジック・モデル

各府省の政策は，セオリーによる因果関係としてとらえると「資源→投入（インプット）→行政活動→行政サービス（アウトプット）→＜外部要因＞→効果（アウトカム）」の各過程を経て国民生活や社会経済に変化を与えると考えられる。評価の理論では，この一連の流れをロジック・モデルと呼んでいる。

ここで，①資源とは行政活動に投入する資金，人，物等の生産要素，②投入（インプット）とは行政活動を実施するために必要な資源の費消，③行政活動とは行政サービスを提供するための組織的な生産活動，④行政サービス

（アウトプット）とは国民生活や社会経済に発生した特定の課題を解決するために提供する公共財，⑤外部要因とは効果に影響を与える当該アウトプット以外の要因，⑥効果（アウトカム）とはアウトプットが国民生活や社会経済に発生した特定の課題に与える好ましい変化のことである。

このように資源，インプット，行政活動，アウトプット及びアウトカムは，相互に原因と結果の関係を保ちながら，全体として一つのロジック・モデルを構成している（図表1-5参照）。

2.4 評価の手法：プログラム評価

プログラム評価（Program Evaluation）とは，政策の計画，実施過程，インパクト及び費用対効果について社会科学の調査研究手法を用いて体系的に評価する手法のことである。プログラム評価は評価の視点をロジック・モデルのどの部分に置くかによって，①セオリー評価，②プロセス評価，③インパクト評価，④コスト・パフォーマンス評価の手法を用いている（ロジック・モデルと評価手法については，図表5-1参照）。

(1) セオリー評価

セオリー評価とは，政策を立案するに当たり政策目的と政策手段の関係を明確にした政策体系を設計しているかどうか，また，原因と結果の連鎖関係について整合性の取れたロジック・モデルを設計しているかどうか，ということを評価する手法のことである。この評価手法は，ロジック・モデルが整合性の取れた形で設計されなければ，アウトカムは達成されないという考え方に基づいている。

なぜなら，資源からアウトカムに至る仮定の連鎖がうまく機能しなければ，政策はたとえ実施されたとしても途中で破綻し，目標とするアウトカムまでたどり着けないからである。セオリー評価でマイナスの評価が出た場合，ロジック・モデルに関して見直しを行うことになる。

(2) プロセス評価

プロセス評価とは，政策を実施するに当たり事前に設計したロジック・モデルに従って，計画した量・質のアウトプットを計画したタイミングで提供しているかどうかということを評価する手法のことである。この評価手法は，

図表 5-1　ロジック・モデルと評価手法

```
                              ┌─────────┐
                         ┌───→│ 資　源  │
                         │    └────┬────┘
                         │         ↓
                         │   ┌──────────┐
                         │   │ 投　入   │
           プロセス評価  │   │(インプット)│
                         │   └────┬─────┘
                         │        ↓
  コスト・              │   ┌──────────┐
  パフォーマンス評価    │   │ 行政活動 │
                         │   └────┬─────┘
                         │        ↓
                         │   ┌──────────┐
                         │   │行政サービス│
                         │   │(アウトプット)│
           インパクト評価│   └────┬─────┘  ┌────────┐
                         │        ↓    ←──│ 外部要因│
                         │   ┌──────────┐ └────────┘
                         └──→│ 効　果   │
                             │(アウトカム)│
                             └──────────┘
```

（注）セオリー評価は，ロジック・モデルそのものを具体的に把握し，その整合性を検証することが，評価の内容となる。
（出典）東（2005a）図2（257頁）に加筆修正

ロジック・モデルのうち，「資源→インプット→行政活動→アウトプット」までの過程に視点を置いている。

　この評価手法は，ロジック・モデルが整合性の取れた形で設計されたとしても，計画された量・質のアウトプットが計画されたタイミングで提供されなければ，アウトカムは達成されないという考え方に基づいている。プロセス評価でマイナスの評価が出た場合，資源の量・質，インプットのタイミング，行政活動の方法・内容に関して見直しを行うことになる。

(3) インパクト評価

　インパクト評価とは，政策が国民生活や社会経済に改善効果（インパクト）を与えたかどうかということを評価する手法のことである。この評価手法は，

図表 5-2　インパクト評価の分析手法

分析手法		比較グループの有無	比較グループを設定する方法	比較グループを設定する時期	分析手法の実施コスト	分析結果の信頼性
受益者評価		無			低い ↓ 高い	低い ↓ 高い
単純事前・事後比較モデル		無				
パネル・モデル		無				
時系列モデル		無				
クロスセクション・モデル		無				
準実験モデル	一般指標モデル	有	統計的	政策実施後	低い ↓ 高い	低い ↓ 高い
	統計的等化モデル	有	統計的	政策実施後		
	マッチング・モデル	有	統計的	政策実施前		
	回帰・分断モデル	有	統計的	政策実施前		
ランダム実験モデル		有	無作為	政策実施前	高い	高い

(出典) 東 (2005a) 図 4 (262 頁) に加筆修正

　ロジック・モデルのうち,「アウトプット→(外部要因)→アウトカム」までの過程に視点を置いている。この評価手法は，計画された量・質のアウトプットが計画されたタイミングで提供されたとしても，アウトプットがアウトカムを達成する手段として有効でなければ，アウトカムは達成されないという考え方に基づいている。このため，外部要因を取り除いた改善効果や当該政策が実施されなかった場合との差が，定量的な業績指標を用いて分析される。インパクト評価でマイナスの評価が出た場合，アウトプットの量・質・タイミングに関して見直しを行ったり，政策手段であるアウトプットそのものの見直しを行ったりすることになる。

　インパクト評価は政策の対象となり得る母集団を，政策が実際に実施されたグループ(実施グループ)と政策が実施されなかったグループ(比較グループ)に分け，これらの2つのグループの間で差が生じているかどうかということを測定する。また，比較グループが存在しない場合，実施グループの実施前の状況と実施後の状況において差が生じているかどうかということを測定する。いずれの場合も，両者の差から外部要因の影響をいかに取り除くかがポイントになる。これらの差を測定する手法として，図表5-2のような分析手法がある。

図表 5-3 コスト・パフォーマンス評価の分析手法

分析手法	内容
費用分析 (Cost Analysis)	政策の実施により発生した社会的効果と社会的費用を特定した後，社会的費用を金銭価値化したりして費用の比較を行う分析手法である。政策の実施により発生した社会的効果が複数の政策手段の間でほぼ同一とみなされる場合や，明らかに社会的効果が社会的費用より大きい場合等に用いられる。政策にとって，複数の政策手段を相互に比較して他の条件が同一であれば，費用の最小なものが，費用対効果の視点から最も優れた政策手段ということになる。
費用効果分析 (Cost-Effectiveness Analysis)	政策の実施により発生した社会的効果と社会的費用を特定した後，必ずしもすべてを金銭価値化しないで社会的効果と社会的費用を算定し，様々な単位（金額，人数，件数，時間等）で表示された効果と費用の比較を行う分析手法である。この分析手法には，費用のみを金銭価値化して効果1単位当たりの費用又は費用1単位当たりの効果を算出する方法，効果と費用の双方について金銭価値以外の表示も含めた数値指標を用いる方法がある。また，効果項目や費用項目が複数ある場合，それらの項目に適当な重み付けを行って一つの指標に統合する方法もある。政策にとって，複数の政策手段を相互に比較して他の条件が同一であれば，効果1単位当たりの費用の最小なもの又は費用1単位当たりの効果の最大なものが，費用対効果の視点から最も優れた政策手段ということになる。
費用便益分析 (Cost-Benefit Analysis)	政策の実施により発生した社会的便益と社会的費用を特定した後，すべての便益項目と費用項目を金銭価値化して比較する分析手法である。便益や費用が一定期間にわたって継続的に発生する場合，便益や費用を現在価値に割り戻した上で比較を行う。比較の方法には，社会的便益の社会的費用に対する比率（費用便益比）を用いる方法，社会的便益から社会的費用を差し引いた純社会的便益を用いる方法等がある。政策は，その社会的便益が社会的費用を上回った場合，費用対効果の視点から社会的合理性を有すると見なされる。

(出典) 東 (2005a) 266-267 頁に加筆修正

(4) コスト・パフォーマンス評価

　コスト・パフォーマンス評価とは，政策が投入した資源以上の効果を国民生活や社会経済に与えたかどうかということを評価する手法のことである。この評価手法は，アウトプットが国民生活や社会経済に効果を与えたとしても，それに見合う以上の費用が掛かったのであれば，費用対効果の視点からは優れた政策手段とはいえないという考え方に基づいている。コスト・パフォーマンス評価でマイナスの評価が出た場合，資源の量・質に関して見直しを行ったり，政策手段であるアウトプットそのものの見直しを行ったりすることになる。この評価手法には，図表5-3のような分析手法がある。

2.5　評価の手法：業績測定

業績測定（Performance Measurement）とは，事前に政策の目的及びアウトカムを明らかにするとともに，その達成状況を測定するため，定量的な業績指標で目標値と目標期間を設定した後，定期的に業績指標の実績値を収集することにより，目標期間終了時において事前に設定された目標値がどれだけ達成されたのかを評価する手法のことである。アウトカム業績指標を設定することが困難な場合には，アウトプットベース又は行政活動ベースの業績指標で目標値を設定することがある。

2.6　評価の手法：メタ評価

メタ評価（Meta Evaluation）とは，評価の品質と信頼性を確保するため，評価の設計，データの収集，データの分析，評価結果に至る過程等の一次評価の内容について，その妥当性を検証する手法のことである。メタ評価は一次評価者，内部の関係者又は外部の第三者により，一次評価実施中に継続的に行われたり，一次評価終了後に限定的に行われたりする。

3　政策評価制度

3.1　導入の経緯

国の政策評価制度は，効果的かつ効率的な行政の推進に資するとともに，国民に対する説明責任を果たすため，平成13年1月に行われた中央省庁等改革の一環として導入された。

制度の導入に当たっては，9年12月に提出された行政改革会議の最終報告において「政策の効果について，事前，事後に，厳正かつ客観的な評価を行い，それを政策立案部門の企画立案作業に反映させる仕組みを充実強化することが必要である。」と指摘されたことが契機となった。13年6月には，制度の実効性を高めるため，行政機関が行う政策の評価に関する法律（以下「政策評価法」という。）が制定され，14年4月から施行されている。政策評価法の施行後は，規制及び租税特別措置等に係る政策評価が義務付けられたり，目標管理型の政策評価が実施されたりして，政策評価の機能を強化す

るための取組が行われ，現在に至っている。

3.2 各府省の政策評価

　各行政機関はその所掌に係る政策について適時に，その政策効果を把握し，これを基礎として，必要性，効率性又は有効性の観点その他当該政策の特性に応じて必要な観点から，自ら評価するとともに，その評価結果を当該政策に適切に反映させるとされている（評価法3①）。

　このため，各行政機関の長は，政府が定めた政策評価に関する基本方針に基づき，当該行政機関の所掌に係る政策について3年以上5年以下の期間ごとに，計画期間，政策評価の観点，事後評価の対象政策など，当該行政機関における政策評価に関する基本的事項を規定した政策評価に関する基本計画を定めている。また，事後評価については，対象政策ごとの具体的な評価の方法等を規定した事後評価の実施に関する計画を1年ごとに定めている。

　各行政機関は政策評価担当組織を設け，基本計画及び実施計画に基づき，事後評価を行っている。また，各行政機関は国民生活若しくは社会経済に相当程度の影響を及ぼす政策又は多額の費用を要することが見込まれる政策であり，かつ，評価の方法が開発されているものとして，①研究開発，②公共事業，③政府開発援助，④規制，⑤租税特別措置等に係る政策については，事前評価を行っている（評価法9）。

　各行政機関の長は，政策評価を行ったときは，対象政策，評価方式，評価結果等を記載した評価書を作成し，総務大臣に送付するとともに公表している。また，行政機関の長は，少なくとも毎年1回，当該行政機関における政策評価の結果の政策への反映状況について総務大臣に通知するとともに公表している。

3.3 総務省の政策評価

　総務省はその所掌に係る政策に加え，二以上の行政機関に共通するそれぞれの政策であって政府全体としての統一性を確保する見地から評価する必要があるもの，又は二以上の行政機関の所掌に関係する政策であってその総合的な推進を図る見地から評価する必要があるものについて統一性又は総合性

を確保するための評価を行っている（評価法12①）。また，総務省は行政機関の政策評価の実施状況を踏まえ，当該行政機関により改めて政策評価が行われる必要がある場合などに，当該行政機関の政策について政策評価の客観的かつ厳格な実施を担保するための評価を行っている（評価法12②）。

これらの評価は，その対象とする政策についてその政策効果を把握し，これを基礎として，必要性，効率性又は有効性の観点その他当該政策の特性に応じて必要な観点から行う。総務省はこれらの評価の結果，必要があると認めるときは，関係する行政機関の長に対し，当該評価の結果を政策に反映させるために必要な措置を取るべきことを勧告するとともに，当該勧告の内容を公表している。

なお，内閣は毎年，各行政機関が行った政策評価及び総務省が行った政策評価の実施状況並びにこれらの結果の政策への反映状況に関する報告書を作成し，国会に提出するとともに公表している（評価法19）。

3.4 政策評価の観点

各行政機関は必要性，効率性及び有効性の観点その他当該政策の特性に応じて必要な観点から政策評価を行うが，これらの観点は，次のように定義されている。

(1) 必要性

必要性とは，政策の効果からみて，当該政策に係る政策目的が国民や社会のニーズ又はより上位の政策目的に照らして妥当性を有しているか，或いは行政関与の在り方からみて当該政策を行政が担う必要があるかどうかということである。

(2) 効率性

効率性とは，政策の効果と当該政策を実施するのに要する費用との関係，つまり，アウトカムと資源との関係のことである。従って，政策評価制度では，アウトプットと資源との関係は，効率性には含まれない。

(3) 有効性

有効性とは，得ようとする政策の効果と当該政策が提供するアウトプットにより実際に得られている，又は得られると見込まれる政策の効果との関係

のことである。

3.5 政策評価の方式

各行政機関は政策の特性等に応じて①事業評価方式，②実績評価方式，③総合評価方式等を用いて政策評価を行っている。

(1) 事業評価方式

事業評価方式は主に事務事業を対象に，事前に又は必要に応じ事後に，事務事業の採否，選択等に資する評価情報を提供するため，プログラム評価のうちコスト・パフォーマンス評価の手法を用いて，効率性の観点から，事務事業の実施により費用に見合った効果が得られるかどうかを評価する。この評価方式は，研究開発，公共事業，政府開発援助，規制及び租税特別措置等の事前評価を行う場合に用いられている。

公共事業を例にとると，新規事業採択時評価は費用便益分析を用いて，事業全体の投資効率性を評価する。この費用便益分析は，事業を実施する場合と事業を実施しない場合を比較する。このため，事業の実施により発生すると見込まれる社会的便益と社会的費用を特定した後，すべての便益項目と費用項目を金銭価値化して比較している。

例えば，道路事業において，便益項目は①走行時間短縮便益，②走行経費減少便益，③交通事故減少便益，費用項目は①道路整備に要する事業費，②道路維持管理に要する費用となっている。便益や費用が一定期間にわたって継続的に発生する場合，便益や費用を現在価値に割り戻した上で比較を行う。比較の方法には，社会的便益の社会的費用に対する比率（費用便益比）を用いる方法，社会的便益から社会的費用を差し引いた純社会的便益を用いる方法等がある（図表5-4参照）。

(2) 実績評価方式

実績評価方式は主に施策を対象に，事後に，施策の不断の見直しや改善に資する評価情報を提供するため，業績測定の手法を用いて，有効性の観点から，定期的に業績指標の実績値を収集し，目標期間終了時において目標値が達成されたかどうかを評価する。この評価方式は，目標管理型の政策評価で用いられている。

図表 5-4　事業評価方式（国土交通省の例（道路事業の費用便益分析））

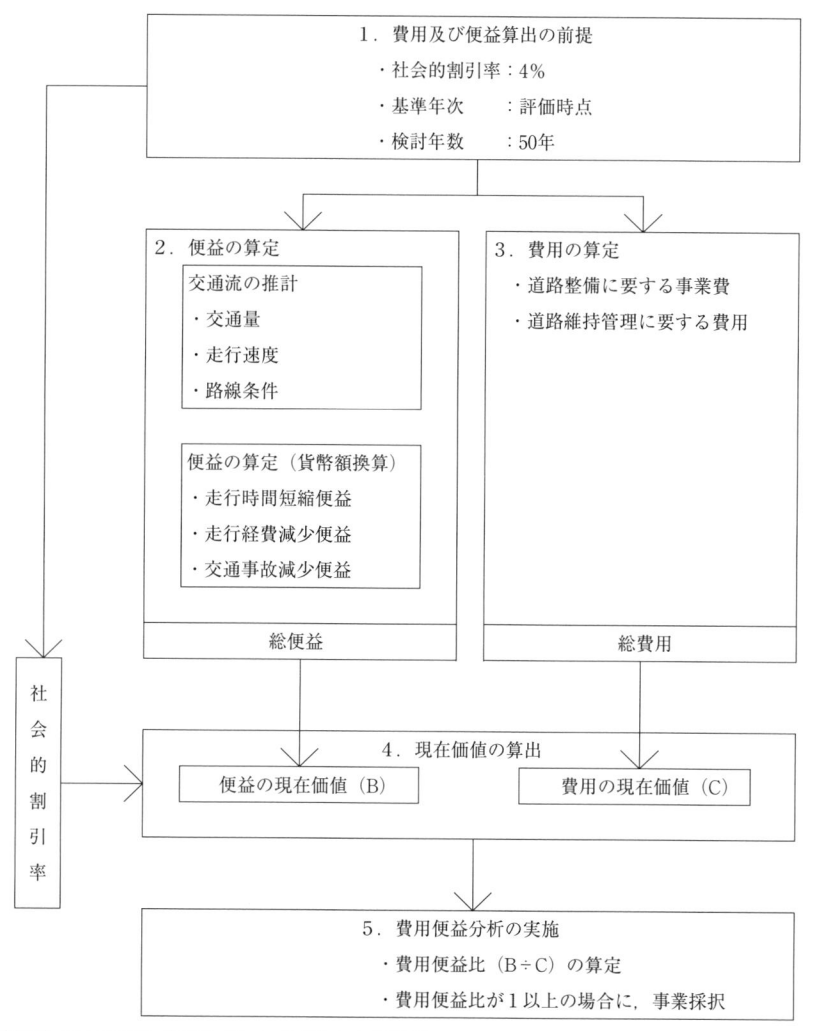

```
┌─────────────────────────────────────────┐
│ 1．費用及び便益算出の前提                │
│   ・社会的割引率：4％                    │
│   ・基準年次　　：評価時点               │
│   ・検討年数　　：50年                   │
└─────────────────────────────────────────┘
            │
    ┌───────┴───────┐
    ▼               ▼
┌──────────────┐ ┌──────────────┐
│ 2．便益の算定 │ │ 3．費用の算定 │
│ ┌──────────┐ │ │ ・道路整備に要する事業費 │
│ │交通流の推計│ │ │ ・道路維持管理に要する費用 │
│ │ ・交通量  │ │ └──────────────┘
│ │ ・走行速度│ │
│ │ ・路線条件│ │
│ └──────────┘ │
│ ┌──────────┐ │
│ │便益の算定（貨幣額換算）│
│ │ ・走行時間短縮便益│
│ │ ・走行経費減少便益│
│ │ ・交通事故減少便益│
│ └──────────┘ │
│   総便益     │ │   総費用     │
└──────────────┘ └──────────────┘
         │              │
         ▼              ▼
┌─────────────────────────────────────────┐
│ 4．現在価値の算出                        │
│   便益の現在価値（B）  費用の現在価値（C）│
└─────────────────────────────────────────┘
            │
            ▼
┌─────────────────────────────────────────┐
│ 5．費用便益分析の実施                    │
│   ・費用便益比（B÷C）の算定             │
│   ・費用便益比が1以上の場合に，事業採択  │
└─────────────────────────────────────────┘
```

（社会的割引率 → 4．現在価値の算出へ）

（出典）国土交通省（2008）図 -1（3頁）に加筆修正

目標管理型の政策評価とは，施策を対象に実績評価方式を用いて行う事後評価のことである。目標管理型の政策評価において，各行政機関は当該年度の施策の実施前に，施策別に①施策名，②施策の概要，③達成すべき目標，④測定指標，⑤達成手段を明らかにした事前分析表を作成し，政策体系を明らかにしている。このうち，測定指標はアウトプット業績指標及びアウトカム業績指標を用いて基準値（一定時点の実績）と目標年度の目標値を設定している。また，達成手段は当該施策を達成するための事務事業について事務事業名，各年度の予算額，関連する測定指標，行政事業レビュー番号等を記載している。行政事業レビューとは，政策評価制度とは別に，事務事業を対象に業績測定を用いて行っている評価のことで，政策評価と行政事業レビューの連携が図られている。

各行政機関は当該年度の施策の実施後，施策別に①施策名，②施策の概要，③達成すべき目標，④予算額と執行額，⑤測定指標の実績値，⑥目標達成度合いの測定結果，⑦施策の分析等を明らかにした政策評価書を作成している。このうち，目標達成度合いの測定結果は，測定指標の目標値と当該年度の実績値を比較し，「目標超過達成」，「目標達成」，「相当程度進展あり」，「進展が大きくない」，「目標に向かっていない」の５段階で評価している（図表5-5参照）。

(3) 総合評価方式

総合評価方式は主に政策（狭義）を対象に，事後に，政策（狭義）に係る課題とその発生原因の解決に資する評価情報を提供するため，プログラム評価等の手法を用いて，効果の発現状況について様々な角度から掘り下げた分析を行う。

アウトプットがその目的とする所期の効果をもたらしていない場合，その原因として，①政策が整合性の取れた形で設計されていないこと，②政策が設計通りに実施されていないこと，③政策が有効な政策手段を用いていないことが考えられる。また，政策がその効果以上の費用を投入していることも考えられる。プログラム評価はこのような事態を明らかにするため，①セオリー評価，②プロセス評価，③インパクト評価，④コスト・パフォーマンス評価をこの順ですべて行うことが理想であるが，実務的には，時間，費用等

図表 5-5 実績評価方式（目標管理型の政策評価）（文部科学省の例）

1. 26年度事前分析表

施策名	大学などにおける教育研究の質の向上						
施策の概要	大学等の教育研究を支える基盤を強化しつつ，特色ある発展に向けた取組などを支援することや，事前・事後の評価の適切な役割分担と協調を確保することなどにより，大学等の国際化や教育研究の質の向上・保証を推進する。						
達成目標	国公私立大学を通じた競争的環境の下で，明確な人材養成目的に基づき，個々の専門分野の枠を超えた組織的な指導体制で展開される体系性・一貫性のある教育に基づいた大学院教育を確立する。						
測定指標（アウトプット業績指標）	①リーディング大学院構築事業費補助金及び卓越した大学院拠点形成支援補助金の交付を受けた博士過程を受講した学生数（単位：人）						
	基準値（実績）	目　標　値					
	25年度	26年度	27年度	28年度	29年度	30年度	
	4,549	5,000	5,000	5,500	5,500	5,500	
測定指標（アウトカム業績指標）	②リーディング大学院構築事業費補助金及び卓越した大学院拠点形成支援補助金の交付を受けた博士過程を修了後，就職した学生数（単位：人）						
	基準値（実績）	目　標　値					
	25年度	26年度	27年度	28年度	29年度	30年度	
	2,988	3,340	3,340	3,674	3,674	3,674	

達成手段		予算額（百万円)			関連指標	達成手段の概要	26年度行政事業レビュー番号
		24年度（執行額）	25年度（執行額）	26年度			
	研究拠点形成事業（リーディング大学院構築事業費補助金)	11,856 (11,077)	18,082 (18,081)	18,495	①②	産官学にわたりグローバルに活躍するリーダーを養成するため，博士過程前期・後期において世界に通用する質の保証された学位プログラムを実施する大学へ，「リーディング大学院構築事業費補助金」の交付を行う。	0139
	研究拠点形成事業（卓越した大学院拠点形成支援補助金)	7,817 (7,631)	7,414 (7,406)	7,011	①②	卓越した大学院の教育研究拠点において，博士課程学生が研究に専念できる環境を整備し，優秀な学生を引き付け，世界で活躍できる研究者を輩出するシステムを構築する大学へ，「卓越した大学院拠点形成支援補助金」の交付を行う。	0149

2. 26年度政策評価書

施策名	大学などにおける教育研究の質の向上				
施策の概要	大学等の教育研究を支える基盤を強化しつつ，特色ある発展に向けた取組などを支援することや，事前・事後の評価の適切な役割分担と協調を確保することなどにより，大学等の国際化や教育研究の質の向上・保証を推進する。				
達成目標	国公私立大学を通じた競争的環境の下で，明確な人材養成目的に基づき，個々の専門分野の枠を超えた組織的な指導体制で展開される体系性・一貫性のある教育に基づいた大学院教育を確立する。				
施策の予算額・執行額	区分	24年度	25年度	26年度	27年度	28年度
	予算額(百万円)	19,673	25,496	25,506		
	執行額(百万円)	18,708	25,487	25,496		

84　第5章　国の政策評価制度

測定指標（アウトプット業績指標）	①リーディング大学院構築事業費補助金及び卓越した大学院拠点形成支援補助金の交付を受けた博士過程を受講した学生数（単位：人）					
	基準値（実績）	目　標　値				
		実　績　値				
	25年度	26年度	27年度	28年度	29年度	30年度
	4,549	5,000	5,000	5,500	5,500	5,500
		5,037				
測定指標（アウトカム業績指標）	②リーディング大学院構築事業費補助金及び卓越した大学院拠点形成支援補助金の交付を受けた博士過程を修了後，就職した学生数（単位：人）					
	基準値（実績）	目　標　値				
		実　績　値				
	25年度	26年度	27年度	28年度	29年度	30年度
	2,988	3,340	3,340	3,674	3,674	3,674
		3,350				
目標達成度合いの測定結果	測定指標①の達成率は100.1％，測定指標②の達成率は100.3％で，それぞれ100％を超えているため，目標を達成したと評価できる。					

（出典）文部科学省（2014）等を参考に筆者作成

図表5-6　総合評価方式（農林水産省の例）

政策名	農林水産分野の地球環境対策
政策の概要	農林漁業において地球温暖化防止に貢献するため，森林吸収源対策，農林漁業分野の温室効果ガス排出削減対策のほか，これらの対策の推進に資する技術開発等の施策を行う。また，農林漁業において生物多様性保全に貢献するため，田園地域・里地里山，森林，里海・海洋などの地域別の施策，森・川・海を通じた地域横断的な施策を行う。
政策手段	地球温暖化防止や生物多様性保全に効果の高い営農活動の導入を促進するため，平成23年度から環境保全型農業直接支援対策を実施している。この対策では，①カバークロップの作付，②冬季湛水管理等を行う農業者に対し，実施面積10a当たり8,000円の環境保全型農業直接支払交付金が交付され，50％を国が負担している。
カバークロップの作付	カバークロップの作付とは，化学肥料・化学合成農薬の5割低減の取組を行う作物の栽培前後のいずれかに緑肥等を作付けすることである。農地に施用された堆肥やカバークロップとして作付けられた緑肥等の有機物は，多くの微生物により分解され大気中に放出されるものの，一部が分解されにくい土壌有機炭素となり長期間土壌中に貯留されることから，地球温暖化防止に貢献することが期待されている。
冬季湛水管理	冬季湛水管理とは，化学肥料・化学合成農薬の5割低減の取組とセットで冬期間の水田に水を張る取組のことである。冬季湛水管理は鳥類へ餌場やねぐらを提供するなど，冬場における生物の生息場所を提供する目的で実施されており，地域の生物多様性保全に貢献することが期待されている。また，有機農業は農薬を使用しないことからも地域の生物多様性保全に貢献することが期待されている。
評価の観点（有効性）	温室効果ガスの吸収及び排出削減への貢献が着実に図られているか。また，生物多様性保全及び持続可能な利用への貢献が着実に図られているか。
インパクト評価（マッチング・モデルの事後適用）	温室効果ガス排出削減効果を確認するため，平成26年3月に5県において，カバークロップを実施している圃場と，土壌条件が同等で隣接するカバークロップを実施していない圃場を対象に，それぞれの圃場における作土（0-15cm）の炭素含量の測定を行った。この結果，土壌炭素量が，未実施の圃場に比べ，カバークロップを実施している圃場の方が多いことが確認された。

	①カバークロップ実施圃場（土壌炭素量：t/ha）	②カバークロップ未実施圃場（土壌炭素量：t/ha）	対比①／②（％）	作付作物名
A県	28.7	25.2	113.9	レンゲ
B県	32.9	30.6	107.5	レンゲ
C県	37.1	33.2	111.7	レンゲ

D県	37.9	33.7	112.5	イタリアンライグラス
E県	23.8	22.9	103.9	レンゲ

生物多様性保全効果を確認するため，平成26年3月に5県において，冬季湛水管理を実施している圃場と，自然環境が同等で冬季湛水管理を実施していない圃場を対象に，それぞれの圃場中における生物の種類数の測定を行った。この結果，生息する生物の種類数が，未実施の圃場に比べ，冬季湛水管理を実施している圃場の方が多いことが確認された。

	①冬季湛水実施圃場（種類数）	②冬季湛水未実施圃場（種類数）	対比①/②（％）	①で確認された主な生物
A県	7	3	233.3	ミジンコ，ダニ類
B県	8	5	160.0	貝類，水生コウチョウ類
C県	16	8	200.0	ユスリカ，水生コウチョウ類，魚類
D県	12	7	171.4	イトミミズ，トビムシ，貝類
E県	9	6	150.0	ミジンコ，クモ類

（出典）農林水産省（2013）等を参考に筆者作成

に制限があるため，1つの評価手法を用いることが多い（図表5-6参照）。

なお，総務省は各行政機関の政策評価の実施状況を踏まえ，政策評価の客観的かつ厳格な実施を担保するための評価を行うとされているため，メタ評価の手法を用いて，評価の実施形式の点検（要件審査）と内容に係る点検（内容点検）を行っている。

4 目標管理型の政策評価の課題

4.1 府省横断的な政策の業績測定

我が国は，IT，環境（生物多様性，地球温暖化），少子化対策，女性の活用等の府省横断的な政策を実施していて，閣議決定等において定量的な目標値を設定しているにもかかわらず，これらの政策に係る目標管理型の政策評価を行っていない。総務省は政策評価法に基づき，2以上の府省に共通するそれぞれの政策，又は2以上の府省の所掌に関係する政策について統一性又は総合性を確保するための評価を行っているが，目標管理型の政策評価として行っているわけではない。

4.2 単位当たりコストの活用

各府省は政策評価と行政事業レビューとの連携を図るため，目標管理型の政策評価を行っている。施策実施前に作成する事前分析表は，達成すべき目

標，達成状況を測定するための測定指標，目標値及び目標期間等を設定し，さらに，達成手段となる事務事業別に予算額等を設定している。また，施策実施後に作成する政策評価書は，予算額と執行額，測定指標の目標値と実績値を記載し，達成状況を測定している。現在のところ，目標管理型の政策評価は，発生主義コスト情報を施策レベルでも，事務事業レベルでも開示していないため，測定指標の単位当たりコストを用いた評価を行っていない。

4.3　業績データの信頼性

　総務省は政策評価法に基づき，政策評価の客観的かつ厳格な実施を担保するための評価を行っているが，目標管理型の政策評価については，主に評価設計に関する審査を行っていて，業績データの信頼性に関する審査を行っていない。施策実施後に作成する政策評価書は，予算額と執行額，測定指標の目標値と実績値を記載し，達成状況を測定しているが，各府省の自己申告に止まり，これらの計数の信頼性は保証されていない。

4.4　独立行政法人の業績評価

　府省の一部は，目標管理型の政策評価で施策実施前に作成する事前分析表において，達成手段として特定の独立行政法人を挙げ，かつ関連する測定指標を記載している場合がある。このように独立行政法人が主務省の政策体系に位置付けられている場合でも，測定指標，目標値及び目標期間は当該独立行政法人に対する中期目標において業績目標として指示されておらず，主務省と独立行政法人の業績評価がリンクしていないため，当該独立行政法人の当該施策に対する貢献度が分析されていない。

5　行政事業レビュー

　各府省は25年4月に閣議決定された「行政事業レビューの実施等について」に基づき，政策評価制度とは別に，行政事業レビューを行っている。行政事業レビューとは，各府省が毎年4月から6月にかけて，前年度に実施したすべての事務事業（約5000）を対象に，予算が最終的にどこに支出され，ど

のように使われたのか，実態を把握し，事業事業の必要性，効率性及び有効性の観点から自ら点検を行い，その結果を予算の概算要求や執行等に反映する取組のことである。各府省は点検結果を「行政事業レビューシート」として公表している。

　行政事業レビューは業績測定の手法を用いているため，行政事業レビューシートには，①事業番号，②事業名，③事業の目的，④予算額・執行額，⑤成果目標及び成果実績（アウトカム），⑥活動指標及び活動実績（アウトプット），⑦単位当たりコスト，⑧点検・改善結果等が記載されている。このうち，事業番号及び事業名については，施策とその達成手段である事務事業の関係を明確にするとともに，両者を一体的に把握し，見直しを行うため，目標管理型の政策評価で施策実施前に作成する事前分析表との間で共通化が図られている。単位当たりコストについては，執行額を活動指標（アウトプット）の実績値で除して算定しており，現在のところ，発生主義コスト情報とはなっていない。

　また，各府省は前年度に実施した事務事業のほか，当該年度に新規に開始した事務事業，翌年度予算の概算要求において新規に要求する事務事業についても，記入可能な事項を行政事業レビューシートに記入し，公表している。

第6章

国の会計検査制度

1 会計検査の目的

　国の財政は，国民の経済生活と密接な関係をもち，かつ国民の負担に直接関わるため，これを国民の監視の下に置くことは，民主的な財政制度にとって重要な要素である。このような考え方を財政民主主義という。

　国の財政を処理する権限は，主として内閣に属するが，これを国民の代表機関である国会の統制の下に置かなければならないという原則は，日本国憲法における財政制度の基本原則となっており，財政民主主義を反映したものとなっている（憲法83）。

　日本国憲法は財政民主主義の仕組みの一つとして会計検査院を設け，国の収入支出について検査を行わせることにより財政統制の一翼を担わせている（憲法90①）。これは，我が国では，議院内閣制を採用しているが，国会与党が政権を担当する議院内閣制の下では，国会与党と内閣の政治的利害が基本的には一致するため，国会の内閣に対する財政統制には一定の限界があるからである。このため，内閣に対する財政統制が有効に機能するためには，国の統治機構において内閣及び国会から独立した会計検査院による会計検査が不可欠である。

　このように会計検査院は，内閣に対する財政統制の一翼を担うため，憲法上の独立機関として府省，政府出資法人（独立行政法人，国立大学法人等）

等の予算執行状況について会計検査を行っている。つまり，会計検査院は日本国憲法第90条の規定により国の収入支出の決算の検査を行う外，法律に定める検査を行い，また，常時会計検査を行い，会計経理を監督し，その適正を期し，且つ，是正を図るとされている（院法20①②）。そして，会計検査院は正確性，合規性，経済性，効率性及び有効性の観点その他会計検査上必要な観点から検査を行うものとされている（院法20③）。また，会計検査院は検査の結果により，国の収入支出の決算を確認するとされている（院法21）。

2　会計検査の実施主体

　日本国憲法において国の統治機構については，国家の権力を性質に応じて立法，行政及び司法の3つに分け，それぞれを立法府，行政府及び司法府に分担させ，相互に監視させることによりチェック・アンド・バランス（抑制と均衡）を図り，もって権力の集中と濫用を防止し，国民の基本的人権の保障を図る三権分立制が採用されている。さらに日本国憲法は財政民主主義の仕組みの一つとして会計検査院を設け，国の収入支出について検査を行わせることにより内閣に対する財政統制の一翼を担わせている。
　つまり，会計検査院は日本国憲法第90条にその設置根拠をもつ国の財政監督機関であり，国の統治機構において国会，内閣及び裁判所のいずれにも属さない憲法上の独立機関となっている。現行憲法は行政作用の一部である会計検査を，内閣の権限に属せしめず（院法1），さらに立法作用，司法作用からも独立した四権的存在ともいえる会計検査院の権限としている（国の統治機構については，図表1-3参照）。

3　会計検査院の組織

　会計検査院は3人の検査官を以て構成する検査官会議と事務総局を以て組織されている（院法2）。検査官会議は意思決定機関で，事務総局はその指揮監督の下に検査を行う執行機関となっている（院法12①）。検査官と会計

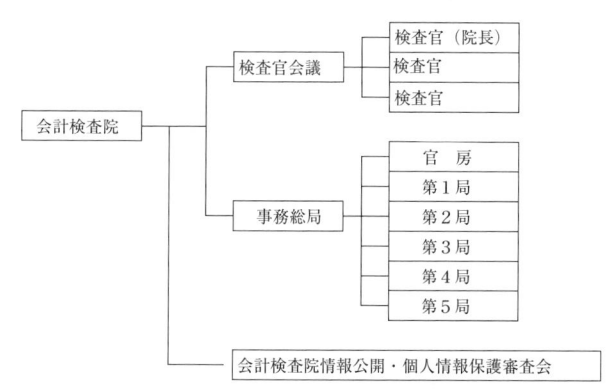

図表 6-1　会計検査院の組織

```
会計検査院 ─┬─ 検査官会議 ─┬─ 検査官（院長）
            │               ├─ 検査官
            │               └─ 検査官
            │
            ├─ 事務総局 ─┬─ 官　房
            │             ├─ 第1局
            │             ├─ 第2局
            │             ├─ 第3局
            │             ├─ 第4局
            │             └─ 第5局
            │
            └─ 会計検査院情報公開・個人情報保護審査会
```

（出典）会計検査院（2015a）4-5頁より筆者作成

検査院長秘書官は特別職に属する国家公務員で，事務総局の職員は一般職に属する国家公務員となっている（会計検査院の組織については，図表6-1参照）。

3.1　検査官会議

　検査官は衆・参両議院の同意を経て内閣が任命し，天皇がこれを認証する（院法4④）。検査官の任期は7年で1回に限り再任されることができ，満65歳に達したときは退官する（院法5①③）。検査官が任期中に欠けたときは，後任の検査官は，前任者の残任期間在任する（院法5②）。検査官は兼職が禁止されている（院法9）。会計検査院長は検査官のうちから互選した者が内閣から任命され，検査官会議の議長を務める（院法3, 10）。検査官会議を構成している3人の検査官は，同等の権限を有しており，個々の検査官は，たとえ院長であろうと単独では組織の意思を決定したり，組織の権限を行使したりすることはできない。

　このように検査官会議が合議制を採用しているのは，中立・公正な意思決定を行うためであり，3人という少数であるのは，活発な議論と速やかな結論到達とを期するためである。3人の検査官のうち欠員を生じたときは，補充があるまでは残りの2人の検査官で検査官会議を構成する。

3.2 事務総局

　事務総局の組織は，官房と5つの局から構成されている（院法12②）。平成27年度に例をとれば，官房には総務課，人事課，会計課等の庶務を行う課に加え，会計検査の基本方針の策定など，検査の中長期的な企画を行う上席企画調査官が置かれている。また，5つの局には，合計30の課と6の上席調査官（以下，課と上席調査官を併せて「検査課」という。）が置かれ，各府省とその所管独立行政法人等の関連団体の検査を行っている。

　例えば，第1局には内閣府，総務省，法務省，外務省及び財務省とその関連団体，第2局には厚生労働省及び防衛省とその関連団体，第3局には国土交通省及び環境省とその関連団体，第4局には文部科学省及び農林水産省とその関連団体，第5局には経済産業省とその関連団体を検査する検査課が置かれている。事務総局の検査課は，基本的に検査対象ごとに編成されているが，第5局に置かれている特別検査課と上席調査官（特別検査担当）は，検査対象となる特定の府省や関連団体を持たず，一定の検査テーマの下で，機動的，組織横断的な検査を行っている。

　事務総局の定員は，27年度に例をとれば1,250人で，このうち，会計検査に従事している職員は約960人となっている。事務総局の一般的な職階は，下位から上位へ，「事務官→調査官補→調査官→副長→総括副長→専門調査官等→上席調査官・課長（54人）→審議官（13人）→総括審議官・局長（6人）→事務総局次長（1人）→事務総長（1人）」となっている。このうち，会計検査の主力を担っているのは調査官補及び調査官で，所属検査課において在庁検査と実地検査に従事している。これらの調査官等は通常，2～4年のサイクルで人事異動があり，様々な行政分野の会計検査に取り組んでいる。

　会計検査院の予算額は，27年度に例をとれば171億2829万円で，このうち，人件費と検査旅費が4分の3以上を占めている。これは会計検査という業務の性格を反映するもので，特に検査旅費は，全国各地や海外に出張し，実地検査を行うための経費であって，会計検査院の事業費に相当する。

4 会計検査の対象

　会計検査院は日本国憲法第90条の規定により国の収入支出の決算の検査を行う外，法律に定める会計の検査を行うとされ，会計検査院法において必要的検査対象と選択的検査対象が定められている。

4.1 必要的検査対象

　会計検査院の検査を必要とするもの（必要的検査対象）は，次のとおりである（院法22）。

（ア）　すべての国の機関の毎月の収入支出で，決算の終わった年度ではなく，現に進行中の年度のもの

（イ）　国が所有する現金，物品及び国有財産の受払

（ウ）　国の債権の得喪

（エ）　国債に係る債務，歳出予算，継続費又は国庫債務負担行為に基づいて国が負担した債務，法律又は条約等に基づいて国が負担した債務の増減

（オ）　日本銀行の本店及び支店が国のために取り扱う現金，貴金属及び有価証券の受払

（カ）　国が政策目的を達成するために資本金の2分の1以上を出資している独立行政法人，国立大学法人等の法人の会計

（キ）　法律により特に会計検査院の検査に付するものと定められた会計（現在は，日本放送協会（放法79））

4.2 選択的検査対象

　会計検査院が必要と認めるとき又は内閣の請求があるときに検査することができるもの（選択的検査対象）は，次のとおりである（院法23①）。会計検査院は選択的検査対象を検査するときは，関係者に通知することとされている（院法23②）。

（ア）　国が所有又は保管する有価証券，国が保管する現金及び物品

（イ）　国以外のものが国のために取り扱う現金，物品又は有価証券の受払

（ウ）　国が直接又は間接に補助金，奨励金，助成金等を交付し，又は貸付金，

損失補償等の財政援助を与えているものの会計
（エ）　国が政策目的を達成するために資本金の一部を出資しているものの会計
（オ）　国が政策目的を達成するために資本金を出資したものが更に出資しているものの会計
（カ）　国が借入金の元金又は利子の支払を保証しているものの会計
（キ）　国若しくは国が資本金の2分の1以上を出資している法人の工事その他の役務の請負人，事務若しくは業務の受託者，又は国等に対する物品の納入者のその契約に関する会計

5　会計検査の観点

5.1　正確性の検査
(1) 定義

　正確性の検査とは，各府省等の財務報告が予算執行及び財産管理の状況を正確に表示しているかどうかという観点から行う検査である。この検査は，正確に表示されていない事項を指摘したり，是正させたりすることなどを目的に行われており，財務報告の適正性を保証することを目的に行うものではない。

　検査対象には，府省の場合，歳入歳出決算等の予算執行に関する財務報告に加えて，国の債権の現在額総報告，物品増減及び現在額総報告，国有財産増減及び現在額総計算書等の財産管理に関する財務報告が含まれる。また，政府出資法人の場合，独立行政法人を例にとれば，決算報告書に加えて，貸借対照表，損益計算書，利益の処分又は損失の処理に関する書類，行政サービス実施コスト計算書等の財務諸表が含まれる。

(2) 必要性

　各府省の財政活動の基本は，国が強制的に徴収した租税等を政策目的に応じて配分することである。国民は多様な利害関係を有しているため，このような配分は，国民の代表者で構成される国会において審議され，議決された歳入歳出予算に基づいて行われる（憲法86）。このように各府省の財政活動

は，国会の予算統制を受けているため，各府省は歳入歳出予算に従って予算を執行したことを，国会に対し説明する責任を有している。この説明責任は，各府省が予算科目別に予算額と決算額を対比させた歳入歳出決算を作成し，国会へ提出することにより履行される。

また，各府省は予算執行に伴い資産を取得したり，負債を負ったりするが，現行の公会計制度は，単式簿記による現金主義会計を採用しているため，歳入歳出決算は財産管理に関する会計情報を提供することができない。このため，各府省は国有財産増減及び現在額総計算書等の財産管理に関する財務報告を作成し，国会へ提出することにより説明責任を履行している。財務報告は国会が各府省の説明責任の履行状況を評価するとともに，予算統制等に関し合理的な意思決定を行う場合に利用されることから，会計検査院は各府省が説明責任を適正に履行していることを確かめるため，財務報告が予算執行や財産管理の状況を正確に表示しているかどうか検査する必要がある。

5.2 合規性の検査
(1) 定義
合規性の検査とは，各府省等の会計経理が予算，法令等に従って適正に処理されているかどうかという観点から行う検査である。各府省等が会計経理を処理するに当たり準拠すべき法令等には，日本国憲法を頂点に，基幹的法律として財政法，会計法，国有財産法，物品管理法，国の債権の管理等に関する法律があり，さらに，これらの基幹的法律を補充したり，特例的な取扱いを定めたりした法令等（通達，補助金要綱等を含む。）がある。

(2) 必要性
各府省の財政活動は，国会の予算統制を受けていることから，会計検査院は予算統制が有効に機能していることを確かめるため，予算執行に伴う会計経理が歳入歳出予算に従って適正に処理されているかどうか検査する必要がある。歳入歳出予算自体は，予算科目と金額で構成されているだけなので，国民の経済生活と密接な関係をもつ各府省の財政活動の秩序と統制を確保する上で十分ではない。このため，予算を執行するに当たって準拠すべき会計経理の原則及び手続については，基本的な事項が法律で定められ，実務的な

事項が政令，省令等により定められている。同様に，予算執行に伴い取得した資産及び発生した負債を管理するに当たって準拠すべき会計経理の原則及び手続についても，基本的な事項が法律で定められ，実務的な事項が政令，省令等により定められている。このように各府省の財政活動は，日本国憲法を頂点とする法体系の統制を受けていることから，会計検査院は法令等による統制が有効に機能していることを確かめるため，会計経理が法令等に従って適正に処理されているかどうか検査する必要がある。

5.3 経済性及び効率性の検査
(1) 定義
　経済性の検査とは，特定の事務事業又は予算執行において，行政活動が最少の資源投入で実施されているかどうかという観点から行う検査である。また，効率性の検査とは，特定の事務事業又は予算執行において，一定の資源投入の下で最大のサービス（アウトプット）が提供されているかどうかという観点から行う検査である。経済性と効率性の検査の違いは，前者はアウトプットが提供される前の段階に視点を置いているのに対し，後者はアウトプットが提供された後の段階に視点を置いているところにある。

(2) 必要性
　民間企業は市場機構において競争原理にさらされているため，非経済的，非効率的な企業活動を行うと市場の淘汰を受け，市場からの退出を余儀なくされる。このため，民間企業には，経済的，効率的な企業活動を行おうとするインセンティブが働いている。一方，各府省等は国民から強制的に徴収した租税を財源として，その成果物であるアウトプットを，行政機構を通じて国民に提供しているため，経済的，効率的な行政活動を行おうとするインセンティブが働いていない。

　また，各府省等は予算，法令等による統制を受けているため，経済性及び効率性より，予算，法令等に準拠することを優先する傾向にある。このように各府省等には，経済的，効率的な行政活動を行おうとするインセンティブが働いていないことから，会計検査院は予算の経済的，効率的な執行を促すため，行政活動が最少の資源投入で実施されているかどうか，また，一定の

資源投入の下で最大のアウトプットが提供されているかどうか，検査する必要がある。

5.4 有効性の検査
(1) 定義
有効性の検査とは，特定の事務事業又は予算執行において，政策目的を達成しているかどうか，または，効果を上げているかどうか，という観点から行う検査である。
(2) 必要性
民間企業は利益を得るために企業活動を行っており，市場機構を通じて財・サービスの生産に必要な資金等を調達するとともに，その成果物である財・サービスを，対価を支払う意思のある消費者に提供している。民間企業は市場機構において競争原理による評価を受けているため，会計情報，つまり，収益－費用で算定される利益又は損失だけでその業績を評価することができる。

一方，各府省等は国民の福祉の向上を図ることなどの政策目的を達成するために行政活動を行っており，その成果物であるアウトプットを，行政機構を通じて国民に提供している。各府省等の行政活動は，市場機構において競争原理による評価を受けていないため，会計情報だけではその業績を評価することができない。

このように各府省等の政策目的の達成状況は，会計情報だけでは評価できないことから，会計検査院は予算の効果的な執行を促すため，政策目的を達成しているかどうか，または，効果を上げているかどうか，検査する必要がある。

6　会計検査基準（試案）

会計検査院の検査は，日本国憲法，会計検査院法，財政法，会計法等の各種の法令，及びこれらの法令を補完するために会計検査院が定めた内部規程等に準拠して行われる。これらの法令は，公会計の枠組みを定めているため，

会計検査は公会計の制度設計に沿って行われることになる。これらの法令等には，会計検査の目的，一般基準，実施基準及び報告基準に相当するものが含まれているが，会計検査基準として明示されているわけではない。そこで，会計検査院は 24 年 10 月に会計検査の目的，基本原則，実施，報告等に関する規範を分かりやすく体系化した「会計検査基準（試案）」を作成し，公表した。これにより，会計検査の実効性が高まり，会計検査の透明性が向上することが期待されている。

7　会計検査の実施方法

　国の行政分野は複雑多岐にわたる一方で，会計検査院の予算と人的資源には限界があることから，会計検査院が財政民主主義の下で内閣に対する財政統制の一翼を確実に担うためには，会計検査を計画的かつ戦略的に実施することが不可欠である。このため，会計検査院は毎年，会計検査院全体を対象

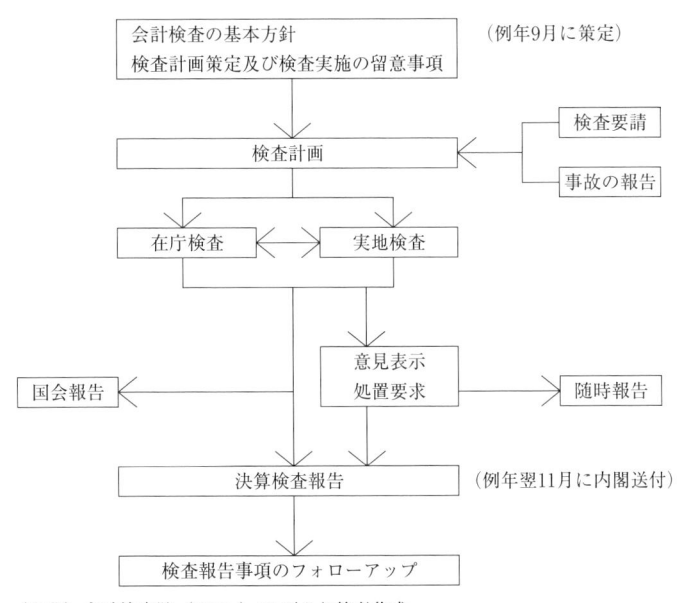

図表 6-2　会計検査のサイクル

```
会計検査の基本方針
検査計画策定及び検査実施の留意事項     （例年9月に策定）
           ↓
        検査計画  ← 検査要請
                 ← 事故の報告
           ↓
    在庁検査 ↔ 実地検査
           ↓
        意見表示
        処置要求
    ↙           ↘
 国会報告        随時報告
           ↓
        決算検査報告        （例年翌11月に内閣送付）
           ↓
    検査報告事項のフォローアップ
```

（出典）会計検査院（2015a）17 頁より筆者作成

とする「会計検査の基本方針」及び「検査計画策定及び検査実施の留意事項」と，各検査課を対象とする「検査計画」を策定している。

　会計検査院の検査は，例年，会計検査の基本方針が策定される9月に始まり，決算検査報告が内閣に送付される翌11月までが，1サイクルになっている。この間，会計検査院の各検査課は，会計検査の基本方針及び検査計画に従って検査を行い，検査の実施方法としては，在庁検査と実地検査が車の両輪を成している（会計検査のサイクルについては，図表6-2参照）。

8　意見表示・処置要求

8.1　会計検査院法第34条

　実地検査又は書面検査の結果，会計経理に関し不適切又は不合理と認められる事態があった場合には，是正できるものについてはこれを速やかに是正させ，財務報告の信頼性，国の経済的損失，施設の安全性の回復等を図る必要がある。このため，会計検査院には，違法又は不当と認める会計経理に対して意見を表示したり，処置を要求したりすることができる権限が与えられている。

　つまり，会計検査院は会計検査院法第34条により，検査の進行に伴い，会計経理に関して法令に違反したり，又は不当であると認める事態があるときには，直ちに，本属長官又は関係者に対して，当該会計経理について意見を表示したり，適宜の処置を要求したりするとともに，その後の会計経理について是正改善の処置をさせることができるとされている。

　ここで，意見の表示とは，具体的な処置を明示できないため，当該事態が違法又は不当であった旨の意見を表示して将来の参考にさせることである。また，適宜の処置を要求するとは，当該違法又は不当な会計経理において損失回復等の処置が可能なものについて，具体的な処置を明示してその実施を要求することである。一方，是正改善の処置とは，当該事態を放置すれば第2，第3の同種の事態が再発すると見込まれる場合に，発生原因そのものを改善させることにより，再発を防止するための処置を講じさせることである。

　会計検査院は会計検査院法第34条の規定により意見を表示したり，処置

を要求したりした事項その他特に必要と認める事項については，随時，国会及び内閣に報告することができるとされ，各年度の決算検査報告の提出を待たずに，当該事項を国会に対して報告することができる途が開かれている（随時報告）（院法30の2）。

8.2 会計検査院法第36条

実地検査又は書面検査の結果，法令に違反したり，又は不当であるとはいえないまでも，会計経理に関し不適切又は不合理と認められたりする事態があり，その原因が法令，制度又は行政といったものの不合理性等にある場合には，これらの不合理性等を改善させる必要がある。このため，会計検査院には，不合理な法令，制度又は行政に対して意見を表示したり，改善の処置を要求したりすることができる権限が与えられている。

つまり，会計検査院は会計検査院法第36条により，検査の結果，法令，制度又は行政に関して改善を必要とする事態があると認める場合には，主務官庁その他の責任者に対して意見を表示したり，改善の処置を要求したりすることができるとされている。

ここで，意見の表示とは，具体的な改善策を明示できないため，適当な改善策を取る必要がある旨の意見を表示して主務官庁その他の責任者の反省と創意を促すことである。また，改善の処置を要求するとは，具体的な改善策を明示してその実施を要求することである。会計検査院は会計検査院法第36条の規定により意見を表示したり，処置を要求したりした事項その他特に必要と認める事項については，随時，国会及び内閣に報告することができるとされ，各年度の決算検査報告の提出を待たずに，当該事項を国会に対して報告することができる途が開かれている（随時報告）（院法30の2）。

9　検査の実績

決算検査報告はその第1章「検査の概要」の第1節「検査活動の概要」において当該年次（10月から翌9月まで）に適用した会計検査の基本方針を明らかにするとともに，当該基本方針の下で行われた各検査課の書面検査及

図表 6-3　平成 26 年次検査の実績

書面検査		実　地　検　査			
計算書	証拠書類	本省，本社等	都道府県単位の地方出先機関等	郵便局，駅等	検査人日数
約 15 万 5000 冊	約 4404 万枚	1,808 箇所 (42.2%)	1,217 箇所 (18.4%)	50 箇所 (0.2%)	約 35,700 人日

(注)　実地検査の（　）は，全検査対象箇所数に対する検査実施率
(出典)　会計検査院（2014）5-6 頁より著者作成

び実地検査の実績を記述している。平成 25 年度決算検査報告によると，26 年次（25 年 10 月から 26 年 9 月まで）の書面検査及び実地検査の実績は，図表 6-3 のとおりである。

10　決算検査報告

　会計検査院の会計検査は，財政民主主義の下で内閣に対する財政統制の一翼を担うために行われることから，会計検査院はその検査結果を国民に明らかにする責任を有している。このため，会計検査院は 1 年間の検査業務の成果をまとめた決算検査報告を作成し，内閣を経由して国会に提出している。

　すなわち，会計検査院は毎年，国の収入支出の決算を検査し，内閣は次の年度にその決算検査報告とともに，決算を国会に提出しなければならないとされている（憲法 90 ①）。会計検査院が決算検査報告を内閣へ送付する時期については，毎会計年度，歳入歳出決算が翌年度の 11 月 30 日までに会計検査院に送付され（財法 39），その検査を経て内閣に回付される際となっている（財法 40 ①②）。

　決算検査報告の報告の相手方は，憲法上及び法令上明確にされていないが，内閣，国会等の特定の機関に対する報告ではなく，国会を通じた国民に対する報告と解されている。近年は，国会における決算の早期審査に資するため，平成 15 年度から，歳入歳出決算は翌年度の 9 月上旬頃に会計検査院に送付され，決算検査報告は 11 月上旬頃に内閣に送付されている。会計検査院の決算検査報告は，国会における決算審査の参考に供されている。

10.1　品質管理

　各検査課は検査の結果，検査の対象となった会計経理について不適切又は不合理と認められる事態があると判断したときは，当該事態に関する検査報告事項案及び基礎資料に基づいた説明資料を作成する。この検査報告事項案がすべて決算検査報告に掲記されるわけではなく，決算検査報告に掲記するかどうかの最終的な判断は，会計検査院の意思決定機関である検査官会議で行われるが，判断に誤りが生じないよう，次のような品質管理が行われている（図表6-4参照）。

（ア）　各検査課は検査報告事項案を作成する前に，検査対象機関に対して，不適切又は不合理と認められる事態に関し文書で質問を発遣する。この質問の内容は，不適切又は不合理と認められる事態の内容に応じて事実関係の確認，責任の所在，発生原因，今後の処置等となっている。質問に対する回答は文書で行われ，検査報告事項案とともに以下に述べる局検査報告委員会，検査報告調整委員会，事務総長及び検査官会議に提出され，審議の際，参照される。この検査対象機関との間で行われる質問と回答のやり取りは，事実関係の究明に役立つだけではなく，決算検査報告の信頼性と客観性を確保する上で重要な役割を果たしている。

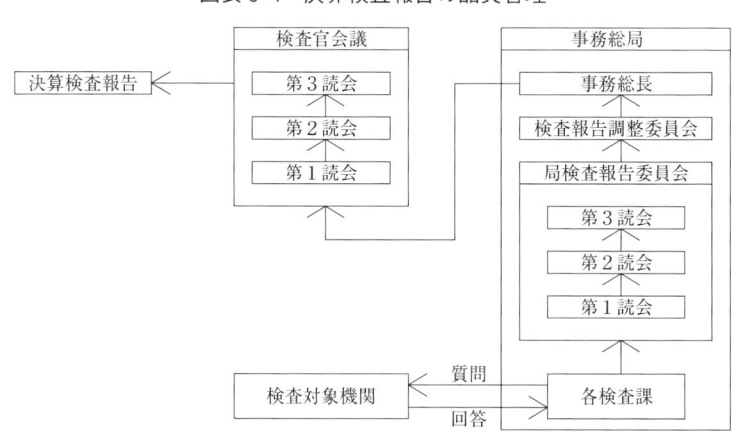

図表6-4　決算検査報告の品質管理

（出典）会計検査院（2015a）25頁に加筆修正

(イ) 各検査課は検査報告事項案を，先ず各局に置かれる局検査報告委員会に提出する。この委員会では，委員長は局長が務め，委員は局担当の審議官，局内の課長・上席調査官等が充てられる。ただし，案件を提出する検査課の課長・上席調査官等は委員になることはできない。局検査報告委員会の審議は，第１読会，第２読会及び第３読会の３段階になっているが，委員長の判断で，読会が合併されることがある。

委員会は，各委員が検査報告に掲記するに値するかどうかなどについて審議を行うほか，覆審委員（案件を提出した検査課以外の検査課の副長）及び覆審幹事（案件を提出した検査課以外の検査課の調査官）に，第三者的立場から，①検査官会議の決定事項との適合性，②事実関係の正確性，③資料収集の充実性，④記述内容の的確性等に問題がないかどうかを検討させ，報告させている。これは「覆審制度」と称され，審議が独断的なものとなることを避け，決算検査報告の信頼性と客観性を確保する上で重要な役割を果たしている。

(ウ) 各検査課は局検査報告委員会で可決された検査報告事項案を，官房に置かれる検査報告調整委員会に提出する。この委員会では，委員長は事務総局次長が務め，委員は総括審議官，官房担当の審議官，官房各課の課長等が充てられる。この委員会でも，審査委員（官房各課の副長等）に，第三者的立場から，①検査官会議の決定事項との適合性，②事実関係の正確性，③資料収集の充実性，④記述内容の的確性等に問題がないかどうかを検討させ，報告させる「審査制度」を採用している。委員会は，論旨が適切であるかどうか，他局提出の同種案件との均衡が保たれているかどうかなどについて審議を行う。

(エ) 検査報告調整委員会の委員長は，検査報告事項案の審議を終えたときは，調整の意見を添えて，検査報告事項案を事務総長に提出する。事務総長は検査報告調整委員会の審議の結果に基づき，検査報告に掲記すべきと判断した案件を検査官会議に提出する。検査官会議の審議は，慎重を期すため，第１読会，第２読会及び第３読会の３段階になっている。

10.2 掲記事項

(1) 不当事項

不当事項とは，決算の内容をなす個々の経理行為について法律，政令又は予算に違反したり，これらに違反しないまでも正確性，合規性，経済性，効率性，有効性等の観点からみて妥当ではないと認めたりした事項のことである。一般的に，会計経理に関し違法又は不当な事態が，組織横断的に多数見受けられ，しかも，その発生原因が共通している場合には，会計検査院法第34条による意見表示・処置要求事項として取り上げられる。不当事項は，会計検査院法第29条第3号に対応する必要的掲記事項である。

(2) 意見表示・処置要求事項

意見表示・処置要求事項とは，会計検査院法第34条又は第36条により，会計経理，法令，制度又は行政に関し不適切又は不合理と認められる事態に対して意見を表示したり，処置を要求したりした事項のことで，「意見を表示し又は処置を要求した事項」が正式名称である。この事項は，会計検査院法第29条第7号及び第8号の前段に対応する必要的掲記事項である。

(3) 処置済事項

処置済事項とは，会計検査院が会計検査院法第34条又は第36条により，会計経理，法令，制度又は行政に関し不適切又は不合理と認められる事態に対して意見を表示したり，処置を要求したりすることを検討している間に，当局が会計検査院の指摘を踏まえて自発的に改善の処置を講じた事項のことで，「本院の指摘に基づき当局において改善の処置を講じた事項」が正式名称である。この事項は，会計検査院法施行規則第15条に対応する任意的掲記事項である。

(4) 特記事項

特記事項とは，特に決算検査報告に掲記して問題を提起することが必要であると認めた事項のことで，「特に掲記を要すると認めた事項」が正式名称である。特記事項は会計経理に関し不適切又は不合理と認められる事態があった場合で，相手方の責に帰することができなかったり，高度の政治的判断を要するため各府省等では処置を取ることができなかったりしたときに，問題を提起することにより事態の打開を図るために掲記する。この事項は，

会計検査院法施行規則第15条に対応する任意的掲記事項である。

(5) 事後処置状況

事後処置状況とは，会計検査院法第34条又は第36条により，意見を表示したり，処置を要求したりした事項に対して相手方が取った処置のことで，「意見を表示し又は処置を要求した事項の結果」が正式名称である。掲記の時期は，意見を表示したり，処置を要求したりした年の翌年に作成する決算検査報告となるのが一般的であるが，相手方が取った処置が不十分である場合には，十分な処置が取られるまで，決算検査報告に掲記し続ける。この事後処置状況は，会計検査院法第29条第7号及び第8号の後段に対応する必要的掲記事項である。

(6) 特定検査状況

特定検査状況とは，検査の結果，会計経理に関し不適切又は不合理と認められる事態が見受けられたので検討したところ，指摘事項には該当しないが，国民の関心が極めて高いため，決算検査報告で何らかのコメントをする必要があると認めたときに掲記しているもので，「特定検査対象に関する検査状況」が正式名称である。この特定検査状況は，会計検査院法施行規則第15条に対応する任意的掲記事項である。

図表 6-5　平成 25 年度決算検査報告の実績（事項等別）

事項等	掲記件数	指摘金額
不当事項	402 件	141 億 4066 万円
意見表示・処置要求事項	100 件	717 億 2958 万円
処置済事項	76 件	1978 億 5333 万円
特記事項	—	—
事項計	578 件	2831 億 7398 万円
随時報告	8 件	
国会からの検査要請事項に関する報告	1 件	
特定検査状況	9 件	
その他計	18 件	
合計	595 件	2831 億 7398 万円

（注）事項計及び合計では，重複分を除いている。
（出典）会計検査院（2014）8-9 頁

10.3 検査報告の実績

決算検査報告は第 1 章「検査の概要」の第 2 節「検査結果の大要」において第 3 章及び第 4 章に掲記した事項等別の概要を一覧表で記述している。平成 25 年度決算検査報告によると，25 年度の事項等別の実績は，図表 6-5 のとおりである。

また，会計検査院は決算検査報告の内容を図，写真等を用いてわかりやすくかつ簡潔に記述した「会計検査のあらまし」を毎年度発行しているが，この会計検査のあらましは，決算検査報告に掲記された指摘事項を検査の観点別に整理した一覧を掲載している。「会計検査のあらまし-平成 26 年会計検査院年報-」に掲載された一覧に基づいて該当箇所を集計すると，25 年度の検査の観点別の実績は，図表 6-6 のとおりである。

図表 6-6　平成 25 年度決算検査報告の実績（検査の観点別）

主な検査の観点	掲記件数	指摘金額
正確性	3 件（0.5%）	30 億 2824 万円（1.0%）
合規性	430 件（72.3%）	601 億 4037 万円（21.2%）
経済性	56 件（9.4%）	53 億 8073 万円（1.9%）
効率性	9 件（1.5%）	16 億 9357 万円（0.6%）
有効性	97 件（16.3%）	2132 億 1115 万円（75.3%）
計	595 件（100%）	2831 億 7398 万円（100%）

(注) 計では，重複分を除いている。
(出典) 会計検査院（2015b）48-53 頁等より著者作成

第7章
国の公会計改革（1）

1　現行制度の概要

　国の財政活動は，国会の議決を経た予算に基づいて行われ，その執行実績として予算に対応した決算が作成される。国の予算は，一般会計予算及び特別会計別の予算からなり，歳出予算については，組織別，目的別に区分して作成され，歳出決算については，予算の区分に応じて作成される。予算執行に関する財務報告については，予算の基礎資料として歳入予算明細書，各府省の予定経費要求書等が作成され，決算の基礎資料として歳入決算明細書，各府省の歳出決算報告書等が作成されている。

　各府省は予算執行に伴い資産を取得したり，負債を負ったりするが，現行の公会計は，単式簿記による現金主義会計を採用しているため，現金以外の資産及び負債については，予算執行の過程では，会計的認識の対象からは除外される。

　つまり，公会計はフロー情報とストック情報を有機的に結合していないため，別途，財産管理に関する財務報告を必要とする。このため，財産管理に関する財務報告として，国庫の状況報告書，国の債権の現在額総報告，物品増減及び現在額総報告，国有財産増減及び現在額総計算書，国の債務に関する計算書等が作成されている。

2 公会計の課題

公会計は民主的な財政統制，説明責任の履行及び財政活動の効率化に資する会計情報を提供することが求められているが，現行制度には次のような課題がある。

2.1 民主的な財政統制
(1) 総計予算主義
現行の予算制度は，予算編成方法として総計予算主義を採用している。総計予算主義とは，歳入と歳出を差引き計算せず，一会計年度間における一切の現金支出を歳出に計上し，一切の現金収入を歳入として計上する方法である。総計予算主義は純計予算主義に比べ，国の予算の全貌を明らかにするというメリットを有する。その一方で，各府省が不要になった固定資産を賃貸したり，売却したりした自己収入は，国庫に納入することを義務付けられ，必ずしも当該府省の歳出予算の財源となるわけではないため，総計予算主義は各府省に不要資産の運用等により財政活動の効率化を促すというインセンティブを与えない。

(2) 単年度予算
現行の予算制度は，一会計年度の期間が1年となっていることもあり，単年度予算のみを作成している。単年度予算は複数年度予算に比べ，各府省の概算要求において用いられる予測や仮定の不確実性を軽減するというメリットを有する。その一方で，各府省が実施する政策の中には，科学技術の振興，自然環境の保全など，政策効果が発現するまで複数年にわたって継続的に実施しなければならないものもあるため，財政活動を中期的な視点で計画的に行う必要があるが，単年度予算は各府省にそのようなインセンティブを与えない。

(3) 会計年度独立の原則
現行の予算制度は，会計年度独立の原則を採用している。会計年度独立の原則とは，各会計年度の経費は，その年度の歳入を以て支弁し，特定の年度における収入支出は，他の年度の収入支出と区分する原則のことである。会

計年度独立の原則は，各会計年度の収入支出が当該年度に完結し，整理されるため，他の会計年度に影響を及ぼさないというメリットを有する。その一方で，歳出予算の残高は，一般会計の場合，翌年度の国全体の歳入予算等に繰り入れられ，必ずしも当該府省の翌年度の歳出予算の財源となるわけではないため，会計年度独立の原則は，年度末の予算消化のため，各府省に不要不急の物品等を購入させるインセンティブを与える。

(4) 出納整理期限

現行の予算制度は，出納整理期限を設けている。出納整理期限は国の会計が現金主義を採用しているにもかかわらず，歳入歳出の会計年度の所属区分は，発生主義的年度区分を採用しているため，一定の期間内に収支を完了させるために導入されている。毎会計年度の剰余金は，年度末における歳入と歳出の差であるが，決算上は，3月末の実際の剰余金に，出納整理期間内における前年度分の歳入と歳出に係る収支を調整した残高となっている。この金額は，あくまで計算上の金額であり，その実在性を検証することは不可能に近い。また，出納整理期限は最長で翌年度の7月31日までとなっているため，各府省は出納整理期限が経過するまで決算報告書の作成に取り掛かれない。

(5) 予算単一の原則

現行の予算制度は，予算単一の原則を採用しているにもかかわらず，一般会計以外に特別会計が設置され，さらに，特別会計の中には，区分経理を行うため，勘定が設置されているものもある。一般会計と特別会計（勘定），特別会計（勘定）と特別会計（勘定）の間では，資金の繰入れが大規模かつ恒常的に行われ，また，社会保障，農業，エネルギー対策等の主要な政策は複数の会計・勘定で実施されているため，会計・勘定別の予算と決算だけでは，国の財政活動の全体像を把握したり，国の財政活動を政策別に統制したりすることは困難である。

平成27年度予算を例にとると，一般会計と全特別会計を単純に合計した総額は，歳入が502兆8402億円，歳出が499兆8948億円となるが，この総額から会計間相互の重複計上額及び国債の借換えのための公債金収入額を除いた純計でみると，歳入は239兆4949億円，歳出は237兆9782億円となっ

(6) 財政規律

現在，財政規律を維持するための財政目標は，国民経済計算を用いて設定されており，国・地方を合わせた基礎的財政収支について27年度までに22年度に比べ赤字の対GDP比を半減させ，32年度までに黒字化を達成するとされている。基礎的財政収支とは，プライマリー・バランス（Primary Balance）とも呼ばれ，国民経済計算における中央政府及び地方政府の純借入れから純利払いを控除したものである。国民経済計算における中央政府には，一般会計の一部（公務員賃貸住宅），特別会計の一部（地震再保険特別会計，年金特別会計，自動車安全特別会計等）は含まれていない。国は一般会計及び特別会計において財政活動を行っているにもかかわらず，現在のところ，これらを網羅した財政目標は設定されていない。

2.2 説明責任の履行
(1) 現金主義会計

現行の予算・決算制度は，単式簿記による現金主義会計を採用している。現金主義会計は国の財政活動を現金の収支という客観的な事実に基づいて測定・記録するため，見積りや判断が介入しないという意味で恣意性が入らず，客観性と確定性が高いというメリットを有する。このため，支出を統制したり，予算への準拠性を検証したりする上で有用である。その一方で，現金主義会計は説明責任の履行に資する会計情報の提供に関して次のような限界を有している。

（ア）現金主義会計は認識の対象が現金であるが，国の財政活動の中には，予算を財源とするものに加え，財政融資資金，労働保険特別会計・雇用勘定の雇用安定資金など，財政法第44条に基づく資金を財源とするものも含まれている。これらの資金は，歳入歳出外現金となっていて，その運営実績は決算には反映されていない。このため，現行制度は現金に関する網羅的・一覧的なフロー・ストック情報を提供できない。

（イ）現金主義会計は国の業務活動，投資活動及び財務活動の如何にかかわらず，現金の収入及び支出があった時点で，収益及び費用を認識するた

め，経常的収支と資本的収支を区別することができない。決算の構成要素は，現金の収入，支出及び残高だけである。このため，現行制度は当該年度の世代間負担の公平性に関するフロー情報を提供できない。また，現金に関するフロー情報と資産及び負債に関するストック情報が連動していないため，現行制度では，決算という現金収支が財政状態にどのような変動を与えたのか把握できない。

（ウ）　現金主義会計は認識の対象が現金だけであるため，土地，建物等を含むすべての資産に関する会計情報を提供できない。長期間にわたり使用する資産であっても，購入対価を支払った時点で現金支出が記録されるだけで，それ以降は，会計的認識の対象から除外される。同様に，現金主義会計は負債に関する会計情報も提供できない。国債を発行したとしても，発行した時点で現金収入が記録されるだけで，それ以降は，会計的認識の対象から除外される。また，退職給付引当金等の負債性引当金は，現金支出を伴わないため，負債としては認識されない。このため，現行制度は国の資産・負債管理に有用な会計情報を提供できない。

（エ）　現金主義会計は（ウ）で述べたようにすべての資産及び負債に関する会計情報を提供できないため，現行制度は将来世代の負担を含めた国の財政状態の評価に資する会計情報を提供できない。

(2) 財産管理に関する財務報告

　現行の予算・決算制度は，単式簿記による現金主義会計に固有の限界があるため，別途，財産管理に関する財務報告として，国庫の状況報告書，国の債権の現在額総報告，物品増減及び現在額総報告，国有財産増減及び現在額総計算書，国の債務に関する計算書等を作成しているが，これらの財務報告は，次のような限界を有している。

（ア）　国庫の状況報告書は，日本銀行の政府預金を計上しているが，国の預金のすべてを計上しているわけではない。国の預金のうち，外貨預け金は日本銀行に預け入れられていないため，国庫の状況報告書には計上されていない。

（イ）　国の債権の現在額総報告は，国の金銭債権を計上しているが，国の金銭債権のすべてを計上しているわけではない。国の金銭債権のうち，①

有価証券，②日本銀行の政府預金等，③金融機関に預入した外国為替資金に属する外国為替等については，債権管理法の適用を受けないため，国の債権の現在額総報告には計上されていない。また，国の金銭債権は，必ずしも全額が回収できるとは限らず，回収不能となることもあるが，貸倒引当金等の評価性引当金は，国の債権の現在額総報告では控除されていない。

（ウ）物品増減及び現在額総報告は，一定の要件を満たす国の物品を計上しているが，この要件を満たす国の物品のすべてを計上しているわけではない。国の物品のうち，棚卸資産については，物品管理法の適用を受けないため，物品増減及び現在額総報告には計上されていない。また，国の物品は，使用に伴い減価するが，減価償却累計額は物品増減及び現在額総報告では控除されていない。

（エ）国有財産増減及び現在額総計算書は，国有財産を計上しているが，国有財産のすべてを計上しているわけではない。国有財産のうち，①公園及び広場以外の公共用財産（道路，河川，港湾等），②都道府県道及び市町村道の用に供するために貸し付けられた一般会計所属の普通財産，③建設中の国有資産については，国有財産法の報告に関する規定の適用を受けないため，国有財産増減及び現在額総計算書には計上されていない。

（オ）国の債務に関する計算書は，一定の要件を満たす国の債務を計上しているが，すべての負債を計上しているわけではない。国の負債のうち，①国家公務員共済組合連合会等から財政融資資金に預託された預託金，②年金債務，③退職給付引当金等の負債性引当金，④リース債務については，一定の要件に該当しないため，国の債務に関する計算書には計上されていない。その一方で，国の債務に関する計算書は，歳出予算の繰越債務負担額，国庫債務負担行為等の企業会計では負債とは認識されない債務を計上している。また，財政融資資金からの借入金や，国債整理基金が保有している政府短期証券が計上されており，国内部の債権債務が相殺されていない。

（カ）現行制度は財産管理に関する財務報告に（ア）から（オ）のような限

界を有するため，国全体の網羅的・一覧的なフロー・ストック情報を提供できない（図表7-1参照）。

(3) 個別決算

国は政策目的を達成するため，一般会計及び特別会計において自ら政策を実施するだけではなく，政府出資法人にも政策を実施させている。国は政府出資法人に資本金の全部又は一部を出資するだけではなく，政策の実施に必要な財源に充てるため，国庫補助金を交付したり，資金を貸し付けたりしている。また，政府出資法人は政策の実施に必要な財源を調達するため，国の保証を受けた債券を発行している。このため，政府出資法人の財務業績及び財政状態は，国の財政状況に大きな影響を与えることになる。現状では，一般会計及び特別会計別の決算と，国の財産管理に関する財務報告が作成され

図表7-1　財産管理に関する財務報告の計上漏れ（平成25年度末）

財務報告	未計上項目	未計上額 （百万円）	備　考
国庫の状況報告書	外貨預け金	822,528	
国の債権の現在額総報告	有価証券	129,318,961	歳入及び歳入外は，出納整理期限後の金額を計上している。
	日本銀行の政府預金等	18,618,962	
	外国為替資金において預入した外国為替等	6,080,560	
	貸倒引当金等の評価性引当金	△2,331,897	
物品増減及び現在額総報告	棚卸資産	3,927,617	
	減価償却累計額	△9,981,647	
国有財産増減及び現在額総計算書	公共用財産（公園及び広場を除く）	146,356,836	毎年度，価格改訂が行われている。
	都道府県道及び市町村道の用に供するため，貸し付けられた一般会計所属の普通財産	不明	
	建設中の国有財産	720,607	
国の債務に関する計算書	財政投融資資金への預託金	6,979,845	企業会計では負債として認識されない債務が計上されている。また，借入金等において，国内部の債権債務が相殺されていない。
	年金債務（公的年金預り金）	112,232,671	
	退職給付引当金等の負債性引当金	9,077,431	
	リース債務	47,918	

（出典）財務省（2015d）1頁等より筆者作成

ているだけで，これらには，政府出資法人は含まれていない。現行制度は一般会計，特別会計及び政府出資法人を連結した財務報告を作成していないため，政府出資法人を含めた国全体の網羅的・一覧的なフロー・ストック情報を提供できない。

2.3 財政活動の効率化
(1) 現金主義会計

サービスの提供は，非交換取引で行われるため，公会計は財政活動の純成果に関する会計情報を提供できない。財政活動が効率的に実施されているかどうかは，個々の政策ごとに，一定の資源投入の下で最大のサービスが提供されているかどうか評価する必要がある。このような評価を行う場合，発生主義コスト情報は不可欠な要素となる。現金主義会計は現金の収入及び支出があった時点で，収益及び費用を認識するため，政策を実施するために費消される経済資源の経済的価値を認識・測定できない。つまり，固定資産の減価償却費，退職給付引当金等の負債性引当金は，現金支出を伴わないため，認識・測定できない。このため，現行制度は政策の実施に要したコストに関する情報を提供できない。

(2) 政策体系と予算体系

各府省の政策は，「政策（狭義）→施策→事務事業」から構成されているが，各政策の効率性を評価し，評価結果を予算に反映させるためには，予算は政策別に編成される必要がある。現行の予算制度において予算の項は，おおむね施策レベルに対応しているが，必ずしも一対一で対応しているわけではなく，一つの施策の財源が複数の項に計上されたり，逆に複数の施策の財源が一つの項に計上されたりしている。また，予算の目は，おおむね事務事業レベルに対応しているが，必ずしも項の金額がすべて事務事業別に区分されているわけではなく，複数の事務事業に共通する経費が別途計上されたりしている。このため，現行制度はコストのみならず，現金ベースでも政策別の予算額及び決算額を提供できない。

3　企業会計

　企業会計は出資者である株主に対する配当可能利益を確定し，外部利害関係者の利害を調整するため，企業の損益を合理的に計算することを目的としている。また，企業会計は株主や債権者等の外部利害関係者の意思決定に必要な会計情報を提供するため，企業の経営成績と財政状態の内容を開示することも目的としている。これらの目的を達成するため，企業会計は発生主義会計，複式簿記，原価計算等を採用している。公会計は企業会計とは異なる目的を有しているが，公会計の目的に適合させながらこれらの企業会計の手法を採用することは可能である。

3.1　発生主義会計

　企業会計は収益及び費用の認識基準として発生主義を採用している。発生主義会計は経済的価値の生成又は費消に基づいて収益及び費用を認識するため，有形固定資産の減価償却が行われ，退職給付引当金等の負債性引当金が認識される。この結果，経済主体の経営成績の評価に資する会計情報や，コストに関する会計情報を提供できる。また，現金だけではなく，すべての経済資源を認識の対象とするため，すべての資産及び負債に関する会計情報や，経済主体の財政状態の評価に資する会計情報を提供できる。このため，説明責任の履行などに関する現行制度の課題を解決する手段として，発生主義会計を採用することが考えられる。

3.2　複式簿記

　企業会計は記帳方式として複式簿記を採用している。複式簿記とは，経済活動の取引を二面的に捉え二重に記録する方法である。すべての経済資源の増減を記録することになるため，発生主義に基づいた財務諸表を効率的に作成する上で不可欠な経常的収支と資本的収支を仕訳する機能や，借方残高と貸方残高が一致するという自己検証機能を有している。これにより，資産及び負債に関するストック情報を網羅的・一覧的に把握することが可能となる。このため，説明責任の履行などに関する現行制度の課題を解決する手段とし

て，発生主義会計と併せて複式簿記を採用することが考えられる。

3.3 原価計算

　企業会計は過去の一定期間における損益及び期末における財政状態を財務諸表に表示するために必要な真実の原価を集計することなどを目的として，原価計算を行っている。原価とは，経営における一定の給付にかかわらせて，把握された財貨又は用役の費消を，貨幣価値的に表したものである。原価計算は原価の費目別計算，部門別計算及び製品別計算において直接費の賦課だけではなく，間接費も配賦し，フルコストを算定する。このため，財政活動の効率化などに関する現行制度の課題を解決する手段として，発生主義会計と併せて原価計算を採用することが考えられる。

3.4 連結決算

　企業会計は独立した会計単位である親会社とその支配下にある子会社が一つの企業集団を構成している場合には，これらを統合して単一の会計単位とみなし，企業集団内部の取引及び債権債務を相殺消去するなどして，企業集団全体としての経営成績及び財政状態を表示した連結財務諸表を作成している。これは，親会社が子会社を利用した利益操作により粉飾決算を行うことを防止したり，多角化・国際化した企業に対する投資判断を的確に行ったりするためには，企業集団に係る情報が不可欠になってきたからである。

　連結の対象となるのは，親会社が資金提供，役員派遣，取引関係等により，実質的に支配している会社である。国の財政活動は，一般会計及び特別会計で行われ，政府出資法人を政策実施機関として用いているため，説明責任の履行などに関する現行制度の課題を解決する手段として，連結決算を採用することが考えられる。

4　現金主義会計と発生主義会計の比較

　現金主義会計と発生主義会計の違いを理解するために作成したのが，図表7-2の仮説例である。現金主義会計は歳入歳出決算を作成し，発生主義会計

は財務業績計算書と貸借対照表を作成する。この仮説例は，歳入と歳出が共に1,000で収支が均衡している状態を示している。

現金主義会計では，税収及び自己収入と，特例公債及び建設公債を発行して調達した資金の合計1,000が収入となる。これに対し，発生主義会計では，特例公債と建設公債の発行収入は収益ではなく，負債であるため，これらを控除した500が収益の合計となる。

また，現金主義会計では，経常的政策経費（社会保障給付金等），地方公共団体補助金，人件費，国債利払費，資本的政策経費（道路整備費等）及び国債元本償還費の合計1,000が支出となる。これに対し，発生主義会計では，資本的政策経費（道路整備費等）及び国債元本償還費は費用ではなく，それぞれ資産，負債であるため，これらを控除した700が費用となる。さらに，発生主義会計は現金支出を伴わない固定資産減価償却費及び退職給付引当金繰入れも費用として認識するため，これら150を加えた850が費用の合計と

図表7-2 現金主義会計と発生主義会計（仮説例）

現金主義会計		発生主義会計		
歳入歳出決算		財務業績計算書		貸借対照表
歳　　入		収　　益		負　債
税収	400	→ 500		
自己収入	100			
特例公債	300			→ 500
建設公債	200			
				△ 100
合　　計	1,000	合　計	500	
歳　　出		費　　用		資　産
経常的政策経費（社会保障給付金等）	350	→ 700		
地方公共団体補助金	200			
人件費	100			
国債利払費	50			
		固定資産減価償却費	100	
		退職給付引当金繰入額	50	
資本的政策経費（道路整備費等）	200			→ 200
国債元本償還費	100			
合　　計	1,000	合　計	850	
剰余（不足）	0	財務業績	△ 350	

（出典）筆者作成

なる。

　この仮説例では，現金主義会計の歳入歳出決算は収支が均衡しているが，発生主義会計の財務業績計算書は費用が収益を上回っていて，行政コストが税収等で賄われていないため，将来世代に負担を先送りしたことになる。これは，資金収支が必ずしも世代間負担の公平性に関するフロー情報とは一致しないことを示している。

5 公会計の改革

5.1 過去の取組

　欧米先進国では，新公共経営（New Public Management）の導入に伴い1990年代以降，公会計に発生主義会計を採用する動きが顕著になった。我が国でも，国の財政状態をよりわかりやすく国民に説明するため，12年10月に企業会計の手法を用いた「国の貸借対照表作成の基本的考え方」を策定した。この基本的考え方に基づき，10年度決算から一般会計及びすべての特別会計を連結した国全体の貸借対照表（試案）が作成され，12年度決算から政府出資法人を連結した連結貸借対照表も作成された。

　また，各特別会計の財務内容の透明性を確保するため，15年6月に企業会計の考え方を用いた「新たな特別会計財務書類の作成基準」が策定された。この作成基準に基づき，11年度決算からすべての特別会計において貸借対照表，業務費用・財源計算書等の財務書類が作成され，同時に，当該特別会計と政策的に一体性のある政府出資法人を連結した連結財務書類も作成された。

5.2 省庁別財務書類

　財政制度等審議会は今後の我が国における公会計のあるべき姿について方向性を示すため，14年11月に公会計基本小委員会を設置し，公会計の意義・目的，財務報告に関する基本的考え方等について総合的な検討を行ってきたが，その検討結果を15年6月に「公会計に関する基本的考え方」として取りまとめた。

この基本的考え方において「行政府の基本単位であり，予算執行の単位であるとともに行政評価の主体である省庁に着目し，省庁別のフローとストックの財務書類を作成する」と示されたことを受け，財政制度等審議会は16年6月に企業会計の考え方及び手法を用いた省庁別財務書類の作成基準，一般会計省庁別財務書類の作成基準及び特別会計財務書類の作成基準を策定した。各府省はこれらの作成基準に基づき，14年度決算から所管の一般会計省庁別財務書類及び特別会計財務書類とともに，これらを合算した省庁別財務書類を作成している。また，15年度決算から，各府省は省庁別財務書類に政府出資法人を連結した省庁別連結財務書類を作成し，財務省は各府省の省庁別財務書類を合算した国の財務書類を作成している。

この結果，我が国の省庁レベルでの公会計の改革は，10年度決算から開始された国の貸借対照表（試案）の作成，11年度決算から開始された特別会計財務書類の作成を経て，省庁別財務書類の作成に集約されることとなった。

5.3 政策別コスト情報

財政制度等審議会は省庁別財務書類では，一般会計及び特別会計別に会計情報の開示を行い，政策単位での開示を行わないため，政策別コスト情報の開示の方法等について検討を行ってきたが，その検討結果を22年7月に「政策別コスト情報の把握と開示について」として取りまとめた。

この背景には，20年度予算から歳入歳出予算・歳入歳出決算の科目（項・事項）と政策評価の評価単位（政策）が基本的に対応するようになり，歳入歳出決算から政策別の会計情報を入手できるようになったことがある。各府省は財政制度等審議会の「政策別コスト情報の把握と開示について」に基づき，21年度決算から省庁別財務書類の一つである業務費用計算書のセグメント情報として政策別コスト情報を作成している。

5.4 公会計改革の法的位置付け

公会計の改革により財務書類及び政策別コスト情報が作成されるようになったが，このうち，法律の規定に基づいて作成されているのは，特別会計

財務書類だけである。所管大臣は毎会計年度，その管理する特別会計について資産及び負債の状況その他決算に関する財務情報を開示するための書類を企業会計の慣行を参考として作成し，財務大臣に送付するとされている（特会法19①）。内閣は特別会計財務書類を会計検査院の検査を経て国会に提出している。

　一方，他の財務書類については，法的根拠を有しておらず，財政制度等審議会の要請を受けた政府の方針として作成している。従って，他の財務書類については，会計検査院の検査を受けておらず，国会にも提出されていない。各府省のHPで公表されているだけである。現行の予算・決算制度は，依然として単式簿記による現金主義会計を採用している。

第8章
国の公会計改革（2）

1 省庁別財務書類

　省庁別財務書類は一般会計省庁別財務書類及び特別会計財務書類を合算して作成している。省庁別財務書類の体系は，①貸借対照表，②業務費用計算書，③資産・負債差額増減計算書，④区分別収支計算書，⑤附属明細書である（図表8-1参照）。

1.1 体系
(1) 貸借対照表
　貸借対照表の作成目的は，当該年度末において各府省に帰属する資産及び負債の状況を明らかにすることである。このため，貸借対照表は資産の部，負債の部及び資産・負債差額の部に区分されている。
(2) 業務費用計算書
　業務費用計算書の作成目的は，各府省の業務実施に伴い当該年度に発生した費用及び損失を明らかにすることである。このため，各府省の業務実施に伴い当該年度に発生した費用及び損失を発生主義で認識し，その内容を形態別に表示している。業務費用計算書は資産・負債差額の減少要因のうち，各府省の業務実施に伴い発生した費用及び損失を表示した計算書であり，ボトムラインの「本年度業務費用合計」は，資産・負債差額増減計算書の「本年

122　第8章　国の公会計改革 (2)

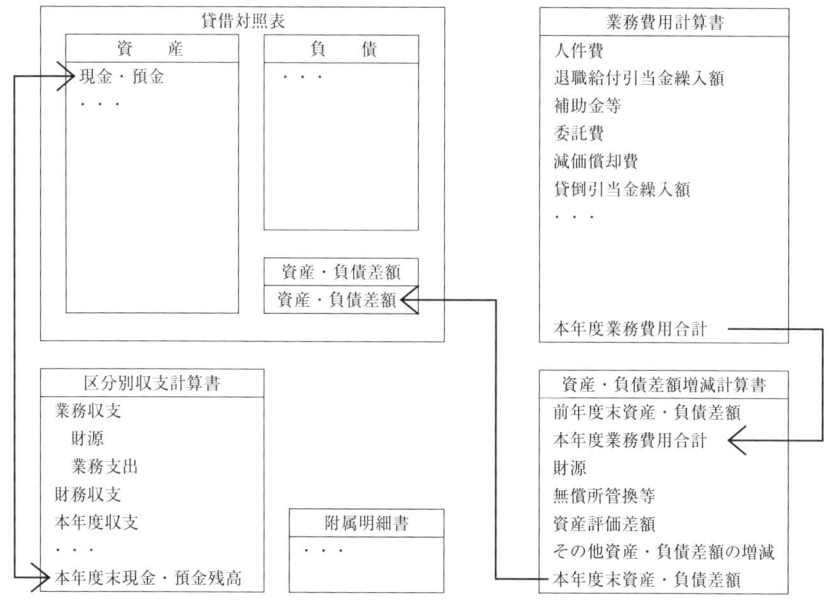

図表 8-1　省庁別財務書類体系のイメージ

```
┌─────────────────────────────────┐      ┌─────────────────────────┐
│            貸借対照表              │      │       業務費用計算書        │
│  ┌──────────┬──────────┐      │      │ 人件費                     │
│  │   資　産   │   負　債   │      │      │ 退職給付引当金繰入額         │
│  │ 現金・預金 │   ・・・   │      │      │ 補助金等                   │
│  │   ・・・   │          │      │      │ 委託費                     │
│  │          │          │      │      │ 減価償却費                 │
│  │          │          │      │      │ 貸倒引当金繰入額            │
│  │          ├──────────┤      │      │   ・・・                  │
│  │          │資産・負債差額│      │      │                          │
│  │          │資産・負債差額│◀─┐  │      │ 本年度業務費用合計 ─────┐│
│  └──────────┴──────────┘ │  │      └─────────────────────────┘│
│                                │  │                                 │
│  ┌─────────────┐           │  │      ┌─────────────────────────┐│
│  │ 区分別収支計算書 │           │  │      │   資産・負債差額増減計算書    ││
│  │ 業務収支       │           │  │      │ 前年度末資産・負債差額       ││
│  │   財源         │           │  │      │ 本年度業務費用合計  ◀───────┘
│  │   業務支出     │           │  │      │ 財源                       │
│  │ 財務収支       │  ┌──────┐ │  │      │ 無償所管換等                │
│  │ 本年度収支     │  │附属明細書│ │  │      │ 資産評価差額                │
│  │   ・・・      │  │ ・・・ │ │  │      │ その他資産・負債差額の増減     │
│  │ 本年度末現金・預金残高      │ │  └──│ 本年度末資産・負債差額        │
│  └─────────────┘  └──────┘ │         └─────────────────────────┘
└─────────────────────────────────┘
```

（出典）財務省 (2011b) 2-22 頁より筆者作成

度業務費用合計」に連動している。
(3) 資産・負債差額増減計算書
　資産・負債差額増減計算書の作成目的は，貸借対照表の前年度末の資産・負債差額と当該年度末の資産・負債差額の増減を要因別に明らかにすることである。これは，業務費用計算書が業務実施に伴い発生した費用及び損失しか表示しないため，同計算書だけでは，貸借対照表の資産・負債差額がどのような要因で増減したのか，わからないからである。このため，資産・負債差額増減計算書は前年度末資産・負債差額，本年度業務費用合計，財源，無償所管換等，資産評価差額，その他の増減及び本年度末資産・負債差額に区分されている。
(4) 区分別収支計算書
　区分別収支計算書の作成目的は，当該年度の各府省の財政資金の流れを区分別に明らかにすることである。このため，区分別収支計算書は業務収支及

び財務収支に区分され，業務収支はさらに財源及び業務支出に区分されている。

(5) 附属明細書

附属明細書の作成目的は，(1)から(4)までの計算書の内容を補足することである。このため，各計算書の勘定科目の明細を記載している。

1.2 作成方法

省庁別財務書類は省庁別財務書類の作成基準に基づいて作成されている。この作成基準によると，省庁別財務書類は国の歳入歳出決算及び国有財産台帳等の計数に基づき，必要に応じて過去の事業費を累計して作成するとされている。このように，国は企業会計と異なり，省庁別財務書類を作成するために，日々の取引の段階から複式簿記による発生主義会計を採用しているわけではない。省庁別財務書類の具体的な作成手順は，次のとおりである。

(ア) 歳入歳出決算の決算額及び国有財産台帳等の年度末現在額を基に，該当する財務書類4表の勘定科目への組み替えを行う。歳入歳出決算の経常的支出は業務費用計算書へ，資本的支出は貸借対照表へ組み替える。また，債権管理簿，物品管理簿及び国有財産台帳の年度末現在額は，貸借対照表へ組み替える。

(イ) 企業会計の手法を用いて決算整理を行う。この決算整理には，①未収金・未払金の計上，②経過勘定項目（未収収益，前払費用等）の計上，③評価性引当金（貸倒引当金等）の計上，④負債性引当金（退職給付引当金等）の計上，⑤減価償却費の計上，⑥評価損益の計上が含まれ，それぞれ，業務費用計算書，資産・負債差額増減計算書，貸借対照表へ組み替える。

(ウ) 決算整理後の計数を基に，財務書類4表を作成する。

(エ) 財務書類4表の内容を説明する注記と，各勘定科目の附属明細書を作成する。

2 省庁別財務書類の作成基準

2.1 貸借対照表

　貸借対照表の様式は，企業会計とほぼ共通しているが，個々の資産及び負債の計上方法において国に特有の考え方が反映されている。貸借対照表において企業会計と省庁別財務書類の大きな相違は，純資産の表示である。純資産は企業会計では，払込資本（資本金及び資本剰余金），稼得資本（利益剰余金，任意積立金等）及び評価・換算差額等に区分されるが，国の場合，払込資本及び稼得資本に関する取引がないため，省庁別財務書類では，「資産・負債差額」として一括表示される（図表8-2参照）。

(1) 現金・預金

　現金・預金は，年度末時点の実際の保有残高に出納整理期間における現金

図表8-2　貸借対照表（文部科学省の例）

（単位：百万円）

区　　分	前会計年度 （平成25年 3月31日）	本会計年度 （平成26年 3月31日）	区　　分	前会計年度 （平成25年 3月31日）	本会計年度 （平成26年 3月31日）
＜資産の部＞			＜負債の部＞		
現金・預金	12,834	7,183	未払金	146	221
有価証券	281	252	保管金等	563	540
未収金	312	278	賞与引当金	1,121	1,287
未収収益	0	0	退職給付引当金	502,118	415,619
前払金	17,478	17,303	その他の債務等	2,579	1,892
前払費用	0	0			
貸付金	2,516,252	2,562,372			
その他の債権等	19,844	19,844			
貸倒引当金	△158	△139			
償還免除引当金	△31,118	△31,631			
有形固定資産	323,602	308,098			
国有財産（公共用 　財産を除く）	264,550	261,332			
土地	212,498	212,878			
立木竹	117	105			
建物	43,275	40,767			
工作物	8,628	7,358			
船舶	30	25			
建設仮勘定	－	196			
物品	59,051	46,765	負債合計	506,529	419,561
無形固定資産	489	356	＜資産・負債差額の部＞		
出資金	9,809,030	9,855,917	資産・負債差額	12,162,321	12,320,275
資産合計	12,668,851	12,739,837	負債及び資産・負債差額合計	12,668,851	12,739,837

（出典）文部科学省（2015a）1頁

及び預金の出納を加減した金額となっている。つまり，現金・預金は年度末時点の実際の政府預金残高ではなく，これに，出納整理期間中の税収，公債金収入等の収入額を加え，さらに，前年度分の経費の支払に充てた支出額を控除した額である。特例公債の発行に当たっては，税収の実績を勘案して発行額を調整する必要があるため，特例公債の発行時期を翌年度の6月末までとする出納整理期間発行の制度が設けられている。

(2) 有価証券

有価証券は企業会計では，属性又は保有目的によって，売買目的有価証券，満期保有目的の債券，子会社株式及び関連会社株式，その他有価証券に分類されるが，省庁別財務書類では，「満期保有目的有価証券」及び「満期保有目的以外の有価証券」に分類され，それぞれの評価基準が図表8-3のように定められている。

図表8-3　有価証券の評価基準

区　　分		評　価　基　準
満期保有目的有価証券		・償却原価法によって算定された価額を以て貸借対照表価額とする。
	市場価格があるもの	・市場価格が著しく下落した場合には，回復する見込みがあると認められるときを除き，市場価格を以て貸借対照表価額とする。著しく下落した場合とは，有価証券の市場価格の下落率が30％以上の場合である。 ・強制評価減による評価差額については，業務費用計算書に「評価損」として計上する。
満期保有目的以外の有価証券	市場価格があるもの	・会計年度末における市場価格を以て貸借対照表価額とする。 ・評価差額は洗い替え方式により，資産・負債差額増減計算書に「資産評価差額」として計上する。 ・市場価格が著しく下落した場合には，回復する見込みがあると認められるときを除き，市場価格を以て貸借対照表価額とする。著しく下落した場合とは，有価証券の市場価格の下落率が30％以上の場合である。 ・強制評価減による評価差額については，業務費用計算書に「評価損」として計上する。
	市場価格がないもの	・政府出資等として管理されている有価証券については，国有財産の台帳価格を以て貸借対照表価額とする。
		・その他の有価証券については，取得原価又は償却原価法によって算定された価額を以て貸借対照表価額とする。
	株式	・発行会社の財政状態の悪化により，実質価額が著しく低下した場合には，相当の減額を行う。著しく低下した場合とは，実質価額の低下割合が30％以上の場合である。 ・強制評価減による評価差額については，業務費用計算書に「評価損」として計上する。

（出典）財務省（2011b）28-30頁より筆者作成

(3) 国有財産

　国有財産（公共用財産を除く。）については，国有財産法に基づいて管理が行われ，また，国有財産台帳によって価格管理が行われている。国有財産の台帳価格については，平成23年度より毎会計年度，時価，減価等を反映した価格改訂が行われているため，国有財産については，23年度より国有財産の台帳価格を以て貸借対照表価額としている。

　国有財産台帳の価格改訂は，非償却資産については時価を反映し，償却資産については減価償却費相当額を控除している。このため，国有財産台帳の価格改訂に伴い非償却資産に生じた評価差額，償却資産に生じた減価償却費相当額に係る減額改訂以外の評価差額については，資産・負債差額増減計算書に「資産評価差額」として計上している。

(4) 公共用財産

　公共用財産のうち，道路，河川，港湾等については，台帳に関する国有財産法の規定が適用されず，それぞれの法定台帳において物量単位で管理され，貨幣単位では管理されていない。このため，省庁別財務書類の作成に当たっては，施設にサービス提供能力及び将来の経済的便益が存在する場合には，施設の過去の用地費や事業費を累計して取得原価を推計している。

　非償却資産（施設の用地部分）については，施設の耐用年数分の用地費を累計した価額で計上している。また，償却資産（施設部分）については，過去の事業費を累計して算出した資産価額に基づき，定額法による減価償却を行い，減価償却費相当額を控除した後の価額で計上している。

(5) 売却を前提とする国有財産

　国有財産のうち，売却を前提として保有しているものについては，「たな卸資産」として計上している。相続税として物納された不動産等は，売却を前提として保有しているため，企業会計の販売用不動産と同様の性格を有するからである。企業会計の販売用不動産については，取得原価で計上され，会計年度末の時価が取得原価を下回っている場合には時価で計上するとともに，時価と取得原価との差額は当該会計年度の費用として計上される。

　国有財産の台帳価格については，23年度から毎会計年度，時価等を反映した価格になっているため，売却を前提として保有する国有財産については，

価格改訂後の台帳価格が価格改訂前の台帳価格を下回った場合には，当該差額を業務費用計算書に「たな卸資産評価損」として計上し，上回った場合には，当該差額を資産・負債差額増減計算書に「資産評価差額」として計上している。

(6) 物品

機械，器具等の物品については，物品管理法に基づいて管理が行われている。このうち，価格管理の対象となっているのは，取得価格又は見積価格が50万円以上の機械及び器具（防衛用品については，取得価格又は見積価格が300万円以上の機械及び器具），取得価格又は見積価格が300万円以上の美術品である。このため，これらの重要物品を「物品」として計上している。物品については，国有財産と異なり，時価等を反映した価格改訂が行われていないため，美術品を除き，物品管理簿の記載価格を基礎として減価償却を行い，減価償却費相当額を控除した後の価額で計上している。

(7) 出資金

出資金とは，国有財産として管理している政府出資等のうち，国が政策目的をもって保有しているもので，政策目的をもって保有していない有価証券

図表8-4　出資金の評価基準

区　分	評　価　基　準
市場価格があるもの	・会計年度末における市場価格を以て貸借対照表価額とする。 ・評価差額は洗い替え方式により，資産・負債差額増減計算書に「資産評価差額」として計上する。 ・市場価格が著しく下落した場合には，回復する見込みがあると認められるときを除き，市場価格を以て貸借対照表価額とする。著しく下落した場合とは，市場価格の下落率が30％以上の場合である。 ・強制評価減による評価差額については，業務費用計算書に「評価損」として計上する。
市場価格がないもの	・国有財産の台帳価格を以て貸借対照表価額とする。 ・国有財産台帳の価格改訂に伴う評価差額は，洗い替え方式により，資産・負債差額増減計算書に「資産評価差額」として計上する。 ・出資先の財政状態の悪化により，出資金の価値が著しく低下した場合には，相当の減額を行う。著しく下落した場合とは，出資金の価値の低下割合が30％以上の場合である。 ・強制評価減による評価差額については，業務費用計算書に「評価損」として計上する。

（出典）財務省（2011b）33-34頁より筆者作成

については，「有価証券」として計上している。出資金は市場価格の有無に応じて評価基準が図表8-4のように定められている。

(8) 公債

各府省は公債の発行により調達した財源で業務を実施しており，また，公債の発行により調達した財源で資産を取得することもあるが，公債については，財務省の貸借対照表に一括計上されている。これは，公債の発行及び元利償還は各府省の業務ではないこと，また，公債金収入と各府省の支出には対応関係がないことから，各府省に公債を配分することは適切ではないとされたためである。但し，会計年度末の公債残高のうち，各府省の負担分については，一定の仮定計算に基づいて算定した額が参考情報として記載されている。

(9) 公的年金預り金

国が保険者となっている公的年金（厚生年金及び国民年金）については，国における過去の勤務により支払義務が生じるものではなく，また，企業年金のように積立方式が法定されているものではないため，企業会計における退職給付の会計基準はそのまま適用することはできないと考えられている。公的年金は社会保障制度であり，その財政方式は賦課方式を基本とした制度になっており，また，年金の支払義務は保険料の払込によって発生するものではなく，受給資格を満たすことにより発生するものであるため，負債としては認識しないとされた。但し，将来の年金給付財源の一部は，積立金等の資産として保有されているため，当該資産に見合う金額を負債に「公的年金預り金」として計上している。

(10) 退職給付引当金

企業会計は労働協約，就業規則等に基づいて，企業が従業員に退職給付（退職一時金及び企業年金）を行うことを約束している場合に，将来の退職給付のうち当期の負担に属する額を当期の費用として計上している。省庁別財務書類の退職給付引当金は，退職手当のうち既に労働の提供が行われている部分について期末要支給額方式で算定した額を計上しており，国家公務員共済年金に係るものについては計上していない。これは，国家公務員共済年金については，企業年金と同様，国家公務員の労働の対価であり，負債としての

要件を満たしているものの，遺族に対する支給，物価スライド等を行っていて，単に労働の対価という意義を超えた公的年金制度としての性格を色濃く有しているため，負債としては認識しないとされたためである。

但し，国家公務員共済年金のうち，整理資源（昭和34年10月前の恩給公務員期間に係る給付分）については，事業主としての国が全額負担することになっているため，恩給公務員期間に係る将来給付見込額の割引現在価値を退職給付引当金として計上している。また，恩給については，共済年金制度移行前において相当年限忠実に勤務して退職した国家公務員に対して，国が国家公務員としての特別な関係に基づき，使用者として給付するもので，退職給付と同様の性格を有しているため，将来給付見込額の割引現在価値を退職給付引当金として計上している。なお，国家公務員共済年金は被用者年金制度の一元化に伴い，27年10月から厚生年金に統一されている。

(11) 財政状態の評価

貸借対照表の資産・負債差額は，当該年度の各府省の財政状態を集約していると考えられるかもしれない。つまり，資産・負債差額がプラスであれば，財政状態が良好と評価するということである。しかし，公債については，財務省の貸借対照表に一括計上しているため，資産・負債差額は，財務省では，構造的に大幅なマイナスになる一方で，他の府省では，公債の発行により調達した財源で資産を取得することもあるため，通常，プラスになる。他の府省についても，公債残高のうち各府省の配分額を考慮すると資産・負債差額はマイナスになるため，貸借対照表の資産・負債差額がプラスになっていることを以て，財政状態が良好であるとは評価できない。国の財政状態については，府省別ではなく，国全体で評価する必要がある。

2.2　業務費用計算書

企業会計は当期の経営成績及び処分可能利益の額とその発生原因を明らかにしたりするため，損益計算書を作成している。これに対して，一般会計は強制的に徴収した税収等を配分している会計であり，利益の獲得は予定されていない。また，特別会計は受益と負担の関係を明らかにしたりするために設置されているが，業務費用と財源の間には，必ずしも企業会計と同様の費

用と収益の対応関係はない。このため，省庁別財務書類では，企業会計と同様の損益計算書を作成することは適当ではないとされ，費用の発生状況に焦点を当てた業務費用計算書を作成している。つまり，業務費用計算書は損益計算書と異なり，交換取引，非交換取引の如何を問わず，収益を計上せず，費用だけを計上しており，そのボトムラインは当該年度の総費用を表示している（図表8-5参照）。

(1) 表示単位

省庁別財務書類の作成の基礎となっている歳入歳出決算は，各府省の業務の内容とは必ずしも結びついておらず，概ね形態別の科目で区分されているため，業務費用計算書においても，人件費，補助金，委託費，庁費等の形態別の費目で業務費用が表示されている。なお，歳入歳出予算・歳入歳出決算

図表8-5　業務費用計算書（文部科学省の例）　　（単位：百万円）

区　　　　分	前会計年度 (自　平成24年4月1日) (至　平成25年3月31日)	本会計年度 (自　平成25年4月1日) (至　平成26年3月31日)
人件費	63,912	64,596
賞与引当金繰入額	1,121	1,287
退職給付引当金繰入額	11,328	11,440
義務教育費国庫負担金	1,531,896	1,462,460
科学技術試験研究委託費	33,732	48,853
教科書購入費	41,932	40,494
外国人留学生給与等	16,875	16,450
補助金等（義務教育費国庫負担金を除く）	2,167,280	2,604,504
委託費（科学技術試験研究委託費を除く）	49,702	45,656
交付金（運営費交付金を除く）	22,176	13,590
分担金	2,892	2,435
拠出金	2,871	2,694
助成金	226	224
独立行政法人運営費交付金	655,226	671,479
国立大学法人等運営費交付金	1,132,488	1,080,537
庁費等（教科書購入費を除く）	12,719	12,118
その他の経費	13,575	16,083
減価償却費	17,510	14,354
償還免除引当金繰入額	31,118	31,631
貸倒引当金繰入額	138	6
支払利息	2	0
資産処分損益	7,302	2,433
出資金評価損	28,669	397
本年度業務費用合計	5,844,701	6,143,731

(出典）文部科学省（2015a）2頁

の科目の見直しに伴い，業務費用計算書のセグメント情報として政策別コスト情報が作成されている。

(2) 引当金の戻入

貸倒引当金，退職給付引当金等の引当金については，将来の費用又は損失の発生額を合理的に見積り，当期の負担に属する部分を当期の費用又は損失として計上している。企業会計では，実際には費用又は損失が発生しなかったり，実際の費用又は損失の発生額が見積額より少なかったりした場合には，引当金残高を取り消して，収益に戻入している。省庁別財務省類では，引当金の戻入額については，業務費用計算書に引当金繰入額の控除項目として計上している。

(3) 資産処分損益

有価証券，国有財産，物品等の資産を処分した場合，売却収入と簿価相当額との差額がプラスになったときには処分益が生じ，マイナスになったときには処分損が生じる。他の業務費用と財源との関係と異なり，処分損と処分益は資産処分という同一の経済事象により生じる差額であり，その性質が大きく異なるわけではないため，業務費用計算書には処分損だけではなく，処分益も計上している。

これ以外に，同一の経済事象により損益が生じるものとして，為替レートの変動に伴う外貨建金銭債権（外国為替資金特別会計が保有する外貨建金銭債権債務を除く。）の換算差額や，償還期限前における公債の買入消却に伴う損益がある。これらについても，業務費用計算書に為替換算差損益，公債償還損益をそれぞれ計上している。

(4) 評価損

国は利益の稼得を目的とした活動を行っていないため，企業会計における売買目的有価証券に相当する有価証券を保有していない。満期保有目的以外の有価証券の時価評価に伴う評価差額については，未実現であると考えられ，洗い替え方式により，翌年度首には戻入れを行っているため，業務費用計算書には計上せず，資産・負債差額増減計算書に「資産評価差額」として計上している。但し，有価証券及び出資金の強制評価減については，時価又は実質価額が著しく下落したことで既に評価差額が実現していると考えられるた

め，業務費用計算書に「評価損」として計上している。また，たな卸資産については，時価が取得原価を下回った場合，時価を以て貸借対照表価額とするとされているため，この評価差額についても，業務費用計算書に「評価損」として計上している。

(5) 債務償還費

国債費には，債務償還費及び利払費が含まれている。このうち，債務償還費は国債及び借入金の元本部分の償還に充てられ，一般的な費用の概念にはなじまないため，業務費用計算書には計上していない。利払費のうち，公債分については，公債の発行及び元利償還に関する業務は財務省が所掌しているため，財務省の業務費用計算書に「支払利息」として一括計上している。

2.3 資産・負債差額増減計算書

業務費用計算書は総費用を算定するため，業務実施に伴い発生した費用及び損失しか計上しないことから，資産・負債差額増減計算書は資産・負債差額の増減のうち，業務費用計算書に計上されないものを計上している。企業会計は純資産の部の変動の連続性を明らかにするため，株主資本等変動計算書を作成し，株式資本，その他の包括利益累計額の変動を計上している。国の場合，払込資本及び稼得資本に関する取引がないため，資産・負債差額増減計算書は株式資本に相当するものを計上していない（図表8-6参照）。

(1) 財源

各府省の業務実施の財源は，「主管の財源」，「配賦財源」等の科目で表示する。主管の財源には，各府省の主管歳入の徴収決定済額に，資産・負債差額の増減項目とはならない資産の処分に係る収入（簿価相当額），貸付金回収収入（元本相当額）等を加減した額を計上している。配賦財源には，各府省の歳出決算額と主管の歳入決算額との差額を計上している。

一方，財務省については，主管の財源に対応するものは「租税及印紙収入」及び「その他の主管の財源」の科目で表示する。また，配賦財源に対応するものは「他省庁への財源の配賦」の科目で，他府省に対する財源の配賦額をマイナス表示する。公債金収入は資産・負債差額の増減を生じさせないため，計上していない。

図表 8-6　資産・負債差額増減計算書（文部科学省の例）

(単位：百万円)

区　分	前会計年度 (自　平成24年4月1日) (至　平成25年3月31日)	本会計年度 (自　平成25年4月1日) (至　平成26年3月31日)
I　前年度末資産・負債差額	11,885,719	12,162,321
II　本年度業務費用合計	△5,844,701	△6,143,731
III　財源	6,048,597	6,201,291
主管の財源	34,665	32,397
配賦財源	6,012,494	6,166,198
自己収入	1,437	2,694
IV　無償所管換等	92,911	23,956
V　資産評価差額	△20,209	76,440
VI　その他資産・負債差額の増減	3	△3
VII　本年度末資産・負債差額	12,162,321	12,320,275

(出典)　文部科学省（2015a）3頁

(2) 無償所管換等

　省庁間又は会計間の財産の無償所管換（渡）等及びこれに準じる資産の減少については，貸借対照表の資産・負債差額の減少要因であるが，法令に基づいて所管換が行われ，各府省の業務実施に伴い発生した費用として業務費用計算書に計上することは適当ではないため，資産・負債差額増減計算書に「無償所管換等」として計上している。また，財産の無償所管換（受）等についても，貸借対照表の資産・負債差額の増加要因であるため，同様に「無償所管換等」として計上している。無償所管換等は純額で計上される。

(3) 資産評価差額

　有価証券及び出資金の評価差額（強制評価減を除く。），国有財産台帳の価格改訂に伴う評価差額（棚卸資産及び償却資産について費用処理したものを除く。）については，業務費用計算書に計上しないため，資産・負債差額増減計算書に「資産評価差額」として計上している。資産評価差額は純額（当該年度発生額と戻入額の差額）で計上される。

(4) 公的年金預り金の変動に伴う増減

　公的年金預り金は，将来の年金給付財源に充てるために保有している資産に見合う額とするという基本的考え方の下で，貸借対照表の負債に計上している。このため，公的年金預り金の変動額については，業務実施に伴い発生

する費用と考えることは適当ではないため，当該変動に伴う資産・負債差額の増減を資産・負債差額増減計算書に「公的年金預り金の変動に伴う増減」として計上している。

(5) 為替換算差額

外国為替資金特別会計は外国為替相場の安定を図るため，外貨建金銭債権債務を保有している。この外貨建金銭債権債務は，外貨準備として政策的に保有しており，売買による利益の獲得を目的として保有しているわけではないため，為替レートの変動に伴う為替換算差損益が会計年度末に実現しているとは考えられていない。このため，外国為替資金特別会計が保有する外貨建金銭債権債務において会計年度末の基準外国為替相場による評価替に伴って生じる換算差額については，資産・負債差額増減計算書に「為替換算差額」として計上している。

外貨建金銭債権債務のうち，外貨建債券については，外貨による債券の時価の変動と為替レートの変動の2つの要因によって差額が生じている。このため，外国為替資金特別会計の資産・負債差額増減計算書は，債券の時価の変動により生じた差額については「資産評価差額」に，為替レートの変動により生じた差額については「為替換算差額」にそれぞれ計上している。

(6) 財務業績の評価

財務業績を当該年度の総費用が税収等で賄われているかどうかと定義した場合，資産・負債差額増減計算書において財源から本年度業務費用合計を控除した金額が，当該年度の各府省の財務業績を表示していると考えられるかもしれない。つまり，財源から本年度業務費用合計を控除した金額がプラスであれば，当該年度の総費用が税収等で賄えられたと評価するということである。

しかし，配賦財源には，公債金収入が含まれており，また，業務費用には，当該年度の公債利払費のうち当該府省が負担すべき金額は含まれていない。このため，財源から本年度業務費用合計を控除した金額がプラスになっていることを以て，財務業績が良好であるとは評価できない。国の財務業績については，府省別ではなく，国全体で評価する必要がある。

2.4 区分別収支計算書

区分別収支計算書は企業会計におけるキャッシュ・フロー計算書に相当しており，現金・預金の増減を表示している。企業会計は企業の資金創出能力，債務及び配当の支払能力を評価するためにキャッシュ・フロー計算書を作成しているが，省庁別財務書類では，財政資金の流れを区分別に明らかにするために区分別収支計算書を作成している（図表8-7参照）。

(1) 区分

企業会計のキャッシュ・フロー計算書は，業務活動，投資活動及び財務活動の3区分となっている。これに対して，区分別収支計算書は「業務収支」及び「財務収支」の2区分となっている。このうち，業務収支には，財務収支以外の収支を計上しており，「財源」及び「業務支出」に区分されている。業務支出では，業務支出のうち，公共用財産を含む国有財産の形成に繋がる支出を明らかにするため，「業務支出（施設整備支出を除く。）」及び「施設整備支出」に区分している。また，財務収支には，将来世代の負担となる資金調達及び返済に関する収支，つまり，公債金収入及び借入による収入と，これらの元利償還に関する収支を計上している。

(2) 現金・預金との連動

省庁別財務書類において貸借対照表の「現金・預金」には，歳入歳出決算の剰余金に加え，各府省が保有する資金等の歳入歳出外現金の預金残高が含まれている。一方，区分別収支計算書は国の歳入歳出決算を並び替えて作成するため，区分別収支計算書の「本年度収支」の計数は，歳入歳出決算の剰余金の額となっている。このため，「本年度収支」に資金等の歳入歳出外現金・預金の残高を調整して，貸借対照表の「現金・預金」の金額と一致させている。

136　第 8 章　国の公会計改革（2）

図表 8-7　区分別収支計算書（文部科学省の例） （単位：百万円）

区　　分	前会計年度 （自　平成 24 年 4 月 1 日） （至　平成 25 年 3 月 31 日）	本会計年度 （自　平成 25 年 4 月 1 日） （至　平成 26 年 3 月 31 日）
I　業務収支		
1　財源		
主管の収納済歳入額	34,490	33,548
配賦財源	6,012,494	6,166,198
自己収入	1,448	2,694
貸付金の回収による収入	―	413
出資金の回収による収入	69	―
前年度剰余金受入	11,712	12,223
財源合計	6,060,215	6,215,079
2　業務支出		
(1)　業務支出（施設整備支出を除く）		
人件費	△117,162	△113,157
義務教育費国庫負担金	△1,531,896	△1,462,460
科学技術試験研究委託費	△33,732	△48,853
教科書購入の支出	△40,185	△40,319
外国人留学生給与等の支出	△16,875	△16,450
補助金（義務教育費国庫負担金を除く）	△2,167,280	△2,604,514
委託費（科学技術試験研究委託費を除く）	△49,702	△45,656
交付金（運営費交付金を除く）	△22,176	△13,590
分担金	△2,892	△2,435
拠出金	△2,871	△2,694
助成金	△226	△224
独立行政法人運営費交付金	△655,226	△671,479
国立大学法人等運営費交付金	△1,132,488	△1,080,537
貸付けによる支出	△79,552	△77,651
出資による支出	△167,194	―
庁費等（教科書購入の支出を除く）	△14,306	△13,450
その他の支出	△13,271	△13,723
業務支出（施設整備を除く）合計	△6,047,040	△6,207,199
(2)　施設整備支出		
土地に係る支出	△541	△200
建物に係る支出	△45	△31
工作物に係る支出	△75	△186
建設仮勘定に係る支出	―	△196
施設整備支出合計	△663	△614
業務支出合計	△6,047,703	△6,207,813
業務収支	12,511	7,266
II　財務収支		
リース債務の返済による支出	△254	△664
利息の支払額	△2	△0
財務収支	△257	△665
本年度収支	12,254	6,600
翌年度歳入繰入	12,254	6,600
その他歳計外現金・預金本年度末残高	580	582
本年度末現金・預金残高	12,834	7,183

（出典）文部科学省（2015a）4-5 頁

3　公債関連情報

　一般会計における公債の発行及び元利償還に関する業務は，財務省の所掌であるため，省庁別財務書類は，公債元本及び公債利払費については，財務省に一括計上している。しかし，各府省の業務に要する財源の一部については，公債発行により財源調達が行われ，その一部については，予算執行に伴い各府省の資産となっている。このため，各府省の負担と考えられる公債関連の計数を一定の仮定計算に基づいて算定し，公債関連情報として開示している。

　この公債関連情報とは，①当該年度末の公債残高のうち当該府省配分額，②当該年度に発行した公債額のうち当該府省配分額，③当該年度の利払費のうち当該府省配分額である。公債残高については，各年度に発行した公債が積み重なったものであるため，公債を建設公債及び特例公債に区分し，それぞれの公債が充てられている歳出決算額の累計額を基礎として算出している。同様に，当該年度に発行した公債額についても，公債を建設公債及び特例公債に区分し，それぞれの公債が充てられている当該年度の歳出決算額を基礎として算出している。また，当該年度の利払費については，各府省の負担に相当するとされた公債の当該年度の平均残高を基礎として算出している。

第9章
国の公会計改革（3）

1　省庁別連結財務書類

1.1　体系

　省庁別連結財務書類は省庁別財務書類と政府出資法人の財務諸表を連結して作成している。省庁別連結財務書類の体系は，①連結貸借対照表，②連結業務費用計算書，③連結資産・負債差額増減計算書，④連結区分別収支計算書，⑤附属明細書となっている。各計算書の様式及び表示科目については，省庁別財務書類のそれぞれの計算書と同一となっている。さらに，全府省の省庁別連結財務書類を合算することにより，連結財務書類が作成されている。

1.2　作成目的

　独立行政法人等の政府出資法人は，主務省から独立した別法人の形態で活動しているものの，主務省の政策実施機関として業務を行っている。このため，省庁別連結財務書類の作成目的は，主務省とその関連業務を行っている政府出資法人を連結することにより，省庁別財務書類だけでは表しえない主務省全体としての財政状態，業務費用等に関する情報を提供することである。国の会計処理と政府出資法人の会計処理は大きく異なっており，連結に当たり，会計処理の統一は図られていないため，省庁別連結財務書類は参考情報に位置付けられている。

1.3　連結の対象

　連結の対象は，特殊法人及び認可法人の一部，独立行政法人及び国立大学法人の全法人である。特殊法人及び認可法人については，法人の長及び監事の任命，予算の認可等により主務省から必要な監督が行われたり，出資，国庫補助金の交付等により主務省から財政援助が行われたりしているが，監督権限及び財政援助の内容は各法人により相当異なるため，法人ごとに連結の有無を判断している。

　連結対象から除外された特殊法人及び認可法人については，企業会計の支配従属関係が当てはまらないため，持分法は適用されていない。また，連結対象の特殊法人及び認可法人の子会社のうち，特殊法人及び認可法人から出資を受けているものについては，当該子会社に対して出資を介して主務省からの間接的な監督及び財政援助が行われており，主務省と一定の業務関連性があるため，連結対象としている。

1.4　連結の方法
(1)　会計処理の統一

　企業会計は連結に当たり，同一の環境の下で行われた同一の性質の取引等については，原則として連結会社間で会計処理の統一を図っている。これに対して，省庁別連結財務書類は国と政府出資法人との間で会計処理の統一を図っていない。このため，連結に当たり，政府出資法人の既存の個別財務諸表を利用しており，政府出資法人に特有な会計処理についてのみ，必要な修正を行っている。

(2)　資産及び負債の時価評価

　企業会計は連結に当たり，子会社の個別財務諸表の簿価を離れて，資産及び負債の時価評価を行っている。これは，支配獲得時において親会社は株式の取得を通じて結果的に子会社の資産及び負債を取得すると考えているからである。これに対して，国の政府出資法人に対する出資については，企業会計における支配権の獲得とは考えることができず，また，省庁別連結財務書類は業務関連性がある政府出資法人を連結することにより，主務省全体とし

て説明責任を果たすべきものと位置付けられているため，政府出資法人の取得といった考え方をとることは適当ではないとされた。このため，連結に当たり，政府出資法人の資産及び負債の時価評価は行われていない。

(3) 資産・負債差額の部

純資産は，企業会計の連結貸借対照表では，株主資本，その他の包括利益累計額，新株予約権等に区分されている。これに対して，省庁別連結財務書類の連結貸借対照表では，「資産・負債差額」として一括表示されている。これは，純資産が，省庁別財務書類では，差額概念として一括計上され，政府出資法人の財務諸表では，その性格に応じて資本金，資本剰余金，利益剰余金及びその他に区分されているため，連結貸借対照表において性格が異なる両者の資産・負債差額の内訳を詳細に表示すると，その性格が理解しがたくなるからである。

(4) 非支配株主持分

企業会計は連結に当たり，子会社に対する出資割合が100%でない場合には非支配株主持分が生じるため，親会社概念に基づき，非支配株主持分については，連結固有の項目であることを考慮して，純資産の部に表示している。これに対して，省庁別連結財務書類は各府省の持分保有者のために作成されるといった親会社概念の考え方は取り得ず，国民全体に開示するものであるため，主務省以外の他府省，他会計及び民間企業等からの出資に相当する部分については，純資産の部に独立の項目として表示していない。但し，主務省以外からも出資が行われていることを明らかにするため，資産・負債差額の部に「他省庁等からの出資」を内書きで表示している（図表9-1参照）。

2　国の財務書類

2.1　体系

国の財務書類とは，一般会計とすべての特別会計を合わせた国全体の財務書類のことで，全府省の省庁別財務書類を合算して作成している。国の財務書類の体系は，省庁別財務書類と同様に，①貸借対照表，②業務費用計算書，③資産・負債差額増減計算書，④区分別収支計算書，⑤附属明細書となって

いる（図表 8-1 参照）。各計算書の様式及び表示科目については，省庁別財務書類のそれぞれの計算書と同一となっている。

2.2 作成目的

　国の財務書類の作成目的は，省庁別財務書類だけでは表しえない国全体としての財政状態，業務費用等に関する情報を提供することである。特に，省庁別財務書類の作成では，公債元本及び公債利払費が財務省に一括計上されるとともに，財務省から他府省へ財源を配賦する会計処理が行われ，他府省には歳出額に見合う財源が与えられるため，フロー，ストックともに，財務省だけが財政的な負担を負う形になっている。このため，国の財務業績及び

図表 9-1　連結貸借対照表（文部科学省の例）　　（単位：百万円）

区　分	前会計年度 (平成 25 年 3 月 31 日)	本会計年度 (平成 26 年 3 月 31 日)	区　分	前会計年度 (平成 25 年 3 月 31 日)	本会計年度 (平成 26 年 3 月 31 日)
<資産の部>			<負債の部>		
現金・預金	1,777,769	2,083,668	未払金	594,054	726,103
有価証券	4,484,200	4,639,229	支払備金	16,827	17,092
たな卸資産	165,757	169,791	未払費用	26,175	29,278
未収金	315,362	330,843	リース債務	177,831	180,084
未収収益	5,989	6,508	保管金等	53,533	52,324
前払金	66,418	85,335	前受金	132,551	146,768
前払費用	6,009	6,381	賞与引当金	80,196	82,117
貸付金	8,363,769	8,774,579	日本学生支援債券	390,000	410,000
破産更生債権等	57,383	66,733	私学振興債券	59,996	52,997
その他の債権等	23,843	24,224	国立大学財務・経営センター債券	24,999	25,000
貸倒引当金	△ 187,717	△ 185,712			
有形固定資産	12,346,084	12,608,474	借入金	5,684,742	6,115,089
国有財産（公共用財産を除く）	10,305,499	10,518,448	加入者貯金	935,910	967,650
			公的年金預かり金	3,422,373	3,546,331
土地	6,056,067	6,048,601	核燃料再処理引当金	37,462	37,462
立木竹	8,107	7,694	退職給付引当金	1,687,780	1,556,572
建物	2,462,242	2,504,520	承継債務	382,844	332,233
工作物	1,228,927	1,265,031	その他の債務等	131,260	120,735
船舶	43,724	55,453			
航空機	1,847	2,266			
建設仮勘定	504,582	634,880			
物品等	2,040,584	2,090,025	負債合計	13,848,541	14,397,843
無形固定資産	64,759	66,431	<資産・負債差額の部>		
開発委託金	18,522	16,755	資産・負債差額	13,662,331	14,298,011
その他の投資等	2,719	2,610	（うち他省庁等からの出資）	(102,769)	(102,769)
資産合計	27,510,872	28,695,854	負債及び資産・負債差額合計	27,510,872	28,695,854

(注)　連結の対象は，文部科学省所管の独立行政法人（23 法人），国立大学法人（86 法人），大学共同利用機関法人（4 法人）及び日本私立学校振興・共済事業団である。
(出典)　文部科学省（2015b）57 頁

財政状態については，省庁別財務書類ではなく，国の財務書類で評価する必要がある。

2.3 国の財務業績

　資産・負債差額増減計算書は国の業務実施に必要な財源を「租税等財源」及び「その他の財源」に区分している。租税等財源には，国税収納金整理資金から一般会計の歳入に組み入れられた税収及び印紙収入，特定の事業支出に充てるために各特別会計に直入された特定の税収を計上している。また，その他の財源には，租税等財源以外の歳入のうち，保険料収入，納付金収入，運用益等の資産・負債差額の増減を生じさせるものを計上している。公債金収入は資産・負債差額の増減を生じさせないため，計上していない。

　財務業績を当該年度の総費用が税収等で賄われているかどうかと定義した場合，資産・負債差額増減計算書において財源から本年度業務費用合計を控除した金額，つまり，財源余剰又は財源不足が，当該年度の国の財務業績を表示しており，企業会計における当期純利益（損失）に相当すると考えられる。国の財政活動は，利益の獲得を目的としていないため，損益計算は行われないが，資産・負債差額増減計算書の財源から本年度業務費用合計を控除した金額により，当該年度の総費用が税収等で賄えられているかどうか評価できる。

図表9-2　資産・負債差額増減計算書（国の財務書類）（単位：百万円）

区　　　分	前会計年度 （自　平成24年4月1日） （至　平成25年3月31日）	本会計年度 （自　平成25年4月1日） （至　平成26年3月31日）
I　前年度末資産・負債差額	△ 459,311,013	△ 476,978,246
II　本年度業務費用合計	△ 137,877,186	△ 139,555,282
III　財源	98,348,593	105,146,589
租税等財源	47,049,241	51,227,437
その他の財源	51,299,351	53,919,151
IV　資産評価差額	2,599,378	△ 1,225,446
V　為替換算差額	13,873,141	17,521,180
VI　公的年金預り金の変動に伴う増減	3,886,677	2,412,476
VII　その他資産・負債差額の増減	1,502,161	2,303,007
VIII　本年度末資産・負債差額	△ 476,978,246	△ 490,375,722

（出典）財務省（2015d）3頁

平成25年度の資産・負債差額増減計算書によると、財源105兆1465億円から本年度業務費用合計139兆5552億円を控除すると、34兆4087億円のマイナスとなり、25年度は財源不足に陥っている（図表9-2参照）。この財源不足については、公債金収入で賄われており、将来世代に負担を先送りしたことになる。このため、財源から本年度業務費用合計を控除した金額は、世代間負担の公平性に関するフロー情報を提供している考えられる。

2.4 国の財政状態

貸借対照表は国の財政状態を表示していると考えられるが、国の場合、払込資本及び稼得資本に関する取引がないため、貸借対照表の資産・負債差額については、企業会計の資本の部と同様の位置付けを与えることはできないと解されている。これは、企業会計では、実質的に資本を維持することが要請されているが、国の会計の場合、利益配当を目的としておらず、また、経済主体としての国の信用は究極的には課税権により担保されているため、企業会計のような資本維持という概念が無いからである。

25年度の貸借対照表によると、資産・負債差額はマイナスの490.3兆円となっている（図表9-3参照）。国の財務書類は15年度決算から作成されているが、15年度末の資産・負債差額245.2兆円と、16年度から25年度までの変動額245.2兆円は、いずれもその大部分が財源不足（財源－業務費用）の累積となっている（図表9-4参照）。25年度の資産・負債差額の大部分につ

図表9-3　貸借対照表（国の財務書類）　　　（単位：百万円）

区　分	前会計年度(平成25年3月31日)	本会計年度(平成26年3月31日)	区　分	前会計年度(平成25年3月31日)	本会計年度(平成26年3月31日)
<資産の部>			<負債の部>		
現金・預金	21,987,644	18,618,962	未払金	9,647,377	9,476,839
有価証券	110,802,695	129,318,961	支払備金	348,285	324,410
たな卸資産	2,657,387	3,927,617	未払費用	1,336,431	1,357,425
未収金	6,559,978	6,227,384	保管金等	702,755	660,957
未収収益	850,426	821,355	前受金	65,921	58,283
未収(再)保険料	4,956,280	4,851,356	前受収益	3,872	1,861
前払費用	2,769,198	1,313,871	未経過(再)保険料	92,125	99,788
貸付金	139,539,542	137,940,309	賞与引当金	253,868	279,385
運用寄託金	106,742,013	104,769,423	政府短期証券	101,696,923	101,597,195
その他の債権等	3,093,777	2,949,829	公債	827,236,702	855,760,998

貸倒引当金	△2,580,108	△2,331,897	借入金	26,841,393	28,411,277
有形固定資産	180,344,135	177,728,626	預託金	7,254,568	6,979,845
国有財産（公共用財産を除く）	32,747,543	29,059,626	責任準備金	9,227,334	9,441,829
			公的年金預り金	114,645,147	112,232,671
土地	16,242,637	16,841,295	退職給付引当金	9,835,794	8,798,046
立木竹	7,025,749	2,913,672	その他の債務等	7,965,364	7,575,612
建物	3,484,594	3,451,920			
工作物	3,247,356	3,111,144			
機械器具	0	0			
船舶	1,404,113	1,403,849			
航空機	662,999	617,135			
建設仮勘定	680,092	720,607			
公共用財産	145,314,079	146,356,836			
公共用財産用地	38,559,357	38,897,073			
公共用財産施設	106,430,371	107,082,242			
建設仮勘定	324,351	377,520			
物品	2,246,856	2,282,908			
その他の固定資産	35,656	29,255	負債合計	1,117,153,867	1,143,056,428
無形固定資産	236,197	226,720	＜資産・負債差額の部＞		
出資金	62,216,449	66,318,184	資産・負債差額	△476,978,246	△490,375,722
資産合計	640,175,620	652,680,706	負債及び資産・負債差額合計	640,175,620	652,680,706

（出典）財務省（2015d）1頁

図表 9-4　資産・負債差額の増減要因　　　　　　（単位：兆円）

	15年度末	16～24年度の変動額	25年度の変動額	25年度末
作成初年度貸借対照表資産・負債差額（A）	△245.2	—	—	△245.2
変動額計（B）	—	△231.8	△13.4	△245.2
財源不足（財源－業務費用）	—	△263.2	△34.4	△297.6
資産評価差額	—	18.1	△1.2	16.9
為替換算差額	—	△19.7	17.5	△2.2
公的年金預り金の変動に伴う増減	—	35.5	2.4	37.9
その他	—	△2.5	2.3	△0.2
貸借対照表資産・負債差額（A＋B）	△245.2	—	—	△490.4

（出典）財務省（2015e）10頁

いては，過去における財源不足の累積となっており，将来世代の負担を表示していることになる。このため，資産・負債差額は世代間負担の公平性に関するストック情報を提供していると考えられる。

3 政策別コスト情報

3.1 作成目的

政策別コスト情報の作成目的は，省庁別財務書類の業務費用計算書が形態別に表示している費用を，各府省の政策別に表示することにより，当該政策の実施に要した費用の全体像に関する情報を提供することである。これは，歳入歳出予算・歳入歳出決算の科目では，個々の政策に配分されない人件費，物件費等の共通経費を，個々の政策別の事業費に計上していないため，政策別の経費の全体像を把握できないからである。政策別の費用を把握した後，経年変化を分析したり，他の政策と比較したりして各政策の効率性を評価し，評価結果を予算に反映させることが期待されている。

3.2 政策

国の政策評価制度において各府省の政策は，「政策（狭義）→施策→事務事業」に体系化され，それぞれの階層別に評価が行われている。一方，20年度予算から歳入歳出予算・歳入歳出決算の科目（項・事項）と政策評価の評価単位（政策）が基本的に対応するようになり，歳入歳出決算から政策別の会計情報を入手できるようになった。政策別コスト情報の作成単位については，各府省の内部部局がそれぞれ担当する個別の政策分野を表す中程度の政策目標単位を基本とするとされているが，政策（狭義）別に表示されていることが多い。

3.3 作成方法

各府省は財政制度等審議会の「政策別コスト情報の把握と開示について」に基づき，政策別コスト情報を作成している。歳入歳出予算・歳入歳出決算（項・事項）の科目の見直しは行われたものの，依然として，個別の政策に

直接関連付けることが不可能又は困難な人件費，物件費等については，共通経費として別途計上されている。また，共通経費以外に，複数の政策に関連する経費が一つの科目（項・事項）に計上されていることもある。このため，これらの経費については，次のように一定の仮定計算に基づいて各政策に配分している。

（ア） 人件費については，各部局の給与支払実績又は定員数に基づいて配分することを原則としている。

（イ） 物件費については，各部局の支払実績に基づいて配分することを原則としているが，これにより難い場合には，人件費での配分方法によることも認めている。また，光熱水費，清掃等のサービスに係る経費については，庁舎等について面積配分をしている場合には，占有面積比に基づいて配分することも認めている。

（ウ） 庁舎等に係る減価償却費相当額については，各部局の占有面積比に基づいて配分することを原則としているが，これにより難い場合には，人件費での配分方法によることも認めている。

（エ） 同一部局内において複数の政策に関連する経費については，部局内の係等の数に基づいて配分することを原則としている。

（オ） 共通経費以外で，複数の政策に関連している経費については，人件費又は事業費に基づいて配分することを原則としているが，これにより難い場合には，均等割りによることも認めている。

（カ） 政策に係るストック情報において当該資産が複数の政策により活用されている場合，償却資産については，占有面積又は占有時間に基づいて配分することを原則としているが，これにより難いときは，各政策の事業費に基づいて配分することも認めている。また，土地等の非償却資産については，占有面積に基づいて配分することを原則としているが，これにより難い場合には，各政策の事業費に基づいて配分することも認めている。

（キ） 参考情報に表示する官房経費等については，人件費での配分方法（官房部局を除く。）に基づいて配分することを原則としている。

3.4 コスト情報

政策別コスト情報は「政策に係るコスト」,「政策に係るストック情報」及び「参考情報」で構成されている。

(1) 政策に係るコスト

政策に係るコストは，①人に係るコスト，②物に係るコスト，③事業コストに区分されている。人に係るコストとは，政策に携わった職員の人件費のことで，職員給与のほか，当該年度に発生した賞与引当金，退職給付引当金への繰入額を含んでいる。物に係るコストとは，政策に携わった職員が使用した物件にかかった費用のことで，消耗品費のほか，当該年度の庁舎等の減価償却費相当額を含んでいる。事業コストとは，政策に直接かかった費用のことで，国が直接行う事業だけではなく，地方公共団体等への補助金，交付金等を含んでいる。このように政策に係るコストには，政策に係る直接経費のみが計上されている。

(2) 政策に係るストック情報

政策に係るストック情報とは，政策に関連する主な資産（負債）に関する情報のことである。これは，各府省が実施する政策では，各府省が保有する資産を活用したり，予算がすべて費用として費消されず，施設等の資産を形成したりすることがあるからである。このため，政策に関連する土地，建物，出資金等については，それに対応する資産額を表示している。また，各府省が実施する政策では，特定の事業支出に充てるために借入金を財源にすることがあるため，それに対応する負債額を表示している。

(3) 参考情報

参考情報は，①当該政策に配分された官房経費等の額，②当該政策に配分された当該年度の公債に係る利払費に関する情報を表示している。このうち，官房経費等とは，官房部局に係る経費及び各政策に係るコストとして計上されなかった事業経費を一括したもので,間接経費に該当する。各府省は人事，文書，会計等の庶務的業務を行ったり，企画等の各部局の事務を横断的に調整したりするため，人事課，文書課，会計課等の官房部局を設置している。このため，当該政策が負担すべき官房経費等を，一定の仮定計算に基づいて算定している。また，省庁別財務書類は公債関連情報として当該府省に配分

図表 9-5　政策別コスト情報（平成 25 年度）（文部科学省の例）

政策：4. 個性が輝く高等教育の振興に係るコストの状況

1. 政策に係るコスト・・・・・・・・・・・・・・・1,229,034 百万円　　　　　（単位：百万円）

区　分		人件費	賞与引当金繰入額	退職給付引当金繰入額	庁費等	減価償却費
Ⅰ	人に係るコスト	5,145	4,273	84	787	—	—
Ⅱ	①物に係るコスト	1,267	—	—	—	315	918
	②庁舎等（減価償却費）	109	—	—	—	—	109
Ⅲ	事業コスト	1,222,511	—	—	—	41	1
	(1) 大学などにおける教育研究の質の向上	1,135,549	—	—	—	41	1
	(2) 大学などにおける教育研究基盤の整備	86,962	—	—	—	—	—
	コスト計（Ⅰ＋Ⅱ＋Ⅲ）	1,229,034	4,273	84	787	356	1,030

区　分		補助金等	独立行政法人運営費交付金	国立大学法人等運営費交付金	その他の経費	（参考）決算額
Ⅰ	人に係るコスト	—	—	—	—	—
Ⅱ	①物に係るコスト	—	—	—	34	—
	②庁舎等（減価償却費）	—	—	—	—	—
Ⅲ	事業コスト	270,789	59,539	890,405	1,736	1,229,475
	(1) 大学などにおける教育研究の質の向上	184,602	59,539	890,405	961	1,139,026
	(2) 大学などにおける教育研究基盤の整備	86,187	—	—	775	90,448
	コスト計（Ⅰ＋Ⅱ＋Ⅲ）	270,789	59,539	890,405	1,772	

2. 政策に係るストック情報（主な資産等）

区　分		ストック情報			
		土地	建物	その他	出資金
物に係るコスト	—	—	—	—	—
庁舎等	11,762	9,262	2,082	418	—
(1) 大学などにおける教育研究の質の向上	6,386,028	—	—	—	6,386,025
合　計	6,397,790	9,262	2,082	418	6,386,025

3. 参考情報

(1) 当該政策に配分された官房経費等の額

Ⅰ	人に係るコスト	1,113
Ⅱ	物に係るコスト（庁舎等を含む。）	298
Ⅲ	その他事業コスト	—
	合　計	1,411

(2) 当該政策に配分された当年度の公債に係る利払費

利払費	195,864

（出典）文部科学省（2015c）政策：4 より筆者作成

される利払費を開示しているため，当該政策が負担すべき利払費を，一定の仮定計算に基づいて算定している（図表 9-5 参照）。

4 公会計改革の課題

4.1 活用方法

　現行の公会計の課題に対応した省庁別財務書類を作成するためには，先ず必要な会計情報を特定するとともにその具体的な活用方法を明確にした後，必要な会計情報を入手するための公会計基準を策定したり，公会計の抜本的な改革も含め，必要な会計情報を入手したり，それを活用するための制度を整備することが不可欠である。

　ところが，省庁別財務書類の場合，公会計基準の機能を担う省庁別財務書類の作成基準については，必要な会計情報が特定されないまま，現行制度で作成されている歳入歳出決算等の計数を基礎に企業会計の考え方及び手法を活用するという方針で策定されている。また，会計情報の具体的な活用方法が明確にされていないため，当然のこととして活用するための制度が整備されていない。

　このように省庁別財務書類は，現行の公会計を維持することを前提に作りやすさと作ることが優先され，具体的な活用方法については作成してから検討するという，本末転倒のアプローチを採用しているため，活用方法が大幅に限定されたものとなっている。

4.2 会計制度

　省庁別財務書類は省庁別財務書類の作成基準に基づき，単式簿記による現金主義会計で作成された歳入歳出決算，国有財産台帳等の計数を基礎に，経常的支出と資本的支出を区別したり，減価償却を行ったり，また，引当金を計上したりなどして，必要な修正を加えることにより作成されている。この作成方法は，歳入歳出決算，国有財産台帳等の計数が真実かつ公正であることを前提としているが，これらの計数が真実かつ公正であるとは限らない。

　また，政策別コスト情報は省庁別財務書類の業務費用計算書のセグメント情報として作成されているが，歳入歳出決算を基礎としているため，コストの集計単位は，各府省の政策評価体系において中程度の政策目標とされ，共通経費の配分方法も複数の選択肢が提示されている。このため，政策別コス

ト情報は事務事業レベルまでブレイクダウンしたコスト情報を開示できず，また，府省間の比較可能性も損なわれている。

　信頼性が高く，かつ有用な発生主義会計情報を入手するためには，現金主義会計情報に必要な修正を加える方法ではなく，各府省が日々の会計処理の段階において複式簿記による発生主義会計を採用する必要がある。これは，総務省が26年4月に公表した「今後の新地方公会計の推進に関する研究会報告書」（以下「研究会報告書」という。）でも明らかにされている。研究会報告書は，従来の決算統計を利用した総務省方式改定モデルでは，検証可能性が低いこと，また，固定資産台帳が整備されていない場合には貸借対照表の固定資産計上価額が精緻さを欠くことから，固定資産台帳の整備とともに，発生の都度又は期末一括での複式仕訳を行うことを提言している。

4.3　内部統制制度

　国有財産台帳，物品管理簿等の法定帳簿の計数は，省庁別財務書類の基礎となっているが，これらの作成手続は，会計法令及び各府省の内部規程で定められている。しかし，これらの作成手続きが真実かつ公正な法定帳簿を作成する上で十分であるとは限らず，また，実際に遵守されているとも言えない。現行の単式簿記による現金主義会計の下では，フロー（予算執行）とストック（財産管理）が帳簿組織・勘定体系において直接リンクしていないため，フローがストックに反映されないリスクを常に内包している。

　信頼性の高い発生主義会計情報を入手するためには，各府省において財務報告に係る内部統制を整備・運用するとともに，その有効性を自ら評価しその結果を内部統制報告書として外部に報告する必要がある。この場合，内部統制はCOSOフレームワークで定義されているように「業務を効果的・効率的に実施していること，信頼性の高い財務報告・非財務報告を作成していること，関連法令を遵守していることを合理的に保証するため，当該事業主体のすべての組織と構成員により実施される手順（Process）のことで，①統制環境，②リスク評価，③統制活動，④情報と伝達，⑤モニタリングで構成される。」と捉える必要がある。

　つまり，各府省は財務報告の作成に係る内部規程を整備するだけではなく，

不正又は誤謬により財務報告に重要な虚偽表示が含まれるリスクを評価するとともにその評価に応じた対応策を選択し，当該対応策の運用状況をモニタリングすることが求められる。

4.4 政策評価制度

　各府省は政策評価と行政事業レビューとの連携を図るため，目標管理型の政策評価を行っている。目標管理型の政策評価は，施策別に事前に設定された目標の達成状況を評価している。このため，施策実施前に作成する事前分析表は，達成すべき目標，達成状況を測定するための測定指標，目標値及び目標期間等を設定し，さらに，達成手段となる事務事業別に予算額等を設定している。また，施策実施後に作成する政策評価書は，予算額と執行額，測定指標の実績値及び目標値を記入し，達成状況を測定している。現在のところ，目標管理型の政策評価は，発生主義コスト情報を施策レベルでも，事務事業レベルでも開示していない。

　政策の見直しを行うためには，有効性の観点からアウトカム業績目標の達成状況を評価するだけでは十分でなく，効率性の観点からアウトプットの提供に要したコストを評価する必要がある。この場合，効率性を定量的に分析するためには，提供されたアウトプットの1単位当たりコストを算定することが重要である。政策目的を達成するために，複数のアウトプットが提供され，それぞれが同程度のアウトカムを達成している場合，それぞれの単位当たりコストを相互に比較し，低コストのアウトプットにより多くの資源を配分することで，効率性が向上する。

　信頼性が高く，かつ有用な発生主義会計情報を入手するためには，先ず各府省が日々の会計処理の段階において複式簿記による発生主義会計を採用する必要がある。これは，総務省の研究会報告書でも明らかにされている。研究会報告書は，発生の都度，複式仕訳を実施している東京都や大阪府等では，会計別から事業別まで様々な区分で精度の高い財務諸表を作成することで，マネジメントに活用している例があるとしている。効率性を定量的に分析するためには，発生主義会計情報だけではなく，非財務的な業績情報も必要になるため，責任セグメント別にコストの集計とアウトプット・データを収集

するための内部統制を整備する必要がある。

4.5 会計検査制度

　会計検査院は省庁別財務書類のうち，特別会計財務書類について特別会計に関する法律に基づいて検査を行っているが，この検査は，特別会計財務書類の作成基準等に従った適切なものとなっているかなどに着眼して行われている。このため，現在の検査は，歳入歳出決算，国有財産台帳，物品管理簿等の計数を前提に，これらに必要な修正を加えて特別会計財務書類を作成するプロセスにおける誤謬を指摘している。また，決算検査報告はどのような検査基準に準拠したのか明示していないため，検査の手続き，品質及び責任の範囲が不明となっている。

　各府省が複式簿記による発生主義会計を採用した場合，会計検査院は二重責任の原則の一翼を担う必要がある。つまり，各府省には真実かつ公正な財務報告を作成するとともに，そのための内部統制を整備・運用する責任があり，また，会計検査院には当該財務報告が公会計の基準に準拠して作成されているかどうか評価し，それによって得られた結果を意見として表明する責任がある。

　会計検査院法第20条第2項は，「会計検査院は，常時会計検査を行い，会計経理を監督し，その適正を期し，且つ，是正を図る。」と定めており，保証は検査になじまないと解されているため，会計検査院が保証を行う場合には，各府省に財務報告の作成を義務付ける法律において，その旨を明文化する必要がある。

第10章
独立行政法人の会計制度（1）

1　独立行政法人の定義

　独立行政法人とは，国民生活及び社会経済の安定等の公共上の見地から確実に実施されることが必要な事務事業であって，国が自ら主体となって直接に実施する必要のないもののうち，民間の主体に委ねた場合には必ずしも実施されないおそれがあるもの又は一の主体に独占して行わせることが必要であるものを効率的かつ効果的に行わせるため，中期目標管理法人，国立研究開発法人又は行政執行法人として，独立行政法人通則法（以下「通則法」という。）及び個別法の定めるところにより設立される法人のことである（通則法2①）。

　独立行政法人は平成13年1月の中央省庁等改革の実施に合わせて創設されており，同年4月に国の機関の一部が独立行政法人化され，15年10月以降は，特殊法人等が独立行政法人化された。27年4月1日現在の独立行政法人数は，98法人となっている。

2　独立行政法人の分類

　独立行政法人は業務の特性に応じて法人のマネジメントを行うため，以下の3つに区分されている（図表10-1参照）。

図表 10-1　独立行政法人一覧（平成 27 年 4 月現在）

分　類	所　管	独立行政法人
中期目標管理法人	内閣府	北方領土問題対策協会
	消費者庁	国民生活センター
	総務省	郵便貯金・簡易生命保険管理機構
	外務省	国際協力機構，国際交流基金
	財務省	酒類総合研究所
	文部科学省	国立特別支援教育総合研究所，大学入試センター，国立青少年教育振興機構，国立女性教育会館，国立科学博物館，国立美術館，国立文化財機構，教員研修センター，日本学術振興会，日本スポーツ振興センター，日本芸術文化振興会，日本学生支援機構，国立高等専門学校機構，大学評価・学位授与機構，国立大学財務・経営センター
	厚生労働省	労働安全衛生総合研究所，勤労者退職金共済機構，高齢・障害・求職者雇用支援機構，福祉医療機構，国立重度知的障害者総合施設のぞみの園，労働政策研究・研修機構，労働者健康福祉機構，国立病院機構，医薬品医療機器総合機構，地域医療機能推進機構，年金積立金管理運用独立行政法人
	農林水産省	種苗管理センター，家畜改良センター，水産大学校，農畜産業振興機構，農業者年金基金，農林漁業信用基金
	経済産業省	経済産業研究所，工業所有権情報・研修館，日本貿易保険，日本貿易振興機構，情報処理推進機構，石油天然ガス・金属鉱物資源機構，中小企業基盤整備機構
	国土交通省	交通安全環境研究所，航海訓練所，海技教育機構，航空大学校，自動車検査独立行政法人，鉄道建設・運輸施設整備支援機構，国際観光振興機構，水資源機構，自動車事故対策機構，空港周辺整備機構，都市再生機構，奄美群島振興開発基金，日本高速道路保有・債務返済機構，住宅金融支援機構
	環境省	環境再生保全機構
国立研究開発法人	内閣府	日本医療研究開発機構
	総務省	情報通信研究機構
	文部科学省	物質・材料研究機構，防災科学技術研究所，放射線医学総合研究所，科学技術振興機構，理化学研究所，宇宙航空研究開発機構，海洋研究開発機構，日本原子力研究開発機構
	厚生労働省	医薬基盤・健康・栄養研究所，国立がん研究センター，国立循環器病研究センター，国立精神・神経医療研究センター，国立国際医療研究センター，国立成育医療研究センター，国立長寿医療研究センター
	農林水産省	農業・食品産業技術総合研究機構，農業生物資源研究所，農業環境技術研究所，国際農林水産業研究センター，森林総合研究所，水産総合研究センター
	経済産業省	産業技術総合研究所，新エネルギー・産業技術総合開発機構

	国土交通省	土木研究所，建築研究所，海上技術安全研究所，港湾空港技術研究所，電子航法研究所
	環境省	国立環境研究所
行政執行法人	内閣府	国立公文書館
	総務省	統計センター
	財務省	造幣局，国立印刷局
	農林水産省	農林水産消費安全技術センター
	経済産業省	製品評価技術基盤機構
	防衛省	駐留軍等労働者労務管理機構

(出典) 総務省資料より筆者作成

2.1 中期目標管理法人

中期目標管理法人とは，公共上の事務事業のうち，一定の自主性及び自律性を発揮しつつ，中期的な視点に立って執行することが求められるものを，国が定める中期的（3〜5年）な目標を達成するための計画に基づいて行うことにより，国民の需要に的確に対応した多様で良質なサービスの提供を行い，公共の利益を増進することを目的とする法人のことである。この法人には，大学入試センター，日本スポーツ振興センター，日本学生支援機構等の60法人が含まれている。

2.2 国立研究開発法人

国立研究開発法人とは，公共上の事務事業のうち，一定の自主性及び自律性を発揮しつつ，中長期的な視点に立って執行することが求められる研究開発を，国が定める中長期的（5〜7年）な目標を達成するための計画に基づいて行うことにより，我が国の科学技術の水準の向上を通じた国民経済の発展その他の公益に資するため，研究開発の最大限の成果を確保することを目的とする法人のことである。この法人には，理化学研究所，宇宙航空研究開発機構，日本原子力研究開発機構等の31法人が含まれている。

2.3 行政執行法人

行政執行法人とは，公共上の事務事業のうち，国の行政事務と密接に関連して行われる国の指示その他の国の相当な関与の下に確実に執行することが

求められるものを，国が定める事業年度ごとの目標を達成するための計画に基づいて行うことにより，正確かつ確実に執行することを目的とする法人のことで，役職員に国家公務員の身分が付与されている。この法人には，統計センター，造幣局，国立印刷局等の7法人が含まれている。

3　独法会計の目的

　会計とは，経済主体が営む経済活動及びこれに関連して発生する経済事象を貨幣額によって測定・記録し，かつ報告する行為のことである。独立行政法人は国民の福祉の向上を図るなどの政策目的を達成するため，租税を根源的な財源として市場性のないサービスを提供している。独立行政法人は民間企業とは異なる目的，特性等を有しているため，独立行政法人の会計（以下「独法会計」という。）は，企業会計にはない目的を有している。独法会計は通則法で共通的な枠組みが定められているが，公会計の目的別に整理すると次のように制度設計されている。

3.1　民主的な財政統制

　独立行政法人は予算について国会の議決を受ける必要はないが，国から出資金，運営費交付金，施設費等の財政援助を受けており，これらの財政援助については，主務省の予算に個別に計上され，国会の議決を受けている。独立行政法人において予算の作成とその執行は，国と同様に単式簿記による現金主義会計で行われている。独立行政法人は民主的な財政統制に資する会計情報を提供するため，事業年度終了度，決算報告書を作成し，主務大臣に提出することとされている。

3.2　説明責任の履行

　独法会計は原則として企業会計原則，つまり，複式簿記による発生主義会計によるものとされているが，独立行政法人は企業会計が想定する民間企業とは異なる目的，特性等を有するため，別途，①独立行政法人会計基準（以下「独法会計基準」という。）及び独立行政法人会計基準注解（以下「注解」

という。），②固定資産の減損に係る独立行政法人会計基準（以下「独法減損基準」という。）及び固定資産の減損に係る独立行政法人会計基準注解が作成されている。また，実務上の留意点を記述した「独立行政法人会計基準」及び「独立行政法人会計基準注解」に関するQ＆A（以下「Q＆A」という。）が作成されている。独立行政法人は説明責任の履行に資する会計情報を提供するため，事業年度終了後，財務諸表を作成するとともに，主務大臣に提出し，その承認を受けることとされている。

3.3 財政活動の効率化

独立行政法人のうち，中期目標管理法人は主務大臣が3年以上5年以下の期間を対象に定めた中期目標を達成するため，中期目標と同じ期間，1カ年度をそれぞれ計画期間とする中期計画，年度計画を策定し，これらの計画に従って業務運営を行っている。

主務大臣は中期目標において①行政サービスの質の向上に関する事項，②業務運営の効率化に関する事項，③財務内容の改善に関する事項を定めている。中期目標管理法人は①事業年度終了後，当該年度の業務実績について，②中期目標期間の最後の事業年度の直前の事業年度終了後，当該年度の業務実績に加え，中期目標期間の終了時に見込まれる中期目標期間の業務実績について，③中期目標期間の最後の事業年度終了後，当該年度の業務実績に加え，中期目標期間の業務実績について，それぞれ自己評価した報告書を作成し，主務大臣の評価を受けることとされている（図表10-2参照）。独立行政法人は財政活動の効率化を図るため，費用等に関する会計情報を用いて業績評価を行っている。

国立研究開発法人については，主務大臣が5年以上7年以下の期間を対象に定めた中長期目標を達成するため，中長期目標と同じ期間，1カ年度をそれぞれ計画期間とする中長期計画，年度計画を策定し，これらの計画に従って業務運営を行っている。また，行政執行法人については，主務大臣が1カ年度を対象に定めた年度目標を達成するため，1カ年度を計画期間とする事業計画を策定し，この計画に従って業務運営を行っている。これらの法人についても，中期目標管理法人とほぼ同様の評価が行われている。

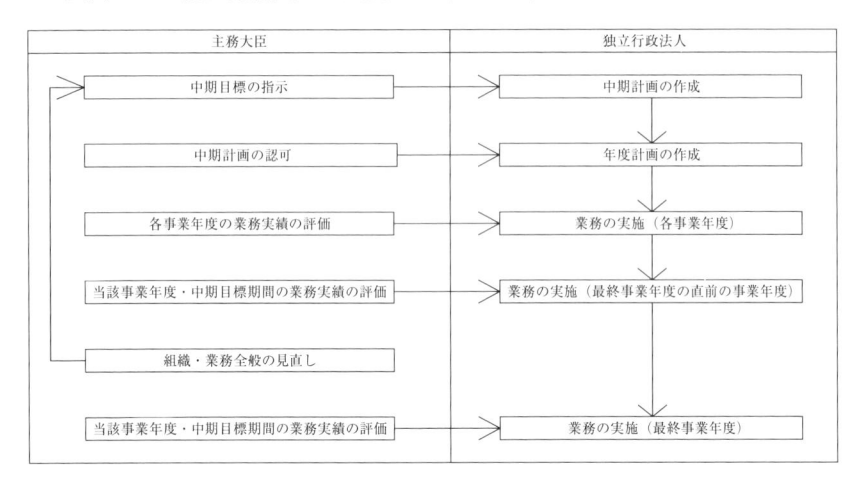

図表 10-2 独立行政法人の目標管理の仕組み（中期目標管理法人の場合）

主務大臣	独立行政法人
中期目標の指示	中期計画の作成
中期計画の認可	年度計画の作成
各事業年度の業務実績の評価	業務の実施（各事業年度）
当該事業年度・中期目標期間の業務実績の評価	業務の実施（最終事業年度の直前の事業年度）
組織・業務全般の見直し	
当該事業年度・中期目標期間の業務実績の評価	業務の実施（最終事業年度）

（出典）東（2012c）図表 9-3（316 頁）に加筆修正

4　独法会計の特徴

　独立行政法人制度は予算統制等の国の事前関与を極力排除する一方で，発生主義会計による財務報告や業績評価による目標管理を導入するなど，新公共経営（NPM）の考え方を採用している。独法会計は NPM の考え方を反映しているものの，企業会計と比較すると次のような特徴を有している。

4.1　運営状況

　民間企業が支出を行うのは，利益の獲得を目的として，その経済活動の中で収入を獲得するために必要と思われる財貨等を取得するためである。ある期間の費用の合計は，その期間の収益を獲得するために犠牲となった財貨等の価値の合計で，いわば収益獲得のための原価部分と言える。このため，企業会計は経営成績を明らかにするために損益計算を行う。

　これに対して，独立行政法人は利益の獲得ではなく，公共上の事務事業を実施することを目的としており，独立採算を前提としていない。独立行政法人には，国から運営費交付金，施設費等が交付され，事務事業を確実に実施するために必要な財源が措置されている。このため，独法会計は経営成績で

はなく，運営状況を明らかにするために損益計算を行う。

4.2 損益の均衡

独法会計は運営状況を明らかにするために損益計算を行うことから，独立行政法人が中期計画に沿って通常の業務運営を行った場合に，運営費交付金，施設費等の財源措置との関係において損益の均衡（零）が図られるように損益計算の仕組みを構築している。独立行政法人は政策の実施機関であり，政策の企画立案を行う国と密接不可分の関係にあるため，独立行政法人の業務の中には，自らの判断だけでは意思決定を完結し得ないものも含まれている。このため，独法会計は政策の企画立案主体としての国との関係において，独立行政法人の独自判断では意思決定が完結し得ない行為に起因する費用については，損益計算上の費用に計上しない会計処理（以下「損益外費用」という。）と，収益科目により相殺する会計処理（以下「費用収益相殺」という。）を定めている。

4.3 資本取引と損益取引

企業会計は資本と利益の混同により資本が配当されることを防ぐため，資本取引と損益取引を明瞭に区別している。ここで，資本取引とは，資本の拠出又は払込に係る取引のことで，損益取引とは，企業の主たる営業活動その他の活動からもたらされる期間利益に係る取引のことである。独法会計も資本取引と損益取引の区別の原則を適用しているが，資本取引と損益取引の定義は異なっている。

独法会計の資本取引とは，政策の企画立案を行う国の意思決定によって生じる純資産の増減取引のことである。つまり，政策の実施に当たって必要とされる財産的基盤に係る取引のことである。これに対して，独法会計の損益取引とは，利益の増減取引のことで，政策の実施主体である独立行政法人が業務の実施に当たり経営努力により果実を生み出した結果を表す取引のことである。損益計算は独立行政法人の経営努力に対する業績評価に資する取引に対してなされるため，財産的基盤に係る資本取引は反映されない。

4.4 効率化へのインセンティブ

　民間企業は市場機構において競争原理にさらされているため，効率的な経済活動を行わないと利益を獲得できないばかりか，市場からの退出を余儀なくされることから，民間企業には効率的な経済活動を行おうとするインセンティブが働いている。これに対して，独立行政法人は業務運営に必要な財産的基礎を国から出資され，また，業務運営に必要な資源を国から交付されるため，独立行政法人には効率的な経済活動を行おうとするインセンティブが働いていない。

　このため，独法会計は独立行政法人に自律性及び自発性を発揮させ，効率的な経済活動を行おうとするインセンティブを与えるため，損益計算において生じた利益のうち，経営努力により生じたものについては，裁量的に処分できるようにする仕組みを構築している。独立行政法人は毎事業年度，損益計算において利益を生じたときは，前事業年度から繰り越した損失を埋め，なお残余があるときは，その残余の額を積立金として整理しなければならないとされている。

　この残余のうち，独立行政法人の経営努力により生じたとされる額があるときは，主務大臣の承認を受けて，残余の額の全部又は一部を中期計画であらかじめ定めた剰余金の使途に充てるための積立（以下「目的積立金」という。）として積み立てることができるとされている。

5　財務諸表の体系

　独立行政法人の財務諸表の体系は，①貸借対照表，②損益計算書，③キャッシュ・フロー計算書，④利益の処分又は損失の処理に関する書類，⑤行政サービス実施コスト計算書，⑥附属明細書である（図表10-3参照）。

5.1　貸借対照表

　貸借対照表の作成目的は，当該年度末現在における独立行政法人の財政状態を明らかにすることである。このため，貸借対照表は当該年度末において独立行政法人に帰属するすべての資産，負債及び純資産を記載している。貸

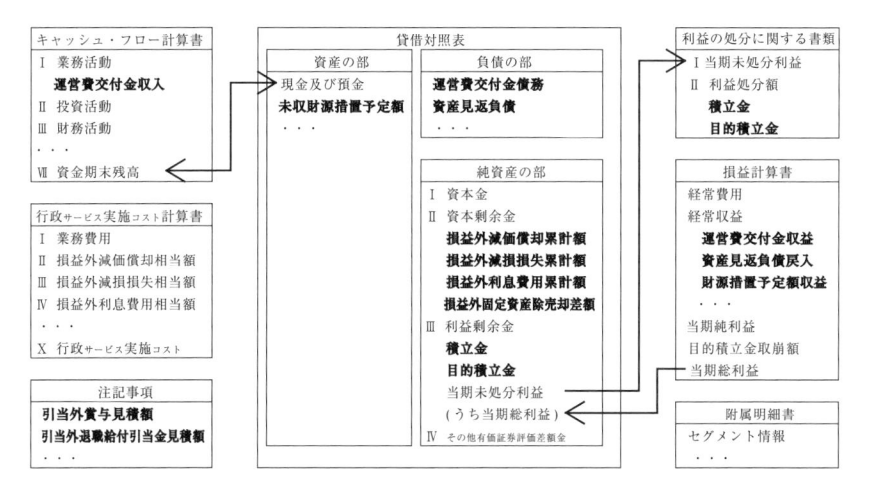

図10-3 独立行政法人の財務諸表体系のイメージ

キャッシュ・フロー計算書	貸借対照表		利益の処分に関する書類
Ⅰ 業務活動 　**運営費交付金収入** Ⅱ 投資活動 Ⅲ 財務活動 … Ⅶ 資金期末残高	資産の部 現金及び預金 **未収財源措置予定額** …	負債の部 **運営費交付金債務** **資産見返負債** …	Ⅰ 当期未処分利益 Ⅱ 利益処分額 　**積立金** 　**目的積立金**
行政サービス実施コスト計算書	純資産の部 Ⅰ 資本金 Ⅱ 資本剰余金 　**損益外減価償却累計額** 　**損益外減損損失累計額** 　**損益外利息費用累計額** 　**損益外固定資産除売却差額** Ⅲ 利益剰余金 　積立金 　**目的積立金** 　当期未処分利益 　（うち当期総利益） Ⅳ その他有価証券評価差額金		損益計算書
Ⅰ 業務費用 Ⅱ 損益外減価償却相当額 Ⅲ 損益外減損損失相当額 Ⅳ 損益外利息費用相当額 … Ⅹ 行政サービス実施コスト			経常費用 経常収益 　**運営費交付金収益** 　**資産見返負債戻入** 　**財源措置予定額収益** 当期純利益 目的積立金取崩額 当期総利益
注記事項			附属明細書
引当外賞与見積額 **引当外退職給付引当金見積額**			セグメント情報 …

（注）ゴシック体は，独立行政法人固有の勘定科目を示す。
（出典）東（2012c）図表9-1（305頁）に加筆修正

借対照表は資産の部，負債の部及び純資産の部に区分され，純資産の部は，資本金，資本剰余金，利益剰余金（又は繰越欠損金）及びその他有価証券評価差額金に区分されている。

5.2 損益計算書

　損益計算書の作成目的は，当該事業年度における独立行政法人の運営状況を明らかにすることである。このため，損益計算書は当該事業年度に属する独立行政法人のすべての費用とこれに対応するすべての収益を記載して，当期純利益を表示している。独立行政法人には，毎事業年度，業務運営の財源に充てるために必要な資金として，国から運営費交付金等が交付されることから，当期純利益は経営成績ではなく，運営状況を表していると解されている。また，損益計算書は通則法44条が規定する利益又は損失を確定するため，当期純利益に目的積立金取崩額等の必要な項目を加減して，当期総利益を表示している。

5.3 キャッシュ・フロー計算書

　キャッシュ・フロー計算書の作成目的は，当該事業年度における独立行政法人のキャッシュ・フローの状況を活動別に明らかにすることである。このため，キャッシュ・フロー計算書は業務活動，投資活動及び財務活動に区分されている。

5.4 利益の処分又は損失の処理に関する書類

　利益の処分又は損失の処理に関する書類の作成目的は，独立行政法人の当期未処分利益の処分又は当期未処理損失の処理の内容を明らかにすることである。このため，利益の処分に関する書類は当期未処分利益及び利益処分額に区分されている。また，損失の処理に関する書類は当期未処理損失，損失処理額及び次期繰越欠損金に区分されている。

5.5 行政サービス実施コスト計算書

　行政サービス実施コスト計算書の作成目的は，当該事業年度における独立行政法人の業務運営に関し国民負担に帰せられるコストを明らかにすることである。このため，行政サービス実施コスト計算書は業務費用，損益外減価償却相当額，損益外減損損失相当額等を記載して，行政サービス実施コストを表示している。これは，損益計算では費用の一部が計上されなかったりして，損益計算上の損益が必ずしも当該事業年度の国民負担とは一致しないため，当該事業年度の国民負担に関する会計情報を別途，表示する必要があるからである。

5.6 附属明細書

　附属明細書の作成目的は，5.1から5.5までの計算書の内容を補足することである。このため，各計算書の勘定科目の明細やセグメント情報を記載している。セグメント情報は独立行政法人の中期目標等における事業別に，事業収益，事業損益，総損益，行政サービス実施コスト及び当該セグメントに属する総資産額を開示している。

6　独立行政法人固有の会計処理

　独法会計基準は独法会計の認識，測定，表示及び開示に関する基準を定めており，独立行政法人はその会計を処理するに当たって従わなければならないとされている。独立行政法人は企業会計が想定する民間企業とは異なる目的，特性等を有するため，独法会計基準は企業会計原則とは異なる会計処理の原則及び手続を定めている。ここでは，中期目標管理法人に例をとって独立行政法人固有の会計処理について紹介したい。

6.1　運営費交付金

　独立行政法人には，毎事業年度，業務運営の財源に充てるために必要な資金として，国から運営費交付金が交付されている。運営費交付金は使途の内訳が特定されていないこと，使用されなかった部分について中期目標期間中は特別な手続を取らないで翌事業年度に使用できることなど，一般的な国庫補助金とは異なる予算執行上の弾力性が与えられている。この運営費交付金は，独立行政法人の創設に伴って導入されたが，運営費交付金に係る会計処理は，次のように行われている。

(1) 収益化

　独立行政法人は国から運営費交付金を受領したときは，相当額を「運営費交付金債務」に計上するとされている。運営費交付金債務は中期目標期間中，業務の進行に応じて収益化を行うことが原則とされ，その際には，当該収益化に相当する額を「運営費交付金収益」に振り替えるとされている（独法会計基準81 ①②）（下記の仕訳参照）。

【運営費交付金の受領時】
（借）現金及び預金　　×××　　（貸）運営費交付金債務　×××
【決算時】
（借）運営費交付金債務　×××　　（貸）運営費交付金収益　×××

　業務の進行に応じて収益化を行う方法は，業務達成基準と称されている。

業務達成基準は収益化単位の業務ごとに事前に運営費交付金の配分額を定めるとともに，年度末時点の業務の進行を測定し，目的が完全に達成された収益化単位の業務については，運営費交付金配分額の全額を収益化する方法である。年度末時点で未了の収益化単位の業務については，運営費交付金配分額を収益化単位の業務の進行状況に応じて収益化させる。このため，業務達成基準は収益化単位の業務の進行状況を客観的に測定するため，事前に客観的，定量的な指標を設定する必要がある。

　運営費交付金債務の収益化基準には，業務達成基準以外に期間進行基準と費用進行基準がある。期間進行基準とは，業務の実施と運営費交付金とが期間的に対応している場合に，一定の期間の経過を業務の進行とみなし，運営費交付金債務の収益化を行う方法で，管理部門の活動で認められている。

　また，費用進行基準とは，上記2つの基準のような業務と運営費交付金との対応関係が示されない場合に，業務のための支出額を限度として，運営費交付金債務の収益化を行う方法で，例えば，期中に震災対応のための突発的な業務が複数発生し，当該業務の予算，期間等を見積もることができない場合などに認められている。

(2) 最終年度の期末処理

　中期目標期間中に交付された運営費交付金については，中期目標期間の終了時点において精算されることになっている。このため，運営費交付金債務は中期目標期間の最終年度において当該事業年度の業務の進行に応じて収益化を行い，なお，運営費交付金債務が残る場合には，その全額を精算のため，収益化を行う（注解61⑥）。

6.2　損益外費用

　独法会計は独立行政法人が中期計画に沿って通常の業務運営を行った場合に，財源措置との関係において損益が均衡（零）するように制度設計されている。その仕組みの一つとして，独法会計基準は独立行政法人の独自判断だけでは意思決定が完結し得ない行為に起因する費用を損益計算上の費用に計上しない損益外費用を定めている。

(1) 特定償却資産

独立行政法人が保有する償却資産のうち、その減価に対応すべき収益の獲得が予定されないものとして特定された資産（現物出資、施設費及び目的積立金で取得した資産）の減価償却相当額については、損益計算上の費用には計上せず、資本剰余金を減額する（独法会計基準87）（下記の仕訳参照）。これは、独立行政法人が業務運営の財源を運営費交付金に依存しており、資産の減価部分については、運営費交付金の算定対象とならず、また、運営費交付金に基づく収益以外の収益によって充当することが必ずしも予定されていないからである。

【施設費の受領時】
(借) 現金及び預金　×××　　　　　　　(貸) 預り施設費　×××
【償却資産の取得時】
(借) 建物　　　　　×××　　　　　　　(貸) 現金及び預金　×××
　　 預り施設費　　×××　　　　　　　　　 資本剰余金　　×××
【決算時】
(借) 資本剰余金（損益外減価　×××　　(貸) 建物減価償却　×××
　　 償却累計額）　　　　　　　　　　　　 累計額

(2) 賞与

賞与のうち、賞与に充てるべき財源措置が運営費交付金により行われることが、翌事業年度以降の中期計画又は年度計画で明らかにされている部分については、賞与引当金を計上しない（独法会計基準88②）。この場合、当期の運営費交付金により財源措置が手当されない引当外賞与見積額を貸借対照表の注記において表示するとともに、行政サービス実施コスト計算書に表示する。

(3) 退職給付債務

退職給付債務のうち、退職一時金、厚生年金基金に払い込むべき掛金及び積立不足額、退職共済年金に係る整理資源及び恩給負担金に充てるべき財源措置が運営費交付金により行われることが、中期計画又は年度計画で明らかにされている部分については、退職給付引当金を計上しない（独法会計基準

89②）。この場合，計上したであろう退職給付引当金の見積額を貸借対照表の注記において表示するとともに，退職給付債務に係る毎事業年度の増加額を行政サービス実施コスト計算書に表示する。

(4) 資産除去債務

　独立行政法人が保有する有形固定資産に係る資産除去債務に対応する除去費用等のうち，当該費用に対応すべき収益の獲得が予定されていないものとして特定された除去費用等については，損益計算上の費用には計上せず，資本剰余金を減額する（独法会計基準91）（下記の仕訳参照）。これは，独立行政法人が業務運営の財源を運営費交付金に依存しており，除去費用等の発生期間における当該費用については，運営費交付金の算定対象とならず，また，運営費交付金に基づく収益以外の収益によって充当することが必ずしも予定されていないからである。

【資産の取得時】

(借) 建　　　　物	×××	(貸) 現金及び預金	×××
		資産除去債務	×××

【決算時】

(借) 資本剰余金（損益外減価償却累計額）	×××	(貸) 建物減価償却累計額	×××
資本剰余金（損益外利息費用累計額）	×××	資産除去債務	×××

(5) 不要財産

　独立行政法人が通則法第46条の2又は第46条の3の規定に基づいて行う不要財産の譲渡取引のうち，主務大臣が必要なものとして指定した譲渡取引については，当該譲渡取引により生じた譲渡差額を損益計算上の損益には計上せず，資本剰余金を減額又は増額する（独法会計基準99①）（下記の仕訳参照）。また，主務大臣が指定した譲渡取引に係る不要財産の国庫納付に要した費用のうち，主務大臣が国庫納付額から控除を認める費用については，損益計算上の費用には計上せず，資本剰余金を減額する（独法会計基準99②）。

　この場合，不要財産の譲渡取引のうち，主務大臣が必要なものとして指定

した譲渡取引により生じた譲渡差額，及び主務大臣が指定した譲渡取引に係る不要財産の国庫納付に要した費用のうち主務大臣が国庫納付額から控除を認める費用については，行政サービス実施コスト計算書に「損益外徐売却差額相当額」として表示する。

【資産の取得時（現物出資）】
(借) 建　物　×××　　　　　(貸) 資本金　×××

【資産の売却時】
(借) 現金及び預金　　　×××　　(貸) 建　物　　　　　　　×××
　　　建物減価償却累計額　×××　　　　資本剰余金（損益外減価　×××
　　　　　　　　　　　　　　　　　　　償却累計額）
　　　資本剰余金（損益外　×××
　　　徐売却差額相当額）

【国庫への納付時】
(借) 資本金　×××　　　　　(貸) 現金及び預金　　　　×××
　　　　　　　　　　　　　　　　　資本剰余金（減資差益）×××

(6) 減損

　損益外の会計処理を行うこととされた償却資産及び非償却資産において，独立行政法人が中期計画又は年度計画で想定した業務運営を行ったにもかかわらず生じた減損額については，損益計算上の費用には計上せず，資本剰余金を減額する（独法減損基準6 二）（下記の仕訳参照）。また，資産見返負債（資産見返運営費交付金，資産見返補助金等及び資産見返寄附金）を計上している固定資産において，独立行政法人が中期計画又は年度計画で想定した業務運営を行ったにもかかわらず生じた減損額については，損益計算上の費用には計上せず，資産見返負債を減額する（独法減損基準7 二）。

【減損の発生時】
(借) 資本剰余金（損益外　×××　　(貸) 建物減損損失　×××
　　　減損損失累計額）　　　　　　　　　累計額

6.3　費用収益相殺

　独法会計は独立行政法人が中期計画に沿って通常の業務運営を行った場合に，財源措置との関係において損益が均衡（零）するように制度設計されている。その仕組みの一つとして，独法会計基準は独立行政法人の独自判断だけでは意思決定が完結し得ない行為に起因する費用を収益科目により相殺する費用収益相殺を定めている。

(1) 運営費交付金（償却資産）

　独立行政法人が運営費交付金を受領した場合は，相当額を運営費交付金債務として整理する。運営費交付金により償却資産を取得したときは，取得に充てられた運営費交付金の金額を，運営費交付金債務から「資産見返運営費交付金」に振り替える。資産見返運営費交付金は毎事業年度，減価償却相当額を取り崩して，「資産見返運営費交付金戻入」として収益に振り替える（独法会計基準 81 ⑥）（下記の仕訳参照）。

　なお，運営費交付金により非償却資産を取得したときは，減価償却が行われないため，取得に充てられた運営費交付金の金額を，運営費交付金債務から資本剰余金に振り替える。

【運営費交付金の受領時】
(借)　現金及び預金　　　×××　　(貸)　運営費交付金債務　　×××
【償却資産の取得時】
(借)　建　物　　　　　　×××　　(貸)　現金及び預金　　　　×××
　　　運営費交付金債務　×××　　　　　資産見返運営費交付金　×××
【決算時】
(借)　減価償却費　　　　×××　　(貸)　建物減価償却累計額　×××
　　　資産見返運営費交付金　×××　　　資産見返運営費交付金戻入　×××

(2) 運営費交付金（棚卸資産）

　独立行政法人が運営費交付金を受領した場合は，相当額を運営費交付金債務として整理する。運営費交付金により棚卸資産を取得したときは，取得に充てられた運営費交付金の金額を，運営費交付金債務から資産見返運営費交付金に振り替える。資産見返運営費交付金は当該棚卸資産を費消した際に，当該費消した相当額を取り崩して，資産見返運営費交付金戻入として収益に振り替える（独法会計基準81⑥）（下記の仕訳参照）。

【運営費交付金の受領時】
（借）現金及び預金　　　×××　　（貸）運営費交付金債務　　×××
【棚卸資産の取得時】
（借）貯蔵品　　　　　　×××　　（貸）現金及び預金　　　　×××
　　　運営費交付金債務　×××　　　　　資産見返運営費交付金　×××
【棚卸資産の費消時】
（借）消耗品　　　　　　×××　　（貸）貯蔵品　　　　　　　×××
　　　資産見返運営費交付金　×××　　　　　資産見返運営費交付金戻入　×××

(3) 補助金等

　独立行政法人が補助金等の概算交付を受けた場合は，相当額を「預り補助金等」として整理する。補助金等により償却資産を取得したときは，取得に充てられた補助金等の金額を，預り補助金等から「資産見返補助金等」に振り替える。資産見返補助金等は毎事業年度，当該資産の減価償却額に取得価額に占める補助金等の割合を乗じて算定した額を取り崩して，「資産見返補助金等戻入」として収益に振り替える（独法会計基準83④）（下記の仕訳参照）。なお，補助金等により非償却資産を取得したときは，減価償却が行われないため，取得に充てられた補助金等の金額を，預り補助金等から資本剰余金に振り替える。

【補助金等の受領時】
（借）現金及び預金　×××　　　　（貸）預り補助金等　×××
【償却資産の取得時】
（借）建物　　　　　　×××　　　（貸）現金及び預金　　　×××
　　　預り補助金等　　×××　　　　　　資産見返補助金等　×××
【決算時】
（借）減価償却費　　　　×××　　（貸）建物減価償却累計額　×××
　　　資産見返補助金等　×××　　　　　資産見返補助金等戻入　×××

(4) 特定の費用

　独立行政法人の業務運営に要する費用のうち，その発生額を国が後年度において財源措置することとされている特定の費用が発生したときは，財源措置が予定される金額を，「財源措置予定額収益」の勘定科目により収益に計上するとともに，「未収財源措置予定額」の勘定科目により資産として計上する（独法会計基準84①）（下記の仕訳参照）。この特定の費用には，独立行政法人の貸付金に係る貸倒損失などがあり，国が後年度において財源措置することや，財源措置の範囲，時期，方法等が中期計画又は年度計画で明らかにされていなければならない。

【費用の発生時】
（借）貸倒損失　　　　　×××　　（貸）貸付金　　　　　　×××
【決算時】
（借）未収財源措置予定額　×××　（貸）財源措置予定額収益　×××

(5) 寄附金

　独立行政法人が寄附金を受領した場合は，相当額を「預り寄附金」として整理する。寄附金により償却資産を取得したときは，取得に充てられた寄附金の金額を，預り寄附金から「資産見返寄附金」に振り替える。資産見返寄附金は毎事業年度，減価償却相当額を取り崩して，「資産見返寄附金戻入」として収益に振り替える（独法会計基準85②）（下記の仕訳参照）。なお，

寄附金により非償却資産を取得したときは，減価償却が行われないため，取得に充てられた寄附金の金額を，預り寄附金から資本剰余金に振り替える。

【寄附金の受領時】
(借) 現金及び預金　×××　　　　　(貸) 預り寄附金　×××
【償却資産の取得時】
(借) 建物　　　　　×××　　　　　(貸) 現金及び預金　　×××
　　　預り寄附金　×××　　　　　　　　資産見返寄附金　×××
【決算時】
(借) 減価償却費　　　×××　　　　(貸) 建物減価償却累計額　×××
　　　資産見返寄附金　×××　　　　　　資産見返寄附金戻入　×××

第11章
独立行政法人の会計制度（2）

1 減損

　企業会計の減損会計は，収益性の低下等により投資額の回収が見込めなくなった固定資産の損失を将来に繰り延べないため，帳簿価額を回収可能価額まで減額する処理を行う。一方，独立行政法人は利益の獲得ではなく，公共上の事務事業を実施することを目的としているため，固定資産への投資額の回収可能性によって減損を認識する企業会計の目的をそのまま適用することは困難であることから，独法会計は企業会計の減損の考え方を一部修正している。

1.1 定義

　独法会計において減損処理の目的は，貸借対照表に計上される固定資産の過大な帳簿価額を適正な金額まで減額すること及び独立行政法人の業務運営状況を明らかにすることである。このような目的の下で，固定資産の減損とは，固定資産に現在期待されるサービス提供能力が当該資産の取得時に想定されたサービス提供能力と比べ著しく減少し，将来にわたりその回復が見込めない状態又は固定資産の将来の経済的便益が著しく減少した状態のことである（独法減損基準1②）。

　ここで，サービス提供能力とは，固定資産を使ってどのような業務が行え

るかではなく，固定資産についてどの程度の使用が想定されているか，つまり，固定資産をどの程度使用する予定であるかということである。また，経済的便益とは，市場価格が存在する固定資産において売却等によって得られる収入のことである。

1.2 減損の兆候

固定資産に減損が生じている可能性を示す事象（減損の兆候）がある場合には，当該資産について減損を認識するかどうかの判定を行う。減損の兆候とは，以下の事象のことである（独法減損基準3②）。

（ア）固定資産が使用されている業務の実績が，中期計画，中長期計画及び事業計画の想定に照らし，著しく低下しているか，或いは低下する見込みであること

（イ）固定資産が使用されている範囲又は方法について，当該資産の使用可能性を著しく低下させる変化が生じたか，或いは生ずる見込みであること

（ウ）固定資産が使用されている業務に関連して，業務運営の環境が著しく悪化したか，或いは悪化する見込みであること

（エ）固定資産の市場価格が著しく下落したこと

（オ）独立行政法人自らが，固定資産の全部又は一部につき，使用しないという決定を行ったこと

1.3 減損の認識

減損の兆候において以下に該当するときは，減損を認識する（独法減損基準4①）。

（ア）1.2の（ア），（イ）及び（ウ）に該当する場合であって，当該資産の全部又は一部の使用が想定されていないとき

（イ）1.2の（エ）に該当する場合であって，当該資産の市場価格の回復の見込みがあると認められないとき

（ウ）1.2の（オ）に該当する場合であって，使用しないという決定が当該決定を行った日の属する事業年度内における一定の日以後使用しないと

図表 11-1　正味売却価額と使用価値相当額

	定　　義	説　　明
正味売却価額	固定資産の時価－処分費用見込額	時価＝公正な評価額 ・公正な評価額とは，観察可能な市場価格のことで，相続税評価額（路線価），地価公示価格，基準地価格，建設工事費デフレータ，定価，カタログ価格等が該当する。
使用価値相当額	減価償却後再調達価額 （減価償却後再調達価額の算出が困難な場合） 当該資産の帳簿価額に，当該資産につき使用が想定されていない部分以外の部分の割合を乗じて算出した価額	減価償却後再調達価額＝取得価格－減価償却累計額 ・取得価格とは，固定資産の全部又は一部につき使用が想定されていない部分以外の部分が有するサービス提供能力と同じサービス提供能力を有する資産を新たに取得した場合に見込まれる取得価格のことである。 ・減価償却累計額とは，当該資産を減損が認識された資産の使用期間と同じ期間使用した場合に計上される減価償却の額のことである。

（出典）固定資産の減損に係る独立行政法人会計基準等より筆者作成

いう決定であるとき

1.4　減損額の測定

　減損が認識された固定資産について，帳簿価額が回収可能サービス価額を上回るときは，帳簿価額を回収可能サービス価額まで減額する（独法減損基準5）。回収可能サービス価額とは，当該資産の正味売却価額と使用価値相当額のいずれか高い額のことである（図表11-1参照）。

1.5　減損額の会計処理
(1) 資産見返負債を計上していない固定資産

　損益外の会計処理を行うこととされた償却資産及び非償却資産において，独立行政法人が中期計画等で想定した業務運営を行わなかったことにより生じた減損額については，「減損損失」の勘定科目により当期の臨時損失として計上する。損益外の会計処理を行うこととされた償却資産及び非償却資産において，独立行政法人が中期計画等で想定した業務運営を行ったにもかか

わらず生じた減損額については，損益計算上の費用には計上せず，「損益外減損損失累計額」の勘定科目により資本剰余金の控除項目として計上する。損益外の会計処理を行うこととされた償却資産以外の償却資産において生じた減損額については，減損損失の勘定科目により当期の臨時損失として計上する（独法減損基準6一二三）。

(2) 資産見返負債を計上している固定資産

資産見返負債を計上している固定資産において，独立行政法人が中期計画等で想定した業務運営を行わなかったことにより生じた減損額については，減損損失の勘定科目により当期の臨時損失として計上するとともに，資産見返負債を利益剰余金（積立金）に振り替える。独立行政法人が中期計画等で想定した業務運営を行ったにもかかわらず生じた減損額については，損益計算上の費用には計上せず，資産見返負債を減額する（独法減損基準7一二）。

2　行政サービス実施コスト計算書

行政サービス実施コスト計算書は独法会計に固有の計算書で，企業会計では対応するものがない。独法会計は，損益計算書には当該事業年度に属する独立行政法人のすべての費用とこれに対応するすべての収益を記載することになっているが，実際には，政策の企画立案主体としての国との関係において，独立行政法人の独自判断だけでは意思決定が完結し得ない行為に起因する費用を損益外費用として取扱い，損益計算には含めない。

このため，損益計算上の損益が必ずしも当該事業年度の国民負担とは一致しないことから，国民への説明責任を果たすため，当該事業年度の国民負担に関する会計情報を別途表示することとされた。行政サービス実施コスト計算書は次のコストを計上し，ボトムラインにおいて当該事業年度の国民負担となる行政サービス実施コストを表示している（独法会計基準24）。

(ア)　損益計算書上の費用から運営費交付金及び国又は地方公共団体からの補助金等に基づく収益以外の収益（自己収入）を控除した金額（業務費用）

(イ)　特定償却資産の損益外減価償却相当額

（ウ）損益外の会計処理を行うこととされた償却資産及び非償却資産において，独立行政法人が中期計画等で想定した業務運営を行ったにもかかわらず生じた損益外減損損失相当額
（エ）有形固定資産に係る資産除去債務に対応する除去費用等のうち，当該費用に対応すべき収益の獲得が予定されていないものとして特定された除去費用等に係る損益外減価償却相当額及び損益外利息費用相当額
（オ）特定償却資産を除却した場合，特定償却資産の取得価額のうち，除却時までに損益外減価償却相当額及び損益外減損損失相当額として計上していない金額（損益外徐売却差額相当額）
（カ）不要財産の譲渡取引のうち，主務大臣が必要なものとして指定した譲渡取引により生じた譲渡差額，及び主務大臣が指定した譲渡取引に係る不要財産の国庫納付に要した費用のうち，主務大臣が国庫納付額から控除を認める費用（損益外徐売却差額相当額）
（キ）引当金を計上しないこととされた引当外賞与見積額
（ク）引当金を計上しないこととされた引当外退職給付増加見積額
（ケ）国又は地方公共団体の資産を利用することから生ずる機会費用

　上記のうち，（ケ）の機会費用には政府出資等から生ずるものも含まれている。この機会費用は資本金のうち政府出資金等の合計額に，運営費交付金，補助金等及び寄付金の会計処理で資本剰余金に計上された金額を加算し，損益外減価償却累計額，損益外減損損失累計額及び損益外利息費用累計額を控除した政府出資金等の純額に，国債の利回り等の一定の利率を乗じて算定している。このように行政サービス実施コスト計算書は，損益外費用だけではなく，企業会計が認識しない費用も計上している。

3　独法会計の課題

　独立行政法人制度は予算統制等の国の事前関与を極力排除する一方で，発生主義会計による財務報告や業績評価による目標管理を導入するなど，新公共経営（NPM）の考え方を採用した。行政活動には，市場原理が働かないことから，サービスが国民のニーズに適合しなかったり，効率的に提供され

なかったりすることもあるため，NPM の考え方を採用した独立行政法人が政策実施機関となることにより，国民のニーズに即応したサービスを効率的かつ効果的に提供することが期待されていた。

このような期待にもかかわらず，独立行政法人は不要な事務事業を継続したり，不要な資産を保有したりするなど，非効率的な業務運営を温存する傾向にあることが指摘されるようになった。このため，第一次安倍内閣以降，独立行政法人制度の見直しが幾度か行われたが，最終的に，制度全般の改革を行うため，独立行政法人通則法の一部を改正する法律（以下「改正通則法」という。）が平成 26 年 6 月に制定され，27 年 4 月から施行されている。

独立行政法人制度は改革を迫られたが，その中には，独法会計の運用面だけではなく，制度設計そのものに起因するものも含まれている。以下では，中期目標管理法人に例をとって，公会計の目的に沿いながら独法会計の課題について整理してみたい。

4　民主的な財政統制

4.1　運営費交付金
(1) 算定の方法
　独立行政法人は中期計画において運営費交付金の算定ルールを定め，これに基づいて目標期間中の毎事業年度の運営費交付金を算定している。運営費交付金の具体的な算定方法は，独立行政法人により異なるが，代表的な例では，「運営費交付金＝人件費＋一般管理費＋業務経費±特殊要因－自己収入」となっている。独立行政法人は前事業年度の実績額を基礎として，これに効率化係数等の一定の率を乗じて，運営費交付金を算定している（図表 11-2 参照）。

　従って，運営費交付金の算定に当たり控除した利息収入，運用収入等の自己収入において当該事業年度の実績額が前事業年度の見積額を上回ると，運営費交付金が過大になり，余裕金が法人内に滞留する。また，事務所及び職員宿舎の借上げ時に運営費交付金を財源に敷金・保証金を差し入れた場合，解約時に返還される返戻金は，自己収入として収益には計上されないため，

図表 11-2　運営費交付金の算定ルールの例

運営費交付金	＝人件費＋一般管理費＋業務経費±特殊要因－自己収入
人件費	＝前事業年度人件費×人件費調整係数×人件費の効率化係数＋退職手当等
一般管理費	＝前事業年度一般管理費×一般管理費の効率化係数×一般管理費の政策係数×消費者物価指数
業務経費	＝前事業年度業務経費×業務経費の効率化係数×業務経費の政策係数×消費者物価指数
自己収入	＝前事業年度自己収入見積額×収入政策係数×収入調整係数
(説明)	
特殊要因	：特定の事業年度に一時的に発生する資金の増減
人件費調整係数	：給与昇給率等を勘案し，各事業年度の予算編成過程において決定する値
効率化係数	：中期目標及び中期計画に記載されている業務運営の効率化に関する事項等を踏まえ，各事業年度の予算編成過程において決定する値
政策係数	：事業の進捗及び政策的に必要となる経費等を総合的に勘案し，各事業年度の予算編成過程において決定する値
収入政策係数	：過去の実績を勘案し，各事業年度の予算編成過程において決定する値
収入調整係数	：過去の実績における自己収入に対する収益の割合を勘案し，各事業年度の予算編成過程において決定する値

(出典) 会計検査院 (2011a) 表 3 (9 頁) に加筆修正

余裕金が法人内に滞留する。

　このような事態として，独立行政法人科学技術振興機構の事例が挙げられる。同機構は設立の際，前身の科学技術振興事業団が差し入れた敷金・保証金を政府出資見合いの資産として継承し，また，設立後に新たに借り上げた事務所及び宿舎に係る敷金・保証金の差し入れに運営費交付金を充てていた。その後，同機構は集約化を図るために事務所を廃止したり，職員の退去に伴い貸与していた宿舎を解約したりしたため，15 年 10 月から 24 年 3 月までに，これらの事務所及び宿舎に係る敷金・保証金の返戻金として計 3 億 1961 万円を受け取っていたが，国庫に納付していなかった（会計検査院（2012c）818-820 頁）。

(2) 収益化の方法

　運営費交付金債務を収益化する際の基準として，①業務達成基準，②期間進行基準，③費用進行基準が示されている。このうち，業務達成基準は業務の達成度に応じて財源として予定されている運営費交付金債務の収益化を行うため，業務の達成度が 100％となれば運営費交付金債務の全額が収益化されるが，計画の縮小・中止により生じた不用額は，中期目標期間中，運営費

交付金債務のまま残る。また，費用進行基準は業務のための支出額を限度として財源として予定されている運営費交付金債務の収益化を行うため，交付された運営費交付金の額と実際の支出額の差額が運営費交付金債務として計上される。

このため，①運営費交付金を計画より効率的に使用した結果生じた節減額に相当する額，②予定していた業務が計画通りに進捗せずに翌事業年度に繰り越した額，③計画の縮小・中止により生じた不用額等の支出しなかった額は，中期目標期間中，運営費交付金債務のまま残る。

従って，期間進行基準以外の基準が採用されると，計画の縮小・中止により生じた不用額等が運営費交付金債務のまま中期目標期間の最終事業年度まで残り，余裕金が法人内に滞留するため，国全体からみた場合，財源が有効に活用されないことになる。

このような事態として，19年度から21年度までの間に中期目標期間が終了した独立行政法人35法人についてみると，中期目標期間の最終事業年度の期末処理において収益化された運営費交付金債務は計1115億3236万円となっていた（会計検査院（2011a）22頁）。

(3) 最終事業年度の期末処理

独立行政法人は毎事業年度，損益計算において利益を生じた場合は，前事業年度から繰り越した損失を埋め，なお残余があるときは，その残余の額を積立金として整理するとされている（通則法44①）。

運営費交付金債務は中期目標期間の最終事業年度の期末処理において収益化され，前事業年度からの繰越欠損金の処理に充当されたり，積立金として整理されたりする。中期目標期間の最終年度末における積立金の処分については，主務大臣の承認を得て次の中期目標期間における業務の財源に充てることができるとされた額を控除して，なお残余がある場合は，その残余の額を国庫に納付するとされている。

従って，運営費交付金債務の残高を上回る繰越欠損金があるときは，運営費交付金の使用残額は国庫に納付されることなく次期中期目標期間に繰り越され，余裕金が法人内に滞留するため，国全体からみた場合，財源が有効に活用されないことになる。

このような事態として，独立行政法人労働者健康福祉機構の事例が挙げられる。同機構は第1期中期目標期間の最終事業年度である 20 年度の期末処理において，本部等勘定で運営費交付金債務 15 億 7238 万円の収益化を行った結果，当期総利益を 15 億 7718 万円計上したが，病院勘定で当期総損失が 42 億 7963 万円生じたため，機構全体で当期総損失を 27 億 245 万円，繰越欠損金を 314 億 4125 万円計上した。この結果，同機構は本部等勘定における運営費交付金債務の収益化額のうち，現金の裏付けのある資金等 15 億 8867 万円を国庫に納付していなかった（会計検査院（2011b）760-762 頁）。

4.2 政府出資
(1) 資産売却益
　独立行政法人は国からの出資に係る不要財産を国庫に納付する場合，通則法第 46 条の 2 第 1 項に基づいて現物納付する方法と同条第 2 項に基づいて当該資産の譲渡収入を国庫に納付する方法がある。前者の方法は，出資金相当額の土地，資金等をそのまま国庫に納付する。一方，後者の方法は，譲渡後に出資金相当額の範囲内で国庫納付金を算定し，さらに，収入金額が当該資産の取得価額を上回り資産売却益が生じた場合は，これを含めて国庫に納付する。

　従って，通則法第 46 条の 2 第 2 項を適用すべきであるにもかかわらず，同条第 1 項を適用すると，資産売却益が国庫に納付されることなく中期目標期間の最終事業年度まで残り，余裕金が法人内に滞留するため，国全体からみた場合，財源が有効に活用されないことになる。

　このような事態として，独立行政法人情報処理推進機構の事例が挙げられる。同機構は不要財産として認定した信用基金の国庫納付に当たり，資産の一部を債券で保有していたことから，国庫納付するための資金を得るため，23 年 2 月に債券を売却し，売却益 9622 万円を含む 65 億 3711 万円の譲渡収入を得た。その後，同機構は譲渡収入により得た取得価格相当額の資金に加え，現金預金として保有していた手元資金を合わせた 90 億 5188 万円のみを通則法第 46 条の 2 第 1 項に基づき，国庫に納付していた。この結果，同機構は同法第 46 条の 2 第 3 項が適用されないため，資産売却益 9622 万円を国

庫に納付していなかった（会計検査院（2012b）68 頁）。

(2) 資産減損損失・資産売却損

　独立行政法人は固定資産に減損が生じている可能性を示す事象がある場合，当該資産について減損を認識するかどうかの判定を行う。この場合，当該資産が使用されている業務の実績が，中期計画又は年度計画の想定に照らして著しく低下し，当該資産の全部又は一部の使用が想定されていないなどのときは，損益計算においてキャッシュ・フローを伴わない費用として資産減損損失を計上する。

　また，独立行政法人は国からの出資に係る不要財産を国庫に納付する場合，通則法第 46 条の 2 第 2 項に基づいて当該資産の譲渡収入を国庫納付する方法を選択することができる。この場合，売却による収入金額が当該資産の取得価額を下回るときは，損益計算においてキャッシュ・フローを伴わない費用として資産売却損を計上する。このような場合，損益計算において資産減損損失・資産売却損と同額で現金の裏付けのある収益が相殺されるため，この収益に相当する額は，利益処分において積立金として整理されない。

　従って，積立金として整理されなかった資金は，国庫に納付されることなく中期目標期間の最終事業年度のみならず，次期中期目標期間にまで繰り越され，余裕金が法人内に滞留するため，国全体からみた場合，財源が有効に活用されないことになる。

　このような事態として，独立行政法人日本貿易振興機構の事例が挙げられる。同機構は 19 年 7 月及び 20 年 12 月に 3 箇所の FAZ 支援センターを売却したが，これらの資産に関して，18 年度から 20 年度までの損益計算書に資産減損損失及び資産売却損を計 8 億 611 万円計上していた。これらの資産減損損失等は，いずれもキャッシュ・フローを伴わない費用として計上されるため，各事業年度の損益計算においてこれと同額で現金の裏付けのある収益が相殺され，この収益に相当する額は，利益処分において積立金として整理されなかった。この結果，同機構は積立金として整理されなかった 8 億 611 万円を国庫に納付していなかった（会計検査院（2012c）851-853 頁）。

5 説明責任の履行

5.1 損益計算書

　独立行政法人はその運営状況を明らかにするため，損益計算書において一会計期間に属する独立行政法人のすべての費用とこれに対応するすべての収益を記載して当期純利益を表示するとされている。また，損益計算書は通則法第44条にいう利益又は損失を確定するため，当期純利益に必要な項目を加減して当期総利益を表示するとされている（独法会計基準45①②）。

　注解及びQ&Aは，運営費交付金債務を収益化する際の基準として，①業務達成基準，②期間進行基準，③費用進行基準を示している。大部分の独立行政法人は，運営費交付金から生じた利益については，経営努力により生じた額とは認定されないため，技術的に簡便な費用進行基準を採用している。費用進行基準は通常，費用と同額の収益を計上するため，損益は零となり，経費節減努力は損益計算には反映されない。また，費用進行基準は自己収入が生じた場合でも，自己収入の全額を費用に充てたことにする会計処理を行うと自己収入からも利益が計上されず，その他の処理方法であれば収益化される額が運営費交付金債務のまま残る。この結果，自己収入拡大の努力は損益計算には反映されず，運営費交付金債務も他の収益化基準を採用した場合に比べ多く計上されたままになる。

　従って，運営費交付金債務の収益化基準として費用進行基準を採用した場合，損益計算において経営努力は反映されなくなるため，損益計算書には業績の評価に資する会計情報は表示されず，当該法人の運営状況に関する説明責任を履行できないことになる。

　なお，改正通則法の施行後，運営費交付金債務を収益化する際の基準については，原則として業務達成基準を採用することとされている。

5.2 貸借対照表

　独立行政法人はその財政状態を明らかにするため，貸借対照表において貸借対照表日における当該法人のすべての資産，負債及び純資産を記載し，国民その他の利害関係者に正しく表示するとされている（独法会計基準第

44)。このうち，純資産の一部である利益剰余金については，独立行政法人の業務に関連し発生した剰余金であって，稼得資本に相当するため，利益剰余金が表示されている場合には将来の財源が稼得され，逆に繰越欠損金が表示されている場合には将来世代の負担が生じていることになる。

しかし，独法会計基準は損益外費用を損益計算上の費用に計上しないため，貸借対照表において利益剰余金が表示されていても，将来世代の負担が生じないわけではない。逆に，繰越欠損金が表示されている場合は，将来世代の負担はこれに止まらない。なぜなら，将来世代の負担となる損益外費用のうち，損益外減価償却累計額等については，貸借対照表の資本剰余金の区分に表示し，引当外退職給付引当金見積額等については，注記事項に表示するからである。

また，独立行政法人の業務運営に要する費用のうち，その発生額を後年度において財源措置することとされている特定の費用（例えば貸倒損失）が発生した場合は，財源措置が予定される金額を，財源措置予定額収益の科目により収益に計上するとともに，未収財源措置予定額（資産科目）に計上するからである（図表10-3参照）。各独立行政法人の財務諸表によると，将来世代の負担は25年度末現在で3兆9338億円となっているが，このうち，繰越

図表11-3　将来世代の負担内訳（平成25年度末現在）

（金額単位：百万円）

	勘定科目			金額（割合）	該当法人数
貸借対照表	資産の部	未収財源措置予定額		532,771（13.5%）	4法人
	純資産の部	資本剰余金	損益外減価償却累計額	1,838,925（46.7%）	80法人
			損益外減損損失累計額	45,050（1.1%）	68法人
			損益外利息費用累計額	1,696（0.0%）	24法人
			損益外固定資産除売却差額	4,890（0.1%）	7法人
		繰越欠損金		719,664（18.3%）	19法人
注記事項		引当外賞与見積額		26,602（0.7%）	76法人
		引当外退職給付引当金見積額		764,214（19.4%）	83法人
		計		3,933,811（100%）	

（注）平成26年1月1日現在の独立行政法人（100法人）のうち，解散した2法人を除く98法人を対象とした。
（出典）各独立行政法人の平成25年度財務諸表より筆者作成

欠損金は7196億円（18.3％）で，残りは他の勘定科目に表示されている（図表11-3参照）。

　従って，貸借対照表において将来世代の負担に関する会計情報は，多元的に提供され，繰越欠損金に一元化されないため，貸借対照表には，将来世代の負担に関する会計情報は明瞭には表示されず，当該法人の財政状態に関する説明責任を十分に履行できないことになる。

5.3　セグメント情報

　独立行政法人は附属明細書においてセグメント情報として，セグメント別に主要な資産項目，主要な事業費用及び主要な事業収益の内訳を開示するとされている（独法会計基準43①②）。独法会計基準はセグメントの区分について，特に定めていないため，必ずしも中期目標で示された事務事業別にはなっていない。また，計数については，損益計算書の収益・費用と損益外費用が別々に計上され，セグメント別のフルコストは表示されていない。

　従って，中期目標で示された事務事業別のフルコストが表示されないため，セグメント情報には，中期目標を達成するために実施した事務事業に関する会計情報は表示されず，中期目標を達成するために要した国民負担に関する説明責任を履行できないことになる。

　このような事態として，独立行政法人日本原子力研究開発機構の事例が挙げられる。同機構は高速増殖炉の研究開発を行うため，昭和43年9月に高速増殖原型炉「もんじゅ」の予備設計を開始し，平成3年5月に炉の据付けを完了した。同機構はセグメント情報として，業務区分別に事業費用，事業収益，総資産及び損益外費用を開示している。区分された業務の中に「高速増殖炉サイクル技術の確立に向けた研究開発」があり，この区分に「もんじゅ」の研究開発も含まれている。同機構は22年度までに「もんじゅ」の研究開発に要した総事業費を9265億円と公表していたが，この額は各事業年度の予算額の合計であるため，実際の支出額を集計したり，計上されていなかった昭和54年度以前の建設費，機構職員の人件費，固定資産税等を加えたりすると，総事業費は公表額を714億8358万円上回っていた（会計検査院(2012c) 909-917頁）。

なお，改正通則法の施行後，セグメント情報は独立行政法人の中期目標等における事業別に，事業収益，事業損益，総損益，行政サービス実施コスト及び当該セグメントに属する総資産額を開示することとされている。

6 財政活動の効率化

6.1 業務運営の効率化目標

独立行政法人は主務大臣が中期目標の「業務運営の効率化に関する事項」で定めた効率化目標に基づき，具体策を中期計画及び年度計画で定め，事業年度終了後は当該事業年度の実績を，また，中期目標期間の終了後は中期目標期間の実績を，それぞれ事業報告書で報告している。中期目標では，業務運営において効率化が図られたかどうかを評価する業績指標として，一般管理費，業務経費（事業費），総人件費等が用いられている。

26年1月1日現在の独立行政法人100法人のうち96法人では，25年度を目標期間に含む中期目標でこれらの業績指標を用いて定量的な効率化目標が定められていた。この96法人のうち，94法人では一般管理費を用いて効率化目標が定められていたが，その実績値について87法人（92.6％）は予算額・決算額（現金主義会計情報）で報告し，7法人（7.4％）は損益計算上の費用（発生主義会計情報）で報告していた。また，業務経費（事業費）及び総人件費についても，その実績値について予算額・決算額で報告する傾向が見受

図表11-4　独立行政法人の効率化目標　　　　（単位：法人）

業績指標＼実績値	予算額・決算額（現金主義会計情報）	損益計算上の費用（発生主義会計情報）	計
一般管理費	87	7	94
業務経費（事業費）	78	5	83
総人件費	21	0	21
その他	3	0	3
計	189	12	201

（注1）平成26年1月1日現在の独立行政法人（100法人）のうち，解散した2法人を除く98法人を対象とした。
（注2）目標期間は平成25年度を含む中期目標期間で，独立行政法人により異なる。
（出典）各独立行政法人の中期目標，平成25年度事業報告書等より筆者作成

けられる（図表 11-4 参照）。予算額・決算額で報告した場合には，減価償却費，引当金等のコストは含まれない。また，損益計算上の費用で報告した場合には，損益外費用は含まれない。

　従って，業務運営の効率化に関する目標管理において，予算額・決算額を用いている場合には，減価償却費，引当金等の発生主義で認識されるコストが効率化の対象になっておらず，また，損益計算上の費用を用いている場合には，発生主義で認識されるコストの一部しか効率化の対象にならないため，コスト削減に向けた取組みが十分に行われないことになる。

6.2　政府出資の機会費用

　独立行政法人は独立行政法人整理合理化計画（平成 19 年 12 月閣議決定）等により，保有する合理的理由が認められない土地，建物等の資産について国に現物納付したり，譲渡収入を納付したりすることとされている。

　この不要財産の国庫納付は，22 年の通則法の改正により導入されており，22，23 両年度で計 9730 億円の国庫納付が行われた。独立行政法人は 23 年度末現在で計 27 兆 1296 億円の土地及び建物を保有しているが，依然として事業用の土地及び建物，宿舎の跡地等が有効に利用されていない事態が見受けられる。行政サービス実施コスト計算書は政府出資の機会費用（資本コスト）を算定しているが，中期目標の「業務運営の効率化に関する事項」では，資本コストを含めた効率化目標が設定されていないため，独立行政法人には，保有資産の見直しに取り組もうとするインセンティブが生じていない。

　従って，独立行政法人は資本コストを算定しているにもかかわらず，業務運営の効率化に関する目標管理において，資本コストを用いた効率化目標が設定されていないため，不要財産の国庫納付に向けた取組みが十分に行われないことになる。

　このような事態として，独立行政法人日本高速道路保有・債務返済機構の事例が挙げられる。同機構は日本道路公団等から承継した高速道路に係る固定資産を保有し，これらを東日本道路株式会社等の道路会社に貸し付けている。このうち，高速道路区域内の事業用地において，サービスエリア等の施設を整備するために取得した用地や，用途を廃止した高速道路本線及びサー

ビスエリア等の施設の用地について具体的な整備予定がなかったため，25年7月末現在で3年以上にわたり有効に利用されていない用地が計59件，資産価額計190億3030万円見受けられた（会計検査院（2013）788-793頁）。

6.3 単位当たりコスト

　独立行政法人が財政活動の効率化を図るためには，提供したサービスの効率性や費用対効果に関する会計情報を把握する必要がある。ここで，効率性とはアウトプット業績指標の1単位当たりコスト，費用対効果とはアウトカム業績指標の1単位当たりコストのことである。

　これらの会計情報が把握できれば，独立行政法人が複数のサービスを提供している場合には，効率性の高い，或いは費用対効果の高いサービスにより多くの資源を配分することができる。また，単一の行政サービスを提供している場合でも，ベンチマーキングの手法を採用すれば，単位当たりコストを組織内で比較したり，類似のサービスを提供している他の独立行政法人，地方公共団体等と比較したりすることにより，サービスの提供方法を改善することができる。しかし，独立行政法人の業績評価では，事務事業別にアウトプット業績指標及びアウトカム業績指標が必ずしも設定されておらず，また，損益外費用を含めたフルコストは集計されていない。

　従って，独立行政法人はアウトプット業績指標の1単位当たりコストを算定したり，アウトカム業績指標の1単位当たりコストを算定したりしていないため，財政活動の効率化に必要な会計情報を提供できないことになる。

7　目的積立金

　独立行政法人制度は独立行政法人に自律性及び自発性を発揮させ，効率的な業務運営を行おうとするインセンティブを財務面から与えるため，目的積立金を導入している。独立行政法人は中期計画であらかじめ定めた剰余金の使途に沿った費用が発生したときは，目的積立金を取り崩せるため，目的積立金を裁量的に処分することができる。独立行政法人は損益計算において生じた利益のうち，目的積立金として整理しようとする額については，主務大

臣の承認を受けることとされ，その額については，次のような条件を満たすこととされている（独法会計基準74参考）。

（ア） 運営費交付金及び国又は地方公共団体からの補助金等に基づく収益以外の収益から生じた利益であって，当該利益が独立行政法人の経営努力によるものであること

（イ） 費用が減少したことによって生じた利益であって，当該利益が独立行政法人の経営努力によるものであること（中期計画及び年度計画の記載内容に照らして本来行うべき業務を行わなかったために費用が減少した場合を除く。）

（ウ） その他独立行政法人において経営努力によることを立証した利益であること

　独立行政法人制度は損益計算において生じた利益のうち経営努力により生じたとされる額を目的積立金として積み立てるため，独法会計は独立行政法人が中期計画に沿って通常の業務運営を行った場合に，財源措置との関係において損益が均衡するように損益計算の仕組みを構築している。

　このため，独法会計基準は政策の企画立案主体としての国との関係において，独立行政法人の独自判断では意思決定が完結し得ない行為に起因する収支に関して，損益外費用や費用収益相殺の会計処理を定めている。

　しかし，目的積立金積立率（損益計算上の総利益を計上した法人の総利益の合計額に対する目的積立金積立額の合計額の割合）をみると1％にも満たず，目的積立金は事実上機能していない状況になっている（図表11-5参照）。

図表11-5　目的積立金の積立状況

（金額単位：百万円）

年　度	20	21	22	23	24
①当期総利益	915,582	10,282,119	917,534	3,437,128	13,876,054
（該当法人数）	(77法人)	(78法人)	(82法人)	(85法人)	(93法人)
②目的積立金積立額	320	25,829	145	744	693
（該当法人数）	(6法人)	(5法人)	(2法人)	(3法人)	(4法人)
②／①目的積立金積立率	0.03％	0.25％	0.02％	0.02％	0.00％
（全独立行政法人数）	(100法人)	(99法人)	(104法人)	(104法人)	(102法人)

（出典）独立行政法人評価年報より筆者作成

従って，損益外費用及び費用収益相殺の会計処理は，事実上機能していない目的積立金のために設けられていることになる。

8　損益の均衡

　独法会計は制度設計において原則として企業会計原則を適用するが，独立行政法人が中期計画に沿って通常の業務運営を行った場合に，損益の均衡（零）が図られるように構築する必要があるとされた（独立行政法人会計基準研究会（1999）3頁）。

　中期計画では，予算（現金主義ベース），収支計画（発生主義ベース）及び資金計画（現金主義ベース）が策定され，独立行政法人の業務運営に必要な資金しか財源措置されないため，計画通りに業務運営を行えば，中期目標期間終了時において予算収支，損益，資金収支はそれぞれ零になり，余裕金は法人内に生じないことになる。

　つまり，制度設計では，減価償却費，引当金等のキャッシュ・フローを伴わない費用については，これに対応する収益相当の資金を法人内に留保させないため，損益に影響を及ぼさないような仕組みを構築する必要があるとされたのである。

　財政統制の制度設計では，余裕金が法人内に生じないように腐心したにもかかわらず，運営費交付金債務の収益化基準として費用進行基準を採用したり，資産売却損，減損損失等のキャッシュ・フローを伴わない費用が発生したりしているため，余裕金が法人内に滞留することとなった。

　また，発生主義を導入した場合，損益と資金収支は当然に乖離するにもかかわらず，両者を一致させるために設けられたのが損益外費用及び費用収益相殺の会計処理であった。この結果，損益計算書は当該事業年度の国民負担に関する会計情報を提供できず，貸借対照表は将来世代の負担に関する会計情報を明瞭には提供できないこととなった。

　さらに，業績評価では，事務事業別にアウトプット業績指標及びアウトカム業績指標が必ずしも設定されていない上に，損益外費用を含めたフルコストが集計されないため，コスト情報に基づいた効率的な資源配分が行えない

こととなった。

　公会計に発生主義会計を導入するメリットは，減価償却費，引当金等のキャッシュ・フローを伴わない費用も含めた国民負担に関する会計情報を提供できることである。現行の独法会計は，損益と資金収支が一致するように制度設計されているため，限りなく現金主義会計に近く，発生主義会計のメリットをもたらさない状況となっている。改正通則法の施行に伴い独法会計基準等が改訂されたが，抜本的な見直しは行われていない。

第12章
国際公会計基準（IPSAS）

1 IPSASB

　国際公会計基準審議会（International Public Sector Accounting Standards Board：IPSASB）は国際会計士連盟（International Federation of Accountants：IFAC）の理事会が設立した独立の基準設定主体である。IPSASBは公的主体の財務管理と意思決定のためのより良い情報を提供することにより，公的主体の財務報告の品質及び透明性を向上させるため，世界中の公的主体が一般目的財務報告を作成するに際に利用する高品質の会計基準その他の発行物を開発している。

　これらの発行物には，①国際公会計基準（International Public Sector Accounting Standards：IPSAS），②推奨実務ガイドライン（Recommended Practice Guideline：RPG），③研究報告書（Study）等がある。IPSASBの委員は，IFAC指名委員会の推薦に基づいてIFAC理事会により任命され，任期が3年で，2期連続，最大6年まで再任可能となっている。委員は18名で，このうち15名はIFAC加盟団体から任命され，残りの3名は公益代表となっている。

2　概念 FW

　IPSASB は 2011 年 10 月までに財務報告の作成に必要なトピックに関する IPSAS の開発をほぼ終えていたが，2014 年 10 月に公的主体の一般目的財務報告に係る概念フレームワーク（The Conceptual Framework for General Purpose Financial Reporting by Public Sector Entities）（以下「概念 FW」という。）を公表した。

　概念 FW は，発生主義会計を採用する公的主体が作成する一般目的財務報告を支える概念を確立している。このため，IPSASB は今後，公的主体が一般目的財務報告を作成する際に適用する IPSAS 及び RPG を開発又は改訂する場合，概念 FW を用いることになる。

　概念 FW は第 1 章「概念 FW の役割及び権威」，第 2 章「一般目的財務報告の目的及び利用者」，第 3 章「質的特性」，第 4 章「報告主体」，第 5 章「財務諸表の構成要素」，第 6 章「財務諸表における認識」，第 7 章「財務諸表における資産及び負債の測定」及び第 8 章「一般目的財務報告における表示」で構成されている。

　公的主体の主な目的は，利益を獲得したり，投資家の持分に対し見返りを与えたりすることではなく，市民にサービスを提供することである。このような公的主体の業績については，財政状態，財務業績及びキャッシュ・フローだけでは，部分的な評価しかできないため，概念 FW は一般目的財務報告の中に財務諸表及び財務諸表を拡張・補足・補完する財務的及び非財務的な情報も含めている。

　このため，概念 FW を構成する 8 章のうち，第 1 章，第 2 章，第 3 章，第 4 章及び第 8 章は，一般目的財務報告に含まれるすべての事項に適用される概念を取り扱い，残りの第 5 章，第 6 章及び第 7 章は，財務諸表に適用される概念のみを取り扱っている。

3　IPSAS

　IPSAS は一般目的財務報告に反映される取引及び事象に係る認識，測定，

図表 12-1　IPSASB の発行物

IPSAS	名　　　　称	発行年月	関連 IAS/IFRS
IPSAS 1	財務諸表の表示	2006.12（改定）	IAS 1
IPSAS 2	キャッシュ・フロー計算書	2000. 5	IAS 7
IPSAS 3	会計方針，会計上の見積りの変更及び誤謬	2006.12（改定）	IAS 8
IPSAS 4	外国為替レート変動の影響	2008. 4（改定）	IAS 21
IPSAS 5	借入コスト	2000. 5	IAS 23
IPSAS 6	連結財務諸表と個別財務諸表	廃止	
IPSAS 7	関連法人への投資	廃止	
IPSAS 8	合弁事業に対する持分	廃止	
IPSAS 9	交換取引からの収益	2001. 7	IAS 18
IPSAS 10	超インフレ経済化における財務報告	2001. 7	IAS 29
IPSAS 11	工事契約	2001. 7	IAS 11
IPSAS 12	棚卸資産	2006.12（改定）	IAS 2
IPSAS 13	リース	2006.12（改定）	IAS 17
IPSAS 14	後発事象	2006.12（改定）	IAS 10
IPSAS 15	金融商品：開示及び表示	廃止	
IPSAS 16	投資不動産	2006.12（改定）	IAS 40
IPSAS 17	有形固定資産	2006.12（改定）	IAS 16
IPSAS 18	セグメント別報告	2002. 6	IAS 14
IPSAS 19	引当金，偶発債務及び偶発資産	2002.10	IAS 37
IPSAS 20	関連当事者についての開示	2002.10	IAS 24
IPSAS 21	非資金生成資産の減損	2004.12	IAS 36
IPSAS 22	一般政府部門の財務情報の開示	2006.12	該当無し
IPSAS 23	非交換取引からの収益（租税及び移転）	2006.12	該当無し
IPSAS 24	財務諸表における予算情報の表示	2006.12	該当無し
IPSAS 25	従業員給付	2008. 2	IAS 19
IPSAS 26	資金生成資産の減損	2008. 2	IAS 36
IPSAS 27	農業	2009.12	IAS 41
IPSAS 28	金融商品：表示	2010. 1	IAS 32
IPSAS 29	金融商品：認識と測定	2010. 1	IAS 39
IPSAS 30	金融商品：開示	2010. 1	IFRS 7
IPSAS 31	無形資産	2010. 1	IAS 38
IPSAS 32	サービス移譲契約：譲与者	2011.10	IFRIC 12
IPSAS 33	発生主義 IPSAS の初度適用	2015. 1	該当無し
IPSAS 34	個別財務諸表	2015. 1	IAS 27
IPSAS 35	連結財務諸表	2015. 1	IFRS 10

IPSAS 36	関連法人と合弁事業への投資	2015.1	IAS 28
IPSAS 37	共同支配の取決め	2015.1	IFRS 11
IPSAS 38	他の企業への関与の開示	2015.1	IFRS 12
現金主義IPSAS	現金主義会計の下での財務報告	2003.2	
RPG 1	公的主体における財政の長期的持続可能性に関する報告	2013.7	
RPG 2	財務諸表の討議及び分析	2013.7	
RPG 3	サービス業績情報の報告	2015.3	

（出典）IPSASB（2014a）等より筆者作成

表示及び開示に関する基準を定めており，2015年10月現在，38号まで開発されている（図表12-1参照）。

　IPSASBによるIPSASの開発は，3段階を経て現在に至っている。第1段階は1996年から2002年までで，1997年8月までに公表されたIASを基礎としたIPSASを開発するとともに，現金主義会計IPSASを開発した。第2段階は2003年から2006年までで，IAS/IFRSによって包括的に取り扱われていなかったり，IAS/IFRSが開発されていなかったりしている公的部門特有のトピックについて基準を開発した。第3段階は2007年から2014年までで，2008年12月までに公表されたIFRSを基礎としたIPSASを開発するとともに，概念FWを公表した。

　このように発生主義IPSASの大部分は，セクター中立の考え方を基本に，国際会計基準審議会（International Accounting Standards Board）及びその前身が開発した国際財務報告基準（IAS/IFRS）を基礎として公的部門特有の事項を反映した内容となっている。各国の公的主体が一般目的財務報告を作成する場合に準拠すべき会計基準については，それぞれの国の法令等で規定されているため，IPSASを採用するかどうかは，各国の裁量に委ねられている。

4　IPSASと省庁別財務書類作成基準の比較

　財政制度等審議会は2003年6月に「公会計に関する基本的考え方」を取りまとめ，2004年6月には，企業会計の考え方及び手法を用いた省庁別財

務書類の作成基準，一般会計省庁別財務書類の作成基準及び特別会計財務書類の作成基準（以下これらを「作成基準」という。）を設定した。

　この背景には，現行の単式簿記による現金主義会計の下では，説明責任を履行したり，財政活動の効率化を図ったりするために必要な会計情報が十分に提供されていないとの認識があった。各府省は作成基準に基づき，2002年度決算から所管の一般会計省庁別財務書類及び特別会計財務書類とともに，これらを合算した省庁別財務書類を作成している。ここでは，IPSASの内容を紹介するとともに，IPSAS と比較しながら作成基準の特徴を明らかにしてみたい。

4.1　基礎概念
(1) 財務報告の目的
　概念 FW によると，財務報告の目的は，説明責任と意思決定のために，公的主体に関して一般目的財務報告の利用者に有用な情報を提供することである（para. 2.1）。主な利用者は，公的主体が提供するサービスの受領者と公的主体に対する資源の提供者である。議会及び議員も，サービス受領者と資源提供者の利益代表として活動しているため，主な利用者である（para. 2.4）。

　政府及びその他の公的主体は，市民及びその他のサービス受領者に対しサービスを提供するため，納税者，贈与者，投資者及びその他の資源提供者から資源を調達している。公的主体はサービス受領者と資源提供者に対し資源の管理と使用に関する説明責任を有しているため，説明責任を履行するためには，これらに関する情報を提供する必要がある。

　また，公的主体は多くの場合，サービスを非交換取引により，非競争の環境の下で提供するため，サービス受領者と資源提供者は，サービスの受領又は資源の提供に関し意思決定を行うことはできないが，投票行動に関する意思決定を行うことができる。サービス受領者と資源提供者は，当選した議員を通じて，資源の調達と配分に関し意思決定を行ったり，その意思決定に影響力を及ぼしたりする。

　一方，財務省（2003）によると，財務書類の目的は，行政府が税財源の使

用状況や資産・負債の状況を分かりやすく開示することにより説明責任を履行することと，費用や便益に関する客観的な情報を活用して歳出の合理化を進めるとともに，予算編成のプロセスにおいて，事業の将来コストや予算の執行状況を的確に把握し，それを予算編成にフィードバックすることにより財政活動の効率化・適正化を図ることである（11頁）。財務書類の利用者として，①国民，②国会，③行政府の内部者（予算執行者，予算編成者）を挙げている（10-11頁）。

　作成基準は国において財政活動の効率化・適正化を図ることを目的の一つとしているが，概念FWは直接の目的とはしていない。また，作成基準は財務書類の利用者として行政府の内部者を挙げているが，概念FWは議会を除き，公的主体の内部者を主な利用者とはしていない。

　このように作成基準は，国の内部において財政活動の効率化・適正化を図るために財務書類を活用することを重視している。

(2) 情報の質的特性

　概念FWによると，一般目的財務報告に含まれる情報の質的特性は，「目的適合性」，「表現の忠実性」，「理解可能性」，「適時性」，「比較可能性」及び「検証可能性」である（para. 3.2）（図表12-2参照）。情報の質的特性とは，利用者に有用な情報を提供するとともに，財務報告の目的を達成する上で必要な情報の属性のことである。

　また，概念FWによると，一般目的財務報告に含まれる情報の制約には，「重要性」及び「費用便益」がある（para. 3.32-3.40）。情報はその省略又は誤表示が，公的主体による説明責任の履行や，報告期間の一般目的財務報告を基礎とした利用者の意思決定に影響を及ぼす場合に重要性があると見なされる。関係法令等への準拠，非準拠に関する情報の開示は，金額の多寡にかかわらず，その性質により重要であると見なされる。また，財務報告にはコストが掛かるため，財務報告の便益はこれらのコストを正当化するものでなければならない。公的主体は財務報告のコストを削減するため，情報の質的特性を犠牲にすることもある。

　一方，財務省（2003）及び作成基準には，情報の質的特性という概念がなく，財務書類の活用による便益との比較において，作成に係るコストも考慮

図表 12-2　情報の質的特性

質的特性	定　義
目的適合性	目的適合性は，財務及び非財務情報が財務報告の目的を達成する上で決定的な違いをもたらす場合に，達成される。財務及び非財務情報は，①過去又は現在の期待を確認したり，又は変えたりするとき，②将来のサービス提供活動，コスト，及びそれらに配分される将来の財源と金額を表示できるときに，決定的な違いをもたらすと見なされる。
表現の忠実性	表現の忠実性は，経済的及びその他の現象の描写が完全，中立で，かつ重要な誤表示がない場合に，達成される。経済的及びその他の現象に関する表現の忠実性を備えた情報は，その背後にある取引，事象，活動又は環境の本質を描写する。
理解可能性	理解可能性は，利用者が財務及び非財務情報の意味を理解できる場合に，達成される。公的主体の一般目的財務報告は，利用者のニーズと一般的な知識，及び表示される情報の性質に応じた方法で提供される。
適時性	適時性は，財務報告の目的を達成する上で，その有用性を失う前に財務及び非財務情報を利用者に提供する場合に，達成される。目的適合性を有する情報ができるだけ早期に利用できるようになれば，利用者が説明責任の履行に関して評価するときに用いる情報の有用性が高まり，意思決定を行うときに用いる情報の影響力が高まる。
比較可能性	比較可能性は，利用者が2組の現象の類似性及び相違を識別できる場合に，達成される。財務及び非財務情報は，当該報告期間に関する過去の予測，当該公的主体の過去の報告期間に関する情報，当該公的主体と類似性を有する公的主体の当該報告期間に関する情報と比較することができれば，情報の有用性は高まる。
検証可能性	検証可能性は，一般目的財務報告の情報が経済的及びその他の現象を忠実に表示しているということを利用者に確信させた場合に，達成される。検証可能性が達成された場合，それぞれ異なった知識を有する独立した観察者は，①情報が重要な誤表示又はバイアスを伴わずに経済的及びその他の現象を表示していること，②適切な認識，測定又は表示方法が重要な誤表示又はバイアスを伴わずに適用されていることについて，一致した意見に達することになる。

（出典）IPSASB（2014b）para.3.6-3.31 より筆者作成

しなければならないとしているだけである（17頁）。

　会計基準の開発では，通常，情報の制約の下で情報の質的特性を満たす認識基準と測定の基礎を設定するため，先ず情報の質的特性と制約を特定する作業を行うが，作成基準はこのアプローチを採用していない。これは，現行の公会計制度の下で作成されている歳入歳出決算等の計数を基礎に企業会計の考え方及び手法を活用して作成するという方針で作成基準が設定されているからである。

　このように作成基準は，現行の公会計制度の維持を前提に財務報告を低コ

ストで作成することを優先しており，情報の質的特性を考慮していない。

(3) 財務諸表の構成要素

　概念FWによると，財務諸表の構成要素は，①資産，②負債，③収益，④費用，⑤所有者からの拠出，⑥所有者への分配である（para. 5.5）。資産とは，過去の事象の結果として，現在，公的主体が支配する資源のことである。負債とは，過去の事象の結果として，現在，公的主体が負っている義務のことで，資源の流出を伴う。純財政状態は財務諸表の構成要素ではないが，財政状態計算書（Statement of Financial Position）で認識される他の資源を加え，他の義務を控除した後の資産と負債の差のことで，残余は正又は負となる。また，収益とは，所有者からの拠出を除く，公的主体の純財政状態の増加のことである。費用とは，所有者への分配を除く，公的主体の純財政状態の減少のことである。

　ここで，所有者からの拠出とは，部外者が所有者として拠出する公的主体への資源の流入のことで，当該主体の純財政状態における持分を生じさせたり，増加させたりする。所有者への配分とは，部外者へ所有者として配分される公的主体からの資源の流出のことで，当該主体の純財政状態における持分を返還したり，減少させたりする。

　収益及び費用は，交換取引，非交換取引，資産及び負債の価値に生じた未実現の増加及び減少，減価償却による資産の費消，減損によるサービス提供能力及び経済的便益の喪失から生じる。公的主体の報告期間の剰余又は損失は，財務業績計算書（Statement of Financial Performance）に計上される収益と費用の差である。

　一方，作成基準によると，財務書類の構成要素は，①資産，②負債，③資産・負債差額，④費用，⑤その他の資産・負債差額減少原因，⑥財源及びその他の資産・負債差額増加原因である。これらの構成要素のうち，資産及び負債だけが包括的に定義されており，概ね概念FWの資産及び負債の定義と一致している。その他の構成要素については，包括的な定義がなく，それぞれの計上項目が列記されているだけである。作成基準は概念FWと異なり，収益という構成要素がないが，財源及びその他の資産・負債差額増加原因には，税収と自己収入が含まれており，概念FWの収益に概ね対応している。

このように作成基準は，収益という構成要素を有しておらず，業務の実施に伴い発生した費用を明らかにすることを重視している。

(4) 財務諸表の体系

IPSAS 1によると，財務諸表の体系は，①財政状態計算書，②財務業績計算書，③純資産・持分変動計算書（Statement of Changes in Net Assets/Equity），④キャッシュ・フロー計算書（Cash Flow Statement），⑤附属明細書（Notes）である（para. 21）。

財政状態計算書は報告期間の期末日現在における公的主体の財政状態を示すために作成され，資産，負債及び純資産・持分を表示している。財務業績計算書は報告期間における公的主体の財務業績を示すために作成され，収益，費用，及びその差として当期剰余又は当期損失を表示している。純資産・持分変動計算書は報告期間における公的主体の純資産・持分の構成要素の変動を示すために作成され，出資金，累積剰余金（累積損失金），再評価剰余金別にそれぞれの変動を表示している。キャッシュ・フロー計算書は報告期間における公的主体のキャッシュ・フローの状況を示すために作成され，業務活動，投資活動及び財務活動別にそれぞれの収支を表示している（図表

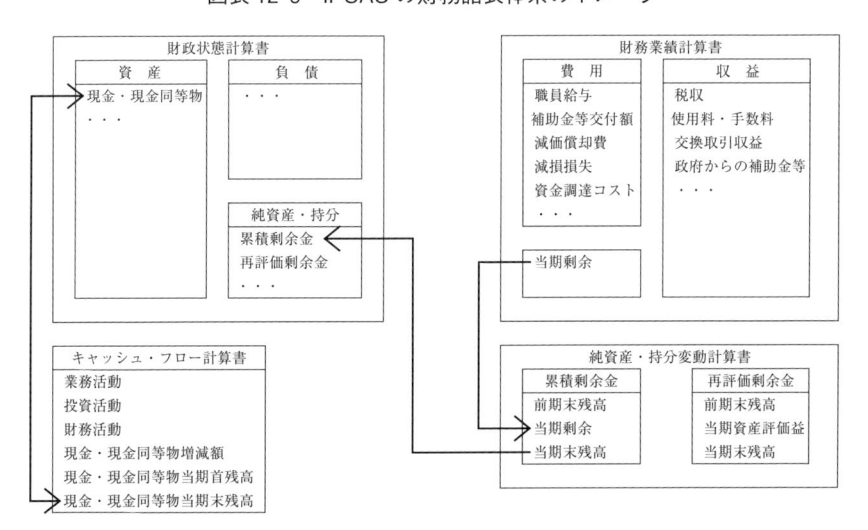

図表12-3　IPSASの財務諸表体系のイメージ

```
┌─────────────────────────┐      ┌─────────────────────────┐
│      財政状態計算書       │      │      財務業績計算書      │
│ ┌──────────┬──────────┐ │      │ ┌──────────┬──────────┐ │
│ │   資産    │   負債    │ │      │ │  費 用   │  収 益   │ │
│ │現金・現金同等物│ ・・・    │ │      │ │職員給与   │税収      │ │
│ │ ・・・     │          │ │      │ │補助金等交付額│使用料・手数料│ │
│ │          │          │ │      │ │減価償却費  │交換取引収益 │ │
│ │          ├──────────┤ │      │ │減損損失   │政府からの補助金等│
│ │          │純資産・持分 │ │      │ │資金調達コスト│ ・・・     │ │
│ │          │累積剰余金  │◄─────┤ │ ・・・    │          │ │
│ │          │再評価剰余金 │ │    │ └──────────┴──────────┘ │
│ │          │ ・・・    │ │    │        当期剰余          │
│ └──────────┴──────────┘ │    └─────────────────────────┘
└─────────────────────────┘              │
     ▲                                    │
     │                                    ▼
┌─────────────────────────┐      ┌─────────────────────────┐
│    キャッシュ・フロー計算書  │      │    純資産・持分変動計算書   │
│  業務活動                │      │ ┌──────────┬──────────┐ │
│  投資活動                │      │ │累積剰余金  │再評価剰余金 │ │
│  財務活動                │      │ │前期末残高  │前期末残高  │ │
│  現金・現金同等物増減額     │      │►│当期剰余    │当期資産評価益│ │
│  現金・現金同等物当期首残高  │      │ │当期末残高  │当期末残高  │ │
│►│現金・現金同等物当期末残高 │      │ └──────────┴──────────┘ │
└─────────────────────────┘      └─────────────────────────┘
```

（出典）IPSAS 1,128-132頁，IPSAS 2,157-159頁より筆者作成

12-3参照)。

　一方,作成基準によると,財務書類の体系は,①貸借対照表,②業務費用計算書,③資産・負債差額増減計算書,④区分別収支計算書,⑤附属明細書である(1頁)。これらの財務書類のうち,貸借対照表はIPSASの財政状態計算書に,区分別収支計算書はIPSASのキャッシュ・フロー計算書にそれぞれ対応しており,表示内容は概ね同一であるが,貸借対照表の資産・負債差額は,IPSASと異なり,内訳を表示しない。作成基準は収益という構成要素がなく,税収及び自己収入は,財源及びその他の純資産増加原因とされているため,IPSASのように財務業績計算書の収益ではなく,資産・負債差額増減計算書において財源として表示される。

　このように作成基準は,財務業績計算書ではなく,業務費用計算書を作成し,そのボトムラインは,報告期間におけるサービスの提供において公的主体に発生した総費用を表示している(図表8-1参照)。

4.2　資産項目
(1) 有形固定資産の測定

　IPNAS 17によると,有形固定資産の当初認識時の測定は,当該資産の取得原価で行われ,資産が非交換取引で取得された場合には,取得時の公正価値で行われるとされている(para. 26-27)。IPSASにおいて公正価値とは,市場価値のことである。

　当初認識後の測定は,原価モデルと再評価モデルの2つのモデルから選択適用を行う(para. 42)。原価モデルは,取得原価から減価償却累計額及び減損損失累計額を控除した額を帳簿価額とする。

　再評価モデルは,帳簿価額を定期的に公正価値に再評価し,再評価時の公正価値から減価償却累計額及び減損損失累計額を控除した額を帳簿価額とする。再評価により帳簿価額が引き上げられる場合には,差額を再評価剰余金に計上する。但し,過去の再評価で評価損を計上しているときは,過去の評価損の範囲内で評価益を認識する。また,再評価により帳簿価額が引き下げられる場合には,差額を評価損として認識する。但し,過去の再評価で再評価剰余金を計上しているときは,再評価剰余金の残高の範囲内で当該再評価

剰余金を取り崩す。再評価モデルを選択適用した場合，再評価に伴う評価損益の計上は，個々の資産別ではなく，個々の資産別の評価損益を相殺した後の資産の項目別に行う。

一方，作成基準によると，有形固定資産の測定は，①公共用財産を除く国有財産については国有財産台帳価格，②公共用財産については推計した取得原価，③物品については物品管理簿の記載価格を基礎とするため (31-32 頁)，当該資産の取得原価で行われる。但し，資産が交換取引で取得されたのか，或いは非交換取引で取得されたのかは区別されていない。

国有財産台帳は毎年度改訂されるため，公共用財産を除く国有財産については再評価モデルが適用されていることになる。但し，国有財産台帳の価格改訂に伴う評価差額は，評価益の場合も評価損の場合も，資産・負債差額増減計算書において資産評価差額として計上するため，業務費用には影響を与えない。

このように作成基準は，有形固定資産の一部の測定において再評価モデルを適用しているものの，資産の保有に伴う評価損を計上しないため，IPSASを完全適用した財務諸表に比べ，費用を過小に計上することになる。

(2) 固定資産の減損

IPSAS 21 によると，非資金生成資産の減損とは，体系的な減価償却による損失を超えて資産に発生する将来の経済的便益又はサービス提供能力の損失とされている (para.23)。

公的主体は期末日現在で資産に減損の兆候があるかどうか評価し，減損の兆候が見受けられた場合には，当該資産の回収可能サービス価額を算定する。この兆候には，①資産によって提供されていたサービスに対する需要又はニーズの消滅又は消滅に近い状態，②技術的環境，法的環境又は公的主体が実施する政府の政策に関し，当該主体に負の影響を及ぼす当期に発生した又は近い将来に発生すると見込まれる重要な長期的な変化等である。

回収可能サービス価額は，売却費用控除後の公正価値と使用価値のうちいずれか高い方の金額である。このうち，使用価値は資産の残存サービス提供能力の現在価値のことで，①減価償却後再調達原価アプローチ，②回復原価アプローチ，③サービス構成単位アプローチの３つのアプローチから選択適

用して算定する。回収可能サービス価額が資産の帳簿価額を下回る場合には，帳簿価額を回収可能サービス価額まで減額するとともに，差額を減損損失として認識する。

一方，作成基準によると，業務費用項目は，①業務実施に伴い発生した費用・損失，②引当金等の戻入額等，③資産の処分損益等，④評価差額等とされ（38頁），減損には言及していない。また，業務費用計算書の標準的な様式にも減損は含まれていない。

このように作成基準は，固定資産の測定において減損を反映しないため，IPSASを完全適用した財務諸表に比べ，固定資産を過大に計上するとともに，費用を過小に計上することになる。

(3) 金融資産の減損

IPSAS 29によると，公的主体は期末日現在で金融資産が減損している客観的な証拠があるかどうか評価し，証拠が存在する場合には，減損の処理を行うとされている（para. 67）。この客観的な証拠には，①発行体又は債務者の重大な財政的困窮，②利払い又は元本返済の不履行又は遅滞等の契約条項違反，③債務者の財政難に関連した経済的又は法的理由による債権者からの譲歩条件の提示，④債務者が破産又はその他の財務上の再編を申し立てる可能性が高くなったこと，⑤財政的困窮に起因する当該金融資産の活発な市場の消滅などである。

減損の処理において，満期保有目的投資及び貸付金・債権については，当該資産からの見積将来キャッシュ・フローを，当該資産の当初の実効金利で割り引いた現在価値が，当該資産の帳簿価額を下回る場合には，帳簿価額を直接又は引当金方式により現在価値まで減額するとともに，差額を減損損失として認識する。

また，取得原価で測定されている持分金融商品については，当該資産からの見積将来キャッシュ・フローを，類似の金融資産の市場利回りで割り引いた現在価値が，当該資産の帳簿価額を下回る場合には，帳簿価額を現在価値まで減額するとともに，差額を減損損失として認識する。

一方，作成基準によると，金融資産の減損を認識するものの，その客観的な証拠は，市場価格が著しく下落（30％以上）した場合（29頁）と，発行

会社又は出資先の財政状態の悪化により，実質価額又は出資金の価値が著しく低下（30％以上）した場合（29頁）に限定され，1PSAS 29 で減損の客観的な証拠として挙げられている現象の一部しか認めていない。

また，減損損失の算定も作成基準と IPSAS 29 では異なっている。例えば，償却原価法で測定される金融資産を比較すると，減損損失は，作成基準では，帳簿価額と市場価格の差であるが，IPSAS 29 では，当該資産からの見積将来キャッシュ・フローを，当該資産の当初の実効金利で割り引いた現在価値と帳簿価額の差である。

このように作成基準は，金融資産の測定において減損の兆候を限定し，また，減損損失の算定も市場価格を基礎としたものとなっているため，IPSAS を完全適用した財務諸表に比べ，金融資産及び減損損失の計上を適時適切に行わないことになる。

4.3 負債項目
(1) 資産除去債務

IPSAS 19 によると，公的主体は引当金として資産除去債務を計上するとされている（para. 27）。資産除去債務とは，将来において有形固定資産を解体・除去したり，敷地の現状を回復したりする義務のことで，当該資産の設置，使用等によって発生した時に負債として計上する。計上額は有形固定資産の除去に要する見積将来キャッシュ・フローを，一定の割引率で割り引いた現在価値である。

資産除去債務に対応する除去費用は，資産除去債務を負債として計上した時に当該負債の計上額と同額を，関連する有形固定資産の帳簿価額に加える。資産計上された資産除去債務に対応する除去費用は，減価償却を通じて，有形固定資産の残存耐用年数にわたり，各期に費用配分する。また，期首の資産除去債務の帳簿価額に当初負債計上時の割引率を乗じて，当期の利息費用を算定する。

一方，作成基準によると，負債項目は未払金，政府短期証券，借入金，公債，退職給付引当金等とされ（34-36頁），資産除去債務には言及していない。また，有形固定資産の取得原価は，当該資産の取得に係る直接的な対価のほ

か，原則として当該資産の取引費用等の付随費用を含めて算定した額であるため，資産除去債務に対応する額は含まれていない。

このように作成基準は，資産除去債務を負債として認識しないため，IPSAS を完全適用した財務諸表に比べ，負債及び費用を過小に計上することになる。

(2) 従業員給付

IPSAS 25 によると，従業員給付とは，従業員が提供した勤務と交換に公的主体が与えるあらゆる形態の対価のことで，短期従業員給付，退職後給付等がある（para. 10）。このうち，退職後給付とは，雇用関係の終了後に支払われる従業員給付のことで，退職一時金，退職年金等があり，確定拠出制度と確定給付制度に分類される。

確定拠出制度の下では，確定拠出制度に支払うべき掛金を，従業員からの勤務の提供を受けた期の費用として認識し，期末日において未払の金額があれば，この金額を未払費用に計上する。

確定給付制度の下では，将来の給付見積額を予測単位積増方式により各期に配分した後，各期の配分額を，一定の割引率で割り引いて，当期の勤務費用と期末日現在の確定給付債務を算定する。また，期首の確定給付債務に当初負債計上時の割引率を乗じて，当期の利息費用を算定する。確定給付債務から制度資産を控除した純額は，負債（又は資産）に計上され，勤務費用，利息費用及び制度資産の運用益の純額は，費用（又は収益）に計上される。

一方，作成基準によると，負債項目は未払金，政府短期証券，借入金，公債，退職給付引当金等とされている（34-36 頁）。このうち，退職給付引当金は，①退職手当のうち既に労働の提供が行われている部分については，期末要支給額方式で算定した金額，②恩給給付費については，将来給付見込額の割引現在価値，③国家公務員共済年金の整理資源（1959 年 10 月前の恩給公務員期間に係る給付分）については，将来給付見込額の割引現在価値を，それぞれ計上している（35 頁）。

作成基準は IPSAS 25 が定める退職後給付のうち，退職一時金等の債務しか認識しておらず，退職年金については，債務を認識していない。これに伴い，勤務費用及び利息費用も認識していない。

このように作成基準は，退職後給付の一部しか債務として認識しないため，IPSAS を完全適用した財務諸表に比べ，負債及び費用を過小に計上することになる。

4.4 財務書類以外の情報

概念 FW によると，一般目的財務報告はその利用者が財務諸表に表示された情報をより良く理解し，解釈するために，財務諸表を拡張・補足・補完する財務的及び非財務的な情報を提供することがあるとされている（para. 2.17）。これらには，予算への準拠性，サービス業績情報及び財政の長期的持続可能性に関する情報が含まれる（図表 12-4 参照）。

(1) 予算への準拠性

IPSAS 24 によると，公的主体は一般目的財務報告の利用者に対し，予算への準拠性に関する説明責任を履行するため，予算額と実績額を比較するとされている（para. 1）。予算と財務諸表が共に発生主義で作成されていたりして比較可能である場合には，主要な財務諸表において追加的な予算欄を設け，予算額と実績額の比較を行うとされている。公的主体は移用，流用等による当初予算額と最終予算額の差異，最終予算額と実績額の差異を財務諸表の注記で説明する必要がある。

また，予算が現金主義で作成され，財務諸表が発生主義で作成されていた

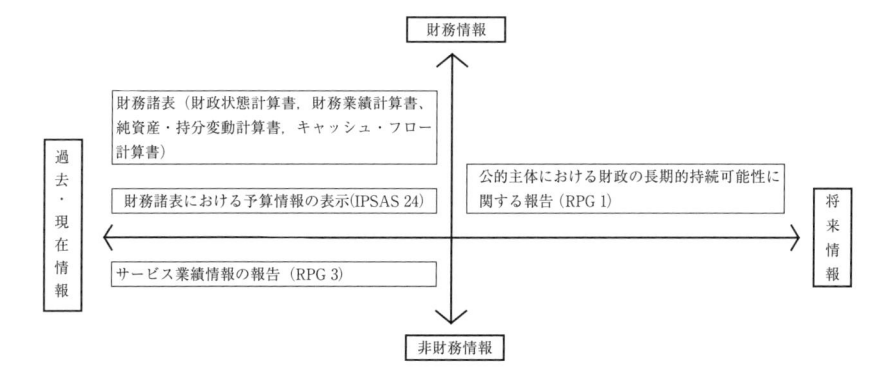

図表 12-4 財務諸表を拡張・補足・補完する情報

(出典) 伊澤（2014）6 頁に加筆修正

りして比較可能でない場合には，既存の財務諸表に加え，予算・実績比較計算書（Statement of Comparison of Budget and Actual Amounts）を作成するとされている。公的主体は予算額と実績額の差異を予算・実績比較計算書の注記で説明する必要がある。さらに，予算の実績額と財務諸表に表示される計数の差異の原因を理解させるため，予算・実績比較計算書の計数と関連する財務諸表の計数との差異を調整し，予算・実績比較計算書又は財務諸表の注記で開示しなくてはならない。

ここで，調整とは，数値を合わせるため，予算・実績比較計算書の計数と関連する財務諸表の計数の乖離を分析することである。例えば，キャッシュ・フロー計算書と調整する場合には，予算・実績比較計算書で開示される計は，キャッシュ・フロー計算書の業務活動収支，投資活動収支，財務活動収支とそれぞれ調整されなくてはならない（図表12-5参照）。

一方，作成基準によると，財務書類は歳入歳出決算及び国有財産台帳等の計数を基礎として作成するとされているだけで，既存の決算情報との関連性や予算への準拠性に関する情報には言及していない。現行の歳入歳出決算は，単式簿記による現金主義会計で作成されるため，企業会計の考え方及び手法を用いて作成される財務書類の計数とはそのままでは比較することはできない。予算への準拠性に関する情報を提供するためには，決算の計数と区分別収支計算書の業務収支及び財務収支との調整が必要になる。

このように作成基準は，決算と財務書類を一体として取り扱っておらず，また，決算の計数と財務書類の計数との調整を義務付けていないため，IPSASを完全適用した財務報告に比べ，予算への準拠性に関する情報を提供できないことになる。

図表12-5　予算・実績比較計算書とキャッシュ・フロー計算書の調整

	業務活動	投資活動	財務活動	合計
予算・実績比較計算書の比較可能な基礎に基づく実績額	××	××	××	××
会計の基礎の相違	××	××	××	××
認識時期の相違	××	××	××	××
報告主体の相違	××	××	××	××
キャッシュ・フロー計算書の実績額	××	××	××	××

（出典）IPSAS 24, Illustrative Examples に加筆修正

(2) サービス業績情報

RPG 3によると，公的主体は一般目的財務報告の利用者による当該公的主体のサービス提供に関する効率性及び有効性の評価に資するため，一般目的財務報告においてサービス業績情報を提供することが推奨されている（para. 1）。

サービス業績情報とは，公的主体が提供するサービス，サービス業績目標及びサービス業績目標の達成状況に関する情報のことである。サービス業績目標はインプット，アウトプット，アウトカム又は効率性の業績指標を用いて表現され（図表12-6参照），具体性（Specific），測定可能性（Measurable），達成可能性（Achievable），現実性（Realistic）及び期限性（Time-bound）を備えていなければならない。公的主体がこのような業績測定を行うのは，公的主体が国民に必要なサービスを提供するために活動しており，しかも，多くの場合，サービスを非交換取引により，非競争の環境の下で提供するため，財務諸表に表示される会計情報だけでは，公的主体の活動を十分に評価できないからである。

サービス業績情報はサービス業績目標の達成状況だけではなく，サービスのコストに関する情報も表示する必要がある。コスト情報では，サービスの全体コストだけではなく，サービス業績目標別のコスト，アウトカム別のコスト，アウトプット別のコスト，又は特定のインプットに関連したコストを表示する。利用者はアウトプット又はアウトカムとコストを関連させることにより，効率性を評価できる。

一方，作成基準よると，財務書類の目的の一つに財政活動の効率化を図る

図表12-6　IPSASの業績指標

業績指標	定　義
インプット	公的主体がアウトプットを提供するために使用する資源
アウトプット	公的主体が当該公的主体の外部の受領者に提供するサービス
アウトカム	公的主体のアウトプットの結果，又は合理的にアウトプットによるものと考えられる社会に生じる影響
効率性	インプットとアウトプットの関係，又はインプットとアウトカムの関係
有効性	インプット，アウトプット，アウトカム又は効率性で定義されたサービス業績目標と実際の結果の関係

（出典）RPG 3, para. 8

ことを挙げているが，効率性を評価するために必要なサービス業績情報には言及していない。業務費用計算書のセグメント情報として政策別コスト情報が作成されているが，政策（狭義）別のコストで表示されており，アウトプット別のコストでは表示されていない。

また，目標管理型の政策評価において施策実施後に作成する政策評価書は，予算額と執行額，測定指標の目標値と実績値を記入し，達成状況を測定しているものの，コスト情報は施策レベルでも，事務事業レベルでも表示されないため，アウトプットのコスト情報を用いた評価が行われていない。

このように作成基準は，サービス業績情報の作成を義務付けておらず，また，財務書類に表示される会計情報と既存の政策評価で公表される業績情報とのリンケージに言及していないため，RPGを完全適用した財務報告に比べ，財政活動の効率化に必要なコスト情報を提供できないことになる。

(3) 財政の長期的持続可能性

RPG 1によると，公的主体は一般目的財務報告に開示される情報を補完するため，財政の長期的持続可能性に関する情報を提供することが推奨されている（para. 1）。財政の長期的持続可能性とは，公的主体が現在及び将来においてサービスを提供したり，債務を返済したりできる能力のことである。財政の長期的持続可能性に関する評価では，経済成長率，国際的競争力，人口増加率等に関する一定の仮定の下で，将来の経済的状況及び人口動態に関する財務的及び非財務的なデータが用いられる。

財政の長期的持続可能性に関する情報には，①将来の現金及び現金同等物のインフローとアウトフローについての予測，②将来のサービス，収益及び債務の規模についての財政指標等を用いた予測，③予測で用いた原則，仮定及び方法論についての記述が含まれる。財政の長期的持続可能性に関する情報は，別途の報告として開示することもあるが，一般目的財務報告との整合性が図られなくてはならない。

一方，作成基準は，財務書類に表示される会計情報を利用した財政の長期的持続可能性に関する情報については言及していない。我が国は現在，中期財政計画で，国・地方を合わせた基礎的財政収支について2015年度までに2010年度に比べ赤字の対GDP比を半減させて，2020年度までに黒字化を

達成し，その後の債務残高対 GDP 比の安定的な引下げを目指すとしている。これらの財政指標については，どのように推移するかという予測は行われるものの，いずれも国民経済計算を用いて算定されている。

このように作成基準は，財務書類を基礎とした財政指標を設定しておらず，また，財務書類には，将来のサービス，収益及び債務の規模についての予測が含まれないため，RPG を完全適用した財務報告に比べ，財政の長期的持続可能性に関する情報を提供できないことになる。

5 作成基準の特徴

概念 FW・IPSAS と作成基準を比較したところ，作成基準の特徴が明らかになった。これらの特徴は，作成基準に準拠して作成される財務書類の開示情報に次のような影響をもたらしている。

5.1 基礎概念

作成基準は財務報告の目的において行政府の内部者が財政活動の効率化・適正化を図るため，財務書類を活用することを重視している。また，財務書類に収益という構成要素はなく，税収のように非交換取引から生じる純資産の増加，自己収入のように交換取引から生じる純資産の増加は，いずれも財源とされている。これに伴い，財務業績計算書ではなく，業務費用計算書が作成され，そのボトムラインは，報告期間におけるサービスの提供において公的主体に発生した総費用を表示している。この結果，国民の情報ニーズである世代間負担の公平性に関するフロー情報は，資産・負債差額増減計算書の財源から本年度業務費用合計を控除した金額となり，財務書類には表示されないことになる。

5.2 資産項目

作成基準は資産項目において有形固定資産の測定について再評価モデルの選択適用を認めていないため，有形固定資産の保有に伴う評価損益は発生しない。減損に関して，固定資産については認識せず，金融資産については認

識するものの，減損の兆候が限定され，減損損失の算定も市場価格を基礎としたものとなっている。この結果，IPSASを完全適用した場合に比べ，貸借対照表は資産を過大に計上するとともに，業務費用計算書は費用を過小に計上する傾向にあり，フルコストを表示しないことになる。

5.3 負債項目

作成基準は負債項目において資産除去債務を負債として認識せず，従業員給付についても，退職年金に係る債務を負債として認識しない。この結果，IPSASを完全適用した場合に比べ，貸借対照表は負債を過小に計上するとともに，業務費用計算書は費用を過小に計上する傾向にあり，フルコストを表示しないことになる。

5.4 財務書類以外の情報

作成基準は予算・決算との関係では，決算と財務書類を一体として取り扱っておらず，また，決算の計数と財務書類の計数との調整を義務付けていないため，予算への準拠性に関する情報を提供できない。政策評価との関係では，サービス業績情報の作成を義務付けておらず，また，財務書類に表示される財務情報と既存の政策評価で公表される業績情報とのリンケージに言及していないため，財政の効率化に必要なコスト情報を提供できない。財政の持続可能性との関係では，財務書類を基礎とした財政指標を設定しておらず，また，財務書類には，将来のサービス，収益及び債務の規模についての予測が含まれないため，財政の長期的持続可能性に関する情報を提供できない。

この結果，IPSASを完全適用した場合に比べ，財務書類を拡張・補足・補完する財務的及び非財務的な情報は開示されないため，財務書類に対する理解可能性が低下することになる。

第13章

英国の公会計制度

1　比較制度論

　我が国は，今後の公会計のあるべき姿について，公会計の担うべき意義・目的を検証するとともに，公会計として開示すべき情報等に関し総合的な検討を行うため，2002年11月に財政制度等審議会に「公会計基本小委員会」を設置した。同小委員会は2003年6月に検討結果を「公会計に関する基本的考え方」として取りまとめ，企業会計の考え方を取り入れた財務書類の作成を提言した。その後，この提言に沿って省庁別財務書類の作成（2002年度決算より），国の財務書類の作成（2003年度決算より），政策別コスト情報の作成（2009年度決算より）等が行われ，説明責任の履行において一定の成果が見られるようになった。

　しかし，我が国は，財政状況が深刻さを増し，財政の健全化が最優先課題になっているため，公会計改革は説明責任の履行に止まらず，財政活動の効率化に貢献することが求められるようになってきている。

　一方，英国の中央政府は，2000年に2000年政府資源・会計法（Government Resources and Accounts Act 2000：GRA法）を制定し，発生主義を採用した資源会計・予算（Resource Accounting and Budgeting）を導入した。この公会計制度改革は，1997年に誕生したブレア労働党政権により行われたが，その後，制度の見直しを行いながら，ブラウン労働党政権を経て，2010

年に誕生したキャメロン連立政権にも引き継がれ，現在に至っている。英国の公会計制度改革は，説明責任の履行に止まらず，財政活動の民主的統制及び財政活動の効率化にも及んでおり，ブレア労働党政権の前半には，財政赤字の縮小，長期債務残高の削減等が達成され，財政活動の効率化及び財政の健全化の面で一定の成果を収めている。

そこで，本章では，我が国において，発生主義会計情報を財政活動の効率化に活用するための方途を検討する際の参考とするため，英国の公会計制度と発生主義会計情報の活用状況について紹介したい。

2　英国の公会計制度

我が国において英国における発生主義会計情報の活用方法を参考とする場合でも，両国の制度的相違を十分に理解する必要がある。なぜなら，制度が異なれば，我が国において英国と同様の活用方法を採用できるとは限らないからである。ここでは，先ず日英比較を含めながら英国の公会計制度を概観することとしたい。

2.1　財政規律

キャメロン連立政権は2008年に発生した世界金融危機に伴う経済不況等により悪化した財政の健全化を図るため，2011年に2011年予算責任・国家会計検査法（Budget Responsibility and National Audit Act 2011：BRNA法）を制定した。財務省はBRNA法第1条第1項に基づき，財政政策及び公的債務管理政策の新たな枠組みを定めた予算責任憲章（Charter for Budget Responsibility）を策定した。

予算責任憲章は財政目標として「経済に対する信頼を維持し世代間負担の公平性を促進する持続可能な財政を確保するとともに，広範囲な政府の政策の有効性を確保すること」などを設定した。キャメロン連立政権はこれらの財政目標を達成するため，フローの財政規律として「公的部門の景気循環調整経常的収支を5年の見通し期間で均衡させること」を設定し，さらに，ストックの財政規律として「公的部門の純債務のGDP比を2015-16年度まで

に減少させること」を設定した。これらの財政規律で用いられている財政指標は，国民経済計算（System of National Accounts：SNA）で設定されているため，公的部門には中央政府，地方政府及び公的企業が含まれ，経常的支出と資本的支出の区分は2010年欧州経済計算（European System of Accounts 2010）に準拠して行われている。

一方，我が国は，財政規律として「国・地方を合わせた基礎的財政収支について，2015年度までに2010年度に比べ赤字の対GDP比を半減，2020年度までに黒字化，その後の債務残高対GDP比の安定的な引下げを目指す。」を設定しているが，世代間負担の公平性を反映した財政指標を用いていない。

2.2 予算制度
(1) 複数年度予算

英国は1998年に包括的歳出見直し（Comprehensive Spending Review：CSR）を導入し，1999-00年度予算から2年又は3年ごとに3カ年を1期間とする複数年度予算を作成している。歳出見直しは，財政規律を達成するため，今後3年間の公的部門の管理歳出総額（Total Managed Expenditure：TME）と，TMEに含まれる中央政府，地方政府及び公的企業の歳出額をそれぞれ決定する。

府省等の歳出額は，①経常的支出に当てられる資源予算（Resource Budget）と，②資本的支出に当てられる資本予算（Capital Budget）に区分されている。

また，府省等の歳出額は，資源予算と資本予算の区分以外に，その裁量性の有無から，①中期的な視野からサービスを裁量的に提供するため，歳出額が年度別に3カ年度分決定される府省別歳出限度額（Departmental Expenditure Limits：DEL）と，②支出が法律等に基づいて義務付けられているため，歳出額が毎年度見直される年度管理歳出額（Annually Managed Expenditure：AME）に区分されている（図表13-1参照）。これらの予算は，2003-04年度から一般に認められた会計原則（Generally Accepted Accounting Practice：GAAP）に準拠して作成されている。

218　第13章　英国の公会計制度

図表13-1　TMEと予算の関係

TMEは財政規律を遵守するために設けられた統制手段であるため、SNAで設定されている。従って、GAAPに準拠して作成される府省等の歳出額を単純に合計してもTMEにはならないため、会計処理の差異を調整する必要が生じる。TMEと予算の関係は、次のようになっている。
公的部門＝中央政府＋地方政府＋公的企業
TME＝公的部門の経常的支出＋公的部門の粗投資
公的部門の経常的支出＝資源DEL＋資源AME（会計処理調整後）
公的部門の粗投資＝資本DEL＋資本AME（会計処理調整後）

項目	区分	資源予算（Resource Budget）	資本予算（Capital Budget）
	目　　的	SNAの経常的収支に影響を及ぼす経常的支出を統制すること	SNAの純債務に影響を及ぼす資本的支出を統制すること
DEL	管理予算 (Administration Budget)	管理部門の人件費 管理部門の財貨・サービス調達費 管理部門資産の減価償却費・減損	管理部門固定資産の取得
	プログラム予算 (Program Budget)	事業部門の人件費 事業部門の財貨・サービス調達費 事業部門資産の減価償却費・減損 経常的補助金	事業部門固定資産の取得 資本的補助金
AME	プログラム予算 (Program Budget)	社会保障給付 税額控除 公務員年金給付 債務支払利息	学生貸付金

(出典) HM Treasury (2015c) 等より筆者作成

(2) 単年度予算

各府省は議会から当該年度に係る歳出権を得るため、GRA法第4条のAに基づき、財務省の指示に準拠して歳出見積書（Supply Estimates）を作成している。財務省の歳出見積書ガイダンス・マニュアル（Supply Estimates: a guidance manual）によると、各府省の歳出額は、複数年度予算と同様に、資源と資本に区分され、さらに、DELとAMEにも区分されている。

各府省の歳出見積書はPart I、Part II及びPart IIIで構成され、このうちPart Iは、当該年度の歳出見積額がDEL、AME、純予算合計、予算外支出及び純現金要求に分けられている。このうち、DEL及びAMEについては、当該年度の見積額が①資源DEL、②資本DEL、③資源AME、④資本AMEに区分され、2001-02年度からGAAPに準拠して計上されている（図表13-2参照）。純現金要求は純予算合計から減価償却費等の現金支出を伴わない費用を控除したりして算出され、内訳は作成されない。歳出見積書のうち、Part Iの部分は最終的に歳出予算法（Supply and Appropriation Act）

として立法化されている。

　一方，我が国は，単年度予算のみを作成し，複数年度予算を作成していない。また，経常的予算と資本的予算の区分も行われていない。予算編成は現金主義会計情報のみを用い，発生主義会計情報を用いていない。

2.3　会計制度

　各府省は GRA 法第 5 条第 2 項に基づき，当該年度終了後，財務省の指示に準拠して資源会計決算書（Resource Accounts）を作成している。財務省は GRA 法第 5 条第 3 項に基づき，可能な限り GAAP に準拠して各府省の資源会計決算書の様式及び内容を定めるとされているため，GAAP を反映した財務報告マニュアル（Financial Reporting Manual：FReM）を作成している。

　各府省の資源会計決算書は，①議会歳出決算書（Statement of Parliamen-

図表 13-2　歳出見積書（2015-16 年度労働・年金省本歳出見積書 Part 1）

(単位：ポンド)

		議定費（Voted）	既定費（Non-Voted）	合　計
府省別歳出限度額（DEL）				
	資源（Resource）	5,893,667,000	565,372,000	6,459,039,000
	資本（Capital）	179,420,000	45,257,000	224,677,000
年度管理歳出額（AME）				
	資源（Resource）	72,727,463,000	97,897,753,000	170,625,216,000
	資本（Capital）	―	―	―
純予算合計（Total Net Budget）				
	資源（Resource）	78,621,130,000	98,463,125,000	177,084,255,000
	資本（Capital）	179,420,000	45,257,000	224,677,000
予算外支出（Non-Budget Expenditure）		2,304,794,000		
純現金要求（Net Cash Requirement）		80,711,624,000		

(注1) 既定費とは，統合国庫資金（Consolidated Fund）から直接支出される経費（EU 分担金等），国家貸付資金（National Loans Fund）及び国家保険資金（National Insurance Fund）から支出される経費のことで，他の法律により歳出権が与えられているため，議会の議決対象とはならない。
(注2) 予算外支出とは，①分権化したスコットランド政府，ウェールズ政府及び北アイルランド政府に交付される交付金，②過年度の支出に関して，会計方針の変更及び誤謬により生じた支出のことである。
(出典) HM Treasury（2015a）480 頁

tary Supply），②包括純費用計算書（Statement of Comprehensive Net Expenditure），③貸借対照表（Statement of Financial Position），④納税者持分変動計算書（Statement of Changes in Taxpayers' Equity），⑤キャッシュ・フロー計算書（Statement of Cash Flows），⑥附属明細書（Notes to the Accounts）で構成されている（図表13-3参照）。

　一方，我が国は，各府省が単式簿記による現金主義会計によりフローの財務報告として歳入歳出決算，ストックの財務報告として国有財産増減及び現在額総計算書等を作成している。また，各府省は企業会計の慣行を参考として財務書類を作成しているが，これらは歳入歳出決算，国有財産台帳等の計数を基礎としており，日々の会計処理の段階において，複式簿記による発生主義会計を採用しているわけではない。

2.4　内部統制制度

　各府省の会計官（Accounting Officer）は，2012年に財務省が通知した会計官宛通達（DAO（GEN）02/12）に基づき，毎年度，内部統制を含めたガ

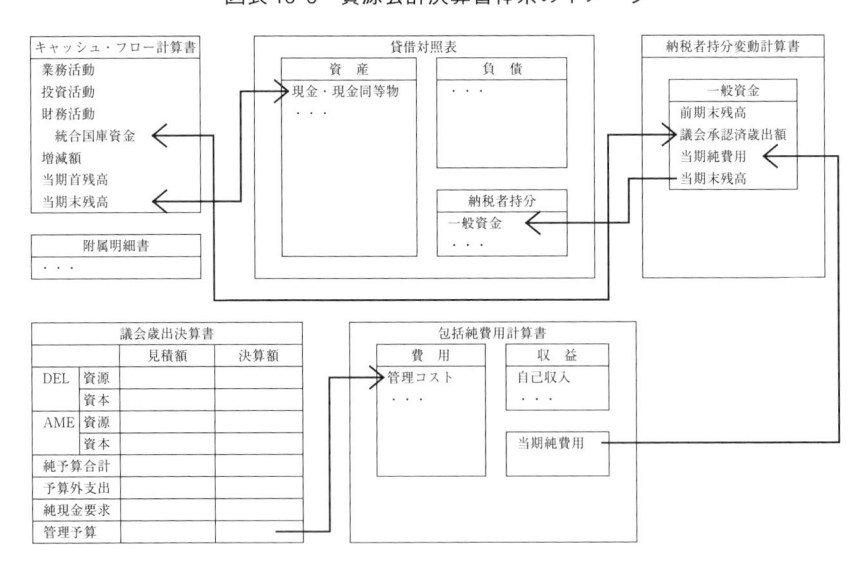

図表13-3　資源会計決算書体系のイメージ

（出典）HM Treasury（2015b）7-9頁，23-34頁より筆者作成

バナンスの有効性を評価したガバナンス報告書 (Governance Statement) を作成している。このガバナンス報告書は, 資源会計決算書とともに各府省の年次報告・決算書 (Annual Report and Accounts) に掲載される。

　財務省は各府省の内部統制の質的向上を図るため, 2001年にリスク管理のための戦略的なフレームワークを解説したガイダンスを作成し, 2004年にその改定版「オレンジ・ブック　リスク管理−原則と概念 (The Orange Book Management of Risk − Principles and Concepts)」を作成している。財務省はこの改定版の中で, 各府省が準拠すべき具体的な内部統制基準の例としてCOSOフレームワーク等を挙げている。

　一方, 我が国は, 会計機関の相互牽制等に関する規定を会計法令等で定めているだけで, 政府部門に適用される内部統制の基礎概念等を定めた内部統制基準が存在しない。また, 各府省が内部統制の有効性を評価する仕組みも設けていない。

2.5　政策評価制度

　キャメロン連立政権は2010年に新たな業績評価の枠組みとして, 公的サービス透明性フレームワーク (Public Services Transparency Framework) を導入した。このフレームワークの下で, 各府省は2010年SRと同一の期間を対象とした事業計画 (Business Plan) を作成している。

　各府省の事業計画は, 政策別にインプットに関する指標 (Input Indicator) とインパクトに関する指標 (Impact Indicator) をそれぞれ設定している。このうち, インプット指標は財務情報と非財務的な業績情報をリンクさせた単位当たりコストとなっていて, 当該政策の効率性を測定する指標となっている。各府省の業績評価の結果は, 当該年度終了後, 業績報告書にまとめられ, 資源会計決算書とともに年次報告・決算書に掲載される。

　一方, 我が国は, 行政機関が行う政策の評価に関する法律 (以下「政策評価法」という。) に基づき, 目標管理型の政策評価を行っているが, 財務情報と非財務的な業績情報をリンクさせたインプット指標の設定を義務付けていない。

2.6 会計検査制度
(1) 資源会計決算書
　会計検査院長はGRA法第6条第1項に基づき，各府省の資源会計決算書について，①真実かつ公正に表示されているかどうか，②議会から提供された資金がその意図した目的のために支出されているかどうか，③議会から承認された資源が承認された目的のために使用されているかどうか，④当該府省及び関連機関の財務的な取引が関連法令に準拠しているかどうか，検査している。会計検査院長はGRA法第6条第3項に基づき，資源会計決算書を証明（certify）することを義務付けられている。

　このため，会計検査院長は自己の判断で，一般に認められた監査基準（Generally Accepted Auditing Standards：GAAS）に準拠して検査を行い，合理的保証を行っている。会計検査院長の検査報告書は，GRA法第6条第4項に基づき，資源会計決算書とともに各府省の年次報告・決算書に掲載され，財務省が翌年度の1月31日までに下院に提出するとされている。

　一方，我が国は，会計検査院が，歳入歳出決算については日本国憲法に基づき，特別会計財務書類については特別会計に関する法律に基づき，それぞれ検査を行っているが，いずれも保証することを義務付けていない。また，企業会計の慣行を参考として作成されている財務書類のうち，省庁別財務書類等については，会計検査院の検査を法定化していない。

(2) ガバナンス報告書
　会計検査院長は会計官宛通達（DAO（GEN）02/12）に基づき，各府省の資源会計決算書の検査の過程でガバナンス報告書について検証（review）している。この検証は，ガバナンス報告書について，①その内容が資源会計決算書の検査の過程で得た検査証拠と矛盾している場合，②その内容がコーポレート・ガバナンス規則等のガイダンスで定められている要求事項を充たしていない場合，③その内容がコーポレート・ガバナンス規則等のガイダンスから逸脱していることを説明していない場合に限り，当該事態を報告することになっている。

　一方，我が国は，各府省に内部統制の有効性を評価することを義務付けていないため，評価報告書を作成しておらず，従って，会計検査院は評価報告

書を検査していない。

(3) 業績情報収集システム

　会計検査院長は政府からの要請を受け，各府省が事業計画で設定しているインプット指標及びインパクト指標の実績値を収集するために構築している業績情報収集システムについて検証（review）している。この検証は，各府省が業績情報収集システムの構築に当たり業績情報の信頼性を確保するためのリスク管理を行い，適切な内部統制を設定しているかどうか，評価する。この検証は，当該府省との合意により3年間で当該府省のすべての業績指標をカバーすることになっている。会計検査院長は検証結果に基づき，不適切な事態を指摘するとともに，信頼性を向上させるための処置を勧告している。

　一方，我が国は，総務省が政策評価法に基づき，政策評価の客観的かつ厳格な実施を担保するための評価を行っているが，目標管理型の政策評価については，主に評価設計に関する審査を行っていて，業績情報収集システムの信頼性に関する審査を義務付けていない。

3　発生主義会計情報の活用状況

　ここでは，日英両国の制度的相違を十分に理解したことを前提に，英国における発生主義会計情報の活用状況を，「公会計に関する基本的考え方」で示された3つの公会計の目的に沿って紹介することとしたい。

3.1　民主的な財政統制

(1) 財政規律

　財務省はGRA法第9条第1項に基づき，GAAPに準拠して中央政府，地方政府及び公的企業を連結した公的部門全体の財務諸表（Whole of Government Accounts：WGA）を作成することとされ，2009-10年度から公表している。WGAは①連結収益費用計算書（Consolidated Statement of Revenue and Expenditure），②連結包括収入計算書（Consolidated Statement of Comprehensive Income），③連結貸借対照表（Consolidated Statement of Financial Position），④連結納税者持分変動計算書（Consolidated Statement of Changes in Taxpayers' Equity），⑤連結キャッシュ・フロー計算書（Consolidated Cash Flow Statement），⑥附属明細書（Notes to the Accounts）で構成され，連結の範囲は SNA とほぼ同一となっている。

　国家統計庁（Office for National Statistics）は SNA の算定に当たり，公的部門の減価償却費については，独自に開発したモデルで算定しているが，2011 年に中央政府分については，WGA のデータを用いることを明らかにした。また，防衛装備品については，取得時に全額費用化していたが，2014 年 9 月から採用している 2010 年欧州経済計算（European System of Accounts 2010）では，GAAP と同様に資産化することとされている。

　また，SNA は過去の政府活動に起因して発生する将来の費用又は損失を負債に計上しないが，WGA は一定の条件を満たす場合，負債に計上している。このような負債には，公務員年金給付債務，引当金，PFI 契約資本債務等が含まれる。予算責任庁（Office for Budget Responsibility）は WGA が SNA と比較してより広い範囲で負債を捉えているため，WGA を用いながら，過去の政府活動に起因して発生する将来世代の負担について分析を行っている（図表 13-4 参照）。このように WGA は，SNA の精度向上に貢献するとともに財政政策の分析・評価にも活用されている。

(2) 複数年度予算

　歳出見直しは，資源 DEL について可能な限りの資源を第一線のサービスに投入するため，その内訳として府省別に管理部門の活動に充てられる管理予算（Administration Budget）の上限を設定している。管理予算は，事業部門がサービスを提供するのに要する直接コスト以外の費用を計上している。さらに，歳出見直しは，各府省に財政活動の効率化を促すため，2000 年 SR から VFM 目標（Value for Money Target），2004 年 SR から効率化目標（Efficiency Target）を設定している。

　効率化目標とは，財務省と各府省の合意により，当該複数年度間に資源 DEL のうち管理予算の一定率を削減する目標のことで，2004 年 SR は年 2.5％，2007 年 CSR は年 5％をそれぞれ設定した。このように管理予算と効率化目標は，各府省に管理部門における財政活動の効率化を促すための財務目標として活用されている。

図表13-4 SNAとWGAの差異分析（2013-14年度）

（単位：10億ポンド）

公的部門の経常的収支赤字		公的部門の純債務	
SNA（Current Deficit）	71	SNA（Net Debt）	1,402
公務員年金給付債務の利息費用	49	WGA連結範囲外の公的企業の債務	△34
資産の減損・評価損	26	公務員年金給付債務	1,302
資本的補助金	11	引当金	142
引当金の増加額	10	運転資本	△45
資産売却益	△4	有形・無形固定資産	△808
研究開発費	3	非流動資産その他の資産	△74
減価償却費の測定差	△8	持分	△67
その他の測定差	△9	PFI契約資本債務の測定差	33
		保有国債の測定差	△45
		発行済国債の測定差	29
		その他の測定差	17
WGA（Net Deficit）	149	WGA（Net Liability）	1,852

（出典）Office for Budget Responsibility（2015）32-33頁より筆者作成

(3) 単年度予算

　各府省の歳出見積書において議会の議決項目は，Part Iの①資源DEL，②資本DEL，③資源AME，④資本AME，⑤予算外支出，⑥純現金要求となっている。Part IIは，Part Iの内訳として①から④の見積額を，施策別に総額から自己収入額を控除した純額で計上している。

　このうち，資源DELについては，当該施策を実施するために管理部門の活動に充てられる管理予算と，当該施策目的を達成するために事業部門の活動に充てられるプログラム予算の内訳をそれぞれ計上している。管理予算の純額合計は，複数年度予算の当該年度分の上限以内に設定され，議会の議決項目ではないが，執行時にプログラム予算から流用して増額変更する場合には財務省から承認を得ることとされている。

(4) 純計予算主義

　各府省の予算は，複数年度予算及び単年度予算において純計予算主義を採用し，いずれも総額から自己収入額を控除した純額で計上しており，各府省は純額で予算統制を受けている。

　自己収入には，資源予算の場合は，財貨・サービスの販売収入，土地・建

物の賃貸料，固定資産の売却益等があり，また，資本予算の場合は，貸付金の元本償還額，金融資産の売却収入，固定資産の売却収入（簿価相当額）等がある。

　歳出見直しは，府省別に自己収入額の目標額を設定しており，各府省は自己収入額が目標額を超えても，その超過額が目標額の20％を超えない場合は，自己収入額の全額を留保することができるとされている。自己収入の増加は予算の節減になるため，歳出見直し時に予測できなかった行政ニーズが生じても，これに対応したサービスに充てる財源に振り向けることが可能となる。このため，各府省は不要資産の売却，賃貸等により自己収入の増加に努めている。

　また，各府省は自己収入額の統制を受けないため，販売収入を財源に財貨・サービスを提供している場合，留保可能な上限の範囲内で，需要に応じた財貨・サービスの提供が可能となる。このように純額による統制は，各府省に財政活動の効率化を促すためのインセンティブとして機能している。

(5) 資源会計決算書

　各府省の資源会計決算書には，歳出見積書PartⅠと同一の区分で作成される議会歳出決算書が含まれていて，この中で，①資源DEL，②資本DEL，③資源AME，④資本AME，⑤予算外支出，⑥純現金要求について，歳出決算額が歳出見積額と対比される形で計上されている（図表13-3参照）。歳出決算額が歳出見積額を超過した場合には，当該超過額について改めて議会の議決を得るため，財務省は歳出超過見積書（Statement of Excesses）を議会に提出している。

　管理予算については，純額合計の歳出決算額が歳出見積額を超過した場合には，仮に資源DELにおいて全体として歳出決算額が歳出見積額以内であったとしても，予算超過とみなされ，議会の議決項目と同様に，当該超過額について改めて議会の議決を得るため，財務省は歳出超過見積書を議会に提出している。このように管理予算は，予算だけではなく決算においても厳しい統制を受けている。

3.2 説明責任の履行
(1) 公務員年金給付債務

　FReMは，公的年金のうち国家公務員年金については，国際財務報告基準のIAS第19号「従業員給付（Employee Benefits）」を適用している。これは，国家公務員年金の将来給付を過去の労働に対する対価と捉え，国家公務員が退職し年金受給資格を取得する以前においても，国家公務員の労働の提供に伴い，雇用主としての国に公務員年金給付債務が毎期発生していると考えているからである。

　年金給付債務（Pension Liabilities）は退職により見込まれる年金給付の総額（年金給付見込額）のうち，期末までに発生したと認められる額（期末時点発生額）を割り引いて計算するとされている。期末時点発生額の計算は，年金給付制度の給付算定式に従って各勤務期間に帰属させた給付に基づいて見積もった額を，年金給付見込額の各期の発生額としている。勤務費用（Current Service Cost）は年金給付見込額のうち当期に発生したと認められる額を割り引いて計算するとされている。また，時間の経過による債務額の増加はコストと認識され，利息費用（Interest on Pension Scheme Liabilities）が期首の年金給付債務に割引率を乗じて計算されている。

　このように人件費のフルコストを算定するため，資源会計決算書には公務員年金給付債務と，これに関連する勤務費用及び利息費用が計上されている。

(2) 資本コストと減損

　FReMは，各府省に対して不要資産の処分等により資産管理の改善を促すため，資本コスト（Cost of Capital）と減損（Impairments）をビルト・インしている。

　資本コストとは，各府省が管理している純資産（資産－負債）の機会費用のことで，当該純資産相当額を市場で運用したならば得られたであろう利益の喪失を意味している。資本コストは貸借対照表上の純資産に一定率を乗じて算定し，包括純費用計算書に費用として計上するとされている。

　また，固定資産において，サービス提供能力が著しく減少し将来にわたりその回復が見込めない状態又は将来の経済的便益が著しく減少した状態になった場合，当該固定資産の貸借対照表価額を回収可能サービス価額まで減

額するとともに，当該減損損失を包括純費用計算書に費用として計上するとされている。

このように不要資産の保有は，各府省にとって費用が増加する要因になるため，資本コストと減損は，発生主義会計情報による予算統制と効率化目標の設定と相まって，不要資産の処分等を促すためのインセンティブとして機能している。

3.3 財政活動の効率化
(1) 政策評価

各府省の事業計画は，投入された公的資金の効率性及び有効性を測定するため，政策別にインプット指標及びインパクト指標をそれぞれ設定している。2012-15年度事業計画によると，主要17府省のインプット指標90件のうち，46件(51.1％)はアウトプット1単位当たりの提供に要するコスト，2件(2.2％)はアウトカム1単位当たりの改善に要するコストとなっており，これらの単位当たりコストにより当該政策の効率性又は費用対効果を測定することが可能となっている。

各府省は定期的にインプット指標の実績値を収集して時系列比較等を行い，それぞれの政策の効率性又は費用対効果を評価するとともに，実績値が悪化傾向にある場合にはコスト分析を行い，当該政策の効率性又は費用対効果の改善を図るための処置を講じている（図表13-5参照）。

また，インプット指標の実績値は，業績報告書において当該府省全体の平均値が公表されているが，アウトプットが地域別又は施設別に提供されている場合，インプット指標の実績値が地域別又は施設別に集計され，その平均値が当該府省の実績値として公表されている。このような場合，各府省はベンチマーキングの手法により，地域別又は施設別の指標の実績値を当該府省の平均値と比較したりなどして，地域別又は施設別の効率性を評価するとともに，平均値と大きな乖離が生じている場合にはコスト分析を行い，それぞれの業務の効率化を図るための処置を講じることが可能となっている。

さらに，単年度予算は発生主義で計上されているため，既存の政策については，当該年度の予算額が削減された場合，アウトプットの1単位当たりコ

図表 13-5　インプット指標（1 府省 1 例）

府省	インプット指標	実績値
内閣府	各府省の政府調達 1 ポンド当たりの中央調達システム運営コスト	0.21 ペンス
企業・革新・技術省	英国企業 1 社当たりの国際化の支援に要する平均コスト	5,826 ポンド
地域・地方政府省	住民 1 人当たりの防災に関する支出額	38.78 ポンド
文化・メディア・スポーツ省	学生 1 人当たりの学校対抗試合への参加に要する平均コスト	2.58 ポンド
教育省	16-19 歳の学生を対象とした教育への支出額	71 億ポンド
環境・食糧・地方問題省	1 戸当たりの一般廃棄物の管理に要するコスト	141.02 ポンド
国際開発省	被援助国国民 1 人当たりの援助した衛生施設の利用に要するコスト	12 ポンド
運輸省	車線マイル当たりの道路網の維持に要するコスト	51,000 ポンド
労働・年金省	前年度と比較した労働・年金省全体の生産性	0%
エネルギー・気候変動省	再生可能エネルギー MWh 当たりの転換奨励に要するコスト	64.65 ポンド
健康省	入院患者 1 人当たりの診療に要するコスト	1,308 ポンド
外務・イギリス連邦省	海外での業績を改善した英国企業 1 社当たりの国際化の支援に要する平均コスト	5,826 ポンド
歳入・税関省	所得税 1 ポンド当たりの徴税に要するコスト	0.83 ペンス
財務省	税制及び支出政策の支援に要する管理コスト	2320 万ポンド
内務省	住民 1 人当たりの警察活動に要するコスト	174 ポンド
防衛省	兵士 1 人当たりの直接人件費	52,106 ポンド
司法省	受刑者 1 人当たりの管理に要するコスト	24,935 ポンド

（出典）各府省の Annual Report and Accounts 2014-15 等より筆者作成

ストを直近の実績値と同じ水準に維持すると仮定すると，予算額の削減により提供できなくなるアウトプットの量を算定することができる。同様に，提供するアウトプットの量を直近の実績値と同じ水準に維持すると仮定すると，予算の削減により節減すべきアウトプットの 1 単位当たりコストを算定することができる。

　このように単年度予算も発生主義で計上されているため，業績評価の結果は，予算の削減がアウトプットの量及びアウトプットの 1 単位当たりコストに及ぼす影響を分析する場合に活用されている。

(2) ベンチマーキング：組織運営コスト

　キャメロン連立政権は2010年 SR において財政の健全化を図るため，今後4年間にわたり各府省の予算を原則19％削減することとした。同政権は政府全体で無駄を省き，効率性の向上を図るため，2010年に効率性・改革グループ（Efficiency and Reform Group：ERG）を内閣府に設置した。ERG は各府省が組織運営に要するコストを削減し，その削減した資源を第一線のサービスに振り向けるため，2010年に各府省を対象に組織運営コストに関する調査を行い，その結果を公表した。

　この調査は，組織運営を①会計業務，②研修業務，③IT 業務，④調達業務，⑤固定資産業務，⑥広報業務，⑦法規業務，⑧情報管理業務に分け，それぞれの業務別に①コスト，②組織運営コスト全体に占める割合，③全職員1人当たりのコスト等を算定している。各府省はベンチマーキングの手法により，各指標の実績値を各府省の平均値又は民間部門の目標値と比較したりなどして，それぞれの効率性を評価するとともに，各府省の平均値又は民間部門の目標値と大きな乖離が生じている場合にはコスト分析を行い，業務の効率化を図るための処置を講じている。

(3) ベンチマーキング：庁舎維持コスト

　キャメロン連立政権は各府省が所有する庁舎等の資産管理の効率化を図るため，2010年に政府資産ユニット（Government Property Unit：GPU）を内閣府に設置した。GPU は各府省が庁舎の縮小，移転，統廃合等を行うことにより，政府全体で庁舎維持コストを削減するため，資産ベンチマーキング・サービスを提供している。各府省は500㎡を超える庁舎を所有している場合，床面積，勤務職員数，賃借料相当額等の当該庁舎に関する基礎的な情報を「電子資産情報所在サービス（Electronic Property Information Mapping Service：e-PIMS）」に登録することを義務付けられている。

　e-PIMS は基礎的な情報が入力されると，庁舎管理の効率性に関する業績情報として，府省別に①庁舎数，②維持コスト，③全職員1人当たりのコスト等を自動的に算定するとともに，地域性等を考慮しながら民間部門とのベンチマーキングを行った結果を各府省に提供している。各府省は資産ベンチマーキング・サービスを利用しながら，庁舎の縮小，移転，統廃合等の資産

管理の効率化を図るための処置を講じている。

(4) 使用料・手数料等の設定

英国は，公的機関が特定の個人に財貨・サービスを提供する場合，原則として対価を徴することを政府の方針としている。各府省は特定の個人に財貨・サービスを提供する場合，財務省の公的資金管理規程（Managing Public Money）に基づき，財貨・サービスの提供に要するフルコスト相当額を使用料・手数料として徴している。このフルコストには，減価償却費，資本コスト等の現金支出を伴わない費用も含まれる。

また，各府省は特定の業者に一定の営業を許可するライセンスを発行する場合，ライセンスの発行に要するフルコスト相当額を発行料として徴している。このフルコストには，各府省の監督及び登録に要するコストが含まれる。

さらに，各府省は市場において財貨・サービスを提供する場合，市場価格で価格を設定している。この市場価格には，使用した資源に対する正当な利益が含まれる。このように各府省は，対価と交換に財貨・サービスを提供する場合には，コスト情報が必要になり，発生主義会計情報を用いている。

(5) 意思決定会計

各府省は政策の実施前，財務省の公的資金管理規程に基づき，諸代替案の比較検討を行い，検討結果に基づき，どの代替案を選択するかの意思決定を行っている。このような意思決定には，①新規事業を実施するか又は実施しないか，②規制を実施するか又は実施しないか，③事業を直接行うか又は委託するか（市場化テスト），④施設を新設するか，更新するか又は廃棄するか，⑤財貨,サービス又は労働力を調達するか又は調達しないかなどが含まれる。

各府省は意思決定に当たり，政策目的を達成するための諸代替案を選別した後，代替案別に発生すると見込まれるコストと便益を特定し，最も費用対効果の高い代替案を選択する。便益については，金銭価値化できる場合とできない場合があるが，コストについては，市場価格又は過去の実績に基づいて金銭価値化を行い，フルコストが算定される。このように各府省は，代替案を選択する場合には，コスト情報が必要になり，発生主義会計情報を用いている。

(6) プログラム評価

各府省は政策の実施後，財務省の公的資金管理規程に基づき，プログラム評価を行い，評価結果に基づき，当該政策の継続，改善又は廃止に関する意思決定を行っている。プログラム評価（Program Evaluation）とは，政策の計画，実施過程，インパクト及び費用対効果について社会科学の調査研究手法を用いて体系的に評価する手法のことである。プログラム評価は，①セオリー評価，②プロセス評価，③インパクト評価，④コスト・パフォーマンス評価の手法を用いる。

このうち，コスト・パフォーマンス評価は，社会的効果の定量化又は金銭価値化の有無に応じて分析手法を選択するが，いずれの分析手法を用いる場合でもコスト情報が必要になる。コストは社会的費用として算出されるが，その中核は政策の実施に要したコストであるため，コスト・パフォーマンス評価を行う場合には，発生主義会計情報を用いている。

参考文献

1　日本語文献

東信男（2000）「国の公会計制度改革の課題と展望」『会計検査研究』第 22 号

東信男（2001）「我が国の政策評価制度の課題と展望」『会計検査研究』第 24 号

東信男（2002a）「政策評価の留意事項と実施状況－ベスト・プラクティスを求めて－」『会計検査研究』第 25 号

東信男（2002b）「NPM における会計検査院の役割－その国際的動向－」『会計検査研究』第 26 号

東信男（2003）「各国会計検査院の業績評価－モデル・ケースを目指して－」『会計検査研究』第 28 号

東信男（2004）「NPM における会計検査院の役割－大陸系諸国の動向－」『会計検査研究』第 29 号

東信男（2005a）「プログラム評価の手法と総合評価の実施状況」『会計検査研究』第 31 号

東信男（2005b）「政策評価制度の課題と展望－政策評価法施行後 3 年を経過して－」『会計検査研究』第 32 号

東信男（2005c）「第 2 章 わが国の公会計制度改革：現状と課題」山本清編著『「政府会計」改革のビジョンと戦略』中央経済社

東信男（2006a）「省庁別財務書類の課題と展望」『会計検査研究』第 33 号

東信男（2006b）「イギリスにおける公会計制度改革の検証－効果と課題－」『会計検査研究』第 34 号

東信男（2007a）「検査要請と米国会計検査院（GAO）」『会計検査研究』第 35 号

東信男（2007b）「INTOSAI における政府会計検査基準の体系化－国際的なコンバージェンスの流れの中で－」『会計検査研究』第 36 号

東信男（2008a）「独立行政法人監査基準の課題－グローバル・スタンダードを目指して－」『会計検査研究』第 37 号

東信男（2008b）「独立行政法人監査基準の課題（2）－グローバル・スタンダードを目指して－」『会計検査研究』第 38 号

東信男（2009a）「イギリス中央政府における国際会計基準（IAS/IFRS）の導入－公会計の目的に対応させながら－」『会計検査研究』第 39 号

東信男（2009b）「独立行政法人会計基準の課題と展望－損益計算に焦点を当てて－」『会計検査研究』第 40 号

東信男（2010）「国の行政機関への内部統制制度の導入－欧米諸国の現状と我が国への示唆－」『会計検査研究』第 41 号

参考文献

東信男（2011a）「英国会計検査院（NAO）におけるコーポレート・ガバナンスの改革」『会計検査研究』第 43 号
東信男（2011b）『会計検査院の検査制度』中央経済社
東信男（2011c）「環境検査の現状と展望－INTOSAI の勧告に応えるために－」『会計検査研究』第 44 号
東信男（2012a）「イギリスにおける発生主義財務情報の活用状況－財政統制に焦点を当てて－」『会計検査研究』第 45 号
東信男（2012b）「イギリスにおける発生主義財務情報の活用状況－政策評価に焦点を当てて－」『会計検査研究』第 46 号
東信男（2012c）「第 9 章 効率的運営が求められる独立行政法人の会計」大塚宗春・黒川行治編『第 9 巻 政府と非営利組織の会計 体系現代会計学』中央経済社
東信男（2013a）「不正の検査－現状と展望－」『早稲田商学』第 434 号
東信男（2013b）「我が国の災害検査の現状と展望－東日本大震災を経験して－」『会計検査研究』第 47 号
東信男（2013c）「改革を迫られた独立行政法人制度－独法会計に焦点を当てて－」『会計検査研究』第 48 号
東信男（2014）「政府会計検査の基礎的概念と原則－INTOSAI の ISSAI と比較した我が国の会計検査－」『会計検査研究』第 50 号
東信男（2015a）「イギリスにおける発生主義財務情報の活用状況－財政活動の効率化を目指して－」『季刊行政管理研究』第 149 号
東信男（2015b）「政策評価と会計検査－政策評価が有効性の検査に与えた影響－」『会計検査研究』第 51 号
東信男（2016）「新地方公会計統一基準の現状と課題－ＩＰＳＡＳＢの概念フレームワーク・ＩＰＳＡＳと比較して－」『会計検査研究』第 53 号
新井清光・川村義則（2014）『現代会計学』中央経済社
伊澤賢司（2014）「IPSASB 概念フレームワークの公表と我が国公会計の発展の可能性」JAGR 特別セミナー基調報告
稲沢克祐（2009）『公会計（新訂版）』同文舘出版
大鹿行宏（2011a）『債権管理法講義』大蔵財務協会
大鹿行宏（2011b）『物品管理法講義』大蔵財務協会
会計検査院（2011a）「独立行政法人における運営費交付金の状況について」『会計検査院法第 30 条の 2 の規定に基づく報告書』
会計検査院（2011b）『平成 22 年度決算検査報告』
会計検査院（2012a）『会計検査基準（試案）』
会計検査院（2012b）「独立行政法人における不要財産の認定等の状況に関する会計検査の結果について」『会計検査院法第 30 条の 3 の規定に基づく報告書』

会計検査院（2012c）『平成 23 年度決算検査報告』
会計検査院（2013）『平成 24 年度決算検査報告』
会計検査院（2014）『平成 25 年度決算検査報告』
会計検査院（2015a）『会計検査院 BOARD OF AUDIT 平成 27 年版』
会計検査院（2015b）『会計検査のあらまし－平成 26 年会計検査院年報－』
国土交通省（2008）『費用便益分析マニュアル』
小村武（2008）『予算と財政法』新日本法規出版
財政会計法規編集室（2015）『財政小六法 平成 28 年版』学陽書房
財務省（2003）『公会計に関する基本的考え方』
財務省（2010）『政策別コスト情報の把握と開示について』
財務省（2011a）『国有財産台帳の価格改訂に関する評価要領について』
財務省（2011b）『省庁別財務書類の作成について』
財務省（2014a）『平成 25 年度一般会計歳入歳出決算』
財務省（2014b）『平成 25 年度国の債権の現在額総報告』
財務省（2014c）『平成 25 年度国有財産増減及び現在額総計算書』
財務省（2014d）『平成 25 年度第 4・四半期国庫の状況報告書』
財務省（2014e）『平成 25 年度物品増減及び現在額総報告』
財務省（2015a）『「国の財務書類」ガイドブック』
財務省（2015b）『財政法第 28 条等による平成 27 年度予算参考書類』
財務省（2015c）『日本の財政関係資料』
財務省（2015d）『平成 25 年度国の財務書類（一般会計・特別会計）』
財務省（2015e）『平成 25 年度「国の財務書類」のポイント（「一般会計・特別会計合算」及び「連結」）』
財務省（2015f）『平成 26 年度一般会計決算概要（剰余金）』
新日本有限責任監査法人（2012）『よくわかる独立行政法人会計基準（改訂第 3 版）』白桃書房
鈴木豊・兼村高文（2010）『公会計講義』税務経理協会
総務省（2014a）『今後の新地方公会計の推進に関する研究会報告書』今後の新地方公会計の推進に関する研究会
総務省（2014b）『平成 25 年度政策評価等の実施状況及びこれらの結果の政策への反映状況に関する報告』
総務省（2015）『独立行政法人評価年報（25 年度版）』
独立行政法人会計基準研究会（1999）『独立行政法人会計基準中間的論点整理』
内閣府経済社会総合研究所（2015）『平成 25 年度国民経済計算年報』
中村実（2015）『国有財産法精解』大蔵財務協会
農林水産省（2013）「農林水産分野の地球環境対策」『総合評価書』

広瀬義州（2014）『財務会計』中央経済社
福田淳一（2010）『会計法精解』大蔵財務協会
文部科学省（2014）「大学などにおける教育研究の質の向上」『平成26年度実施施策に係る事前分析表』
文部科学省（2015a）『平成25年度文部科学省 省庁別財務書類』
文部科学省（2015b）『平成25年度文部科学省 省庁別連結財務書類』
文部科学省（2015c）『平成25年度文部科学省 政策別コスト情報』
山本清（2012）「第1章 政府会計の基盤」大塚宗春・黒川行治編『第9巻 政府と非営利組織の会計 体系現代会計学』中央経済社

2　外国語文献

Cabinet Office（2010）Commentary to Back Office Benchmark Information 2009/10.
COSO（2013）Internal Control – Integrated Framework.
HM Government（2013）The State of the Estate in 2013.
HM Treasury（2004）The Orange Book Management of Risk – Principles and Concepts.
HM Treasury（2007）Managing Public Money.
HM Treasury（2011a）Supply Estimates: a guidance manual.
HM Treasury（2011b）THE GREEN BOOK Appraisal and Evaluation in Central Government.
HM Treasury（2011c）The Megenta Book: Guidance for evaluation.
HM Treasury（2015a）Central Government Supply Estimates 2015-16 Main Supply Estimates.
HM Treasury（2015b）Financial Reporting Manual 2014-2015.
HM Treasury（2015c）Public Expenditure Statistical Analyses 2015.
IPSASB（2014a）Handbook of International Public Sector Accounting Pronouncements 2014 Edition.
IPSASB（2014b）The Conceptual Framework for General Purpose Financial Reporting by Public Sector Entities.
Office for Budget Responsibility（2015）Fiscal sustainability report.

索　引

【あ】

アウトカム ……………………………… 14, 73
アウトプット …………………………… 14, 73
IAS/IFRS ………………………………… 198
IFAC ……………………………………… 195
IPSAS …………………………………… 195
IPSASB ………………………………… 195
意見表示・処置要求事項 ……………… 104
意思決定 ………………………………… 199
一般会計 ………………………………… 20
一般競争契約 …………………………… 41
一般に認められた会計原則（英） …… 217
一般に認められた監査基準（英） …… 222
移用 ……………………………………… 32
インパクト評価 ………………………… 74
インプット ……………………………… 14, 72
インプット指標（英） ………………… 221
移替え …………………………………… 33
運営費交付金 …………………… 165, 180
ADAMS …………………………………… 38
AME（英） ……………………………… 217
SNA（英） ……………………………… 217

【か】

会計 ……………………………………… 1
会計年度 ………………………………… 19
会計年度独立の原則 ………………… 19, 108
会計検査院 ……………………………… 89
会計検査院長 …………………………… 91
会計検査院長（英） ……………………… 222
会計検査基準（試案） ………………… 98
会計法令 ………………………………… 9
概算要求 ………………………………… 27
概念フレームワーク …………………… 196
外部要因 ………………………………… 14, 73
各省各庁の長 …………………………… 6
ガバナンス報告書（英） ……………… 221
官署支出官 ………………………… 37, 38, 52
官庁会計事務データ通信システム
　………………………………………… 38
管理 ……………………………… 52, 57, 63

管理歳出総額（英） …………………… 217
管理予算（英） ………………………… 224
期間進行基準 …………………………… 166
企業会計 ………………………………… 1, 115
基礎的財政収支 ………………………… 26, 110
キャッシュ・フロー計算書 …………… 164
行政活動 ………………………………… 14, 72
行政財産 ………………………………… 62
行政サービス …………………………… 14, 72
行政サービス実施コスト計算書
　………………………………… 164, 178
行政事業レビュー ……………………… 82, 86
行政執行法人 …………………………… 157
業績測定 ………………………………… 77
業務達成基準 …………………………… 165
業務費用計算書 ……………… 121, 130, 204
国 ………………………………………… 6
国の債権の現在額総報告 ……………… 55, 111
国の債務に関する計算書 ……………… 66, 111
国の財務書類 …………………………… 119, 141
区分別収支計算書 …………… 122, 135, 204
繰越明許費 ……………………………… 25
経営努力 ………………………………… 162
経済性 …………………………………… 15
経済性の検査 …………………………… 96
経常的収支 ……………………………… 18, 115
継続費 …………………………………… 24, 44
契約担当官 ……………………………… 41
決算 ……………………………………… 4, 43
決算検査報告 …………………………… 46, 101
決算の確認 ……………………………… 44
原価計算 ………………………………… 116
現金主義会計 …………………………… 9, 110
検査官 …………………………………… 91
建設公債の原則 ………………………… 22
減損 ……………………………… 123, 175, 205
減損（英） ……………………………… 227
項 ………………………………………… 24, 30
効果 ……………………………………… 14, 73
公会計 …………………………………… 1
交換取引 ………………………………… 2
公共用財産 ……………………………… 62, 126
皇室用財産 ……………………………… 62

公的サービス透明性フレームワーク（英）……………………………………221
公的部門全体の財務諸表（英）…………223
公用財産……………………………………62
合規性の検査………………………………95
効率性…………………………………15, 79
効率性の検査………………………………96
効率化目標………………………………188
効率化目標（英）………………………224
国際会計基準審議会……………………198
国際会計士連盟…………………………195
国際公会計基準…………………………195
国際公会計基準審議会…………………195
国際財務報告基準………………………198
国債整理基金特別会計……………………67
国民経済計算………………………26, 110
国民経済計算（英）……………………217
国有財産……………………………………62
国有財産増減及び現在額総計算書
　………………………………………65, 111
国有財産法…………………………………62
国立研究開発法人………………………157
コスト・パフォーマンス評価……………76
COSOフレームワーク…………………151
COSOフレームワーク（英）…………221
国庫金………………………………40, 50
国庫債務負担行為…………………………25
国庫の状況報告書……………………51, 111

【さ】

債権…………………………………………52
債権管理法…………………………………51
財産管理……………………………11, 111
歳出…………………………………………18
歳出超過見積書（英）…………………226
歳出見積書（英）………………………218
歳出予算……………………………………24
歳出予算法（英）………………………218
財政…………………………………………2, 8
財政活動の効率化…………………………6
財政管理作用………………………………9
財政規律…………………………………110
財政規律（英）…………………………217
財政権力作用………………………………8
財政状態…………………………144, 162
財政統制……………………………5, 89
財政民主主義………………………3, 89

歳入…………………………………………18
歳入決算明細書……………………………44
歳入歳出外現金……………………………12
歳入歳出決算………………………………44
歳入歳出予算………………………………23
歳入徴収官……………………………34, 52
歳入予算……………………………………23
歳入予算明細書……………………24, 28
財務業績……………………………134, 143
サービス業績情報………………………211
サービス業績目標………………………211
暫定予算……………………………………22
事業計画（英）…………………………221
事業評価方式………………………………80
事業報告書………………………………188
資金…………………………………………12
資金前渡官吏………………………………39
資源…………………………………14, 72
資源会計決算書（英）…………………219
資源会計・予算（英）…………………215
資源予算（英）…………………………217
事項…………………………………………28
事故繰越し…………………………………25
事後処置状況……………………………105
施策…………………………………14, 30, 72
資産除去債務……………………168, 207
資産・負債差額…………………129, 144
資産・負債差額増減計算書
　……………………………122, 132, 204
支出…………………………………10, 18
支出負担行為………………………………31
支出負担行為確認官………………………37
支出負担行為計画…………………………37
支出負担行為実施計画……………………31
支出負担行為担当官………………36, 41
支出負担行為認証官………………………37
実績評価方式………………………………80
支払計画……………………………………32
資本コスト………………………………189
資本コスト（英）………………………227
資本の収支………………………18, 115
資本取引…………………………………161
資本予算（英）…………………………217
事務事業…………………………14, 30, 72
指名競争契約………………………………41
収入…………………………………10, 18
収入官吏……………………………………35
従業員給付………………………………208

239

従業員給付（英）………………… 227	
重要物品 ………………………… 57, 60	
純計予算主義 ……………………… 18	
純計予算主義（英） ……………… 225	
純剰余金 …………………………… 46	
省庁別財務書類 ………………… 119, 121	
省庁別財務書類の作成基準	
………………………… 119, 123, 198	
省庁別連結財務書類 …………… 119, 139	
情報の質的特性 …………………… 200	
将来世代の負担 ………… 111, 146, 186	
将来世代の負担（英） …………… 224	
剰余金 ……………………………… 46	
所管 ………………………………… 24	
処置済事項 ………………………… 104	
森林経営用財産 …………………… 62	
CSR（英）………………………… 217	
GAAP（英）……………………… 217	
GAAS（英）……………………… 222	
随意契約 …………………………… 42	
随時報告 …………………………… 100	
出納員 ………………………… 35, 40	
出納官吏 ……………………… 35, 39	
出納整理期間 ……………………… 20	
出納整理期限 ………………… 20, 109	
正確性の検査 ……………………… 94	
政策（狭義） ………………… 14, 30, 72	
政策手段 …………………………… 7	
政策体系 …………………… 14, 30, 72	
政策評価制度 ……………………… 77	
政策別コスト情報 ……………… 119, 146	
政策目的 …………………………… 2	
政府出資法人 …………………… 7, 113	
政府預金 …………………………… 50	
セオリー …………………………… 72	
セオリー評価 ……………………… 73	
セグメント情報 …………………… 187	
世代間負担の公平性 … 22, 111, 118, 144, 146	
説明責任 ………………………… 5, 199	
選択的検査対象 …………………… 93	
センター支出官 …………………… 39	
総計予算主義 ………………… 18, 108	
総合評価方式 ……………………… 82	
組織 ………………………………… 24	
損益外費用 ……………………… 161, 166	
損益計算書 ……………………… 163, 185	
損益取引 …………………………… 161	
損益の均衡 ……………………… 161, 192	

【た】

貸借対照表 ………… 121, 124, 162, 185, 204
台帳価格の改訂 …………………… 65
単位当たりコスト ………… 86, 152, 190
単位当たりコスト（英）………… 221
単式簿記 …………………………… 10
単年度予算 ………………………… 108
WGA（英）……………………… 223
中期計画 …………………………… 159
中期財政計画 ……………………… 26
中期目標 …………………………… 159
中期目標管理法人 ………………… 157
調査決定 …………………………… 34
TME（英）……………………… 217
DEL（英）……………………… 217
投入 …………………………… 14, 72
特定検査状況 ……………………… 105
特別会計 …………………………… 21
特別会計財務書類 …………… 12, 119
独法会計 …………………………… 158
独立行政法人 ………………… 86, 155
独立行政法人会計基準 …………… 158
独立行政法人会計基準注解 ……… 158
特例公債 …………………………… 22
特記事項 …………………………… 104

【な】

日本銀行 …………………………… 40
年次報告・決算書（英）………… 221
年度管理歳出額（英）…………… 217
年度計画 …………………………… 159
納入の告知 ………………………… 34

【は】

発生主義会計 ………………… 10, 115
発生主義コスト情報 ………… 86, 114
非交換取引 ………………………… 3
必要性 ……………………………… 79
必要的検査対象 …………………… 93
費用収益相殺 …………………… 161, 170
費用進行基準 ……………………… 166
部局等の長 ………………………… 63
複式簿記 ……………………… 10, 115
複数年度予算（英）……………… 217

府省別歳出限度額（英）................. 217
附属明細書..................... 123, 164, 204
普通財産................................ 62
物品................................... 56
物品管理官............................. 57
物品管理法............................. 56
物品供用官............................. 58
物品出納官............................. 58
物品増減及び現在額総報告........... 61, 111
不当事項............................... 104
プライマリー・バランス............. 26, 110
フルコスト.................. 116, 187, 190
フルコスト（英）...................... 231
プログラム評価......................... 73
プログラム評価（英）.................. 232
プロセス評価........................... 73
ベンチマーキング...................... 190
ベンチマーキング（英）........... 228, 230
包括的歳出見直し（英）................ 217
補正予算............................... 23

【ま】

メタ評価............................... 77
目..................................... 24
目的積立金...................... 162, 190

目標管理型の政策評価.................. 82

【や】

有効性............................. 15, 79
有効性の検査........................... 97
予算............................ 4, 17, 28
予算責任憲章（英）.................... 216
予算執行............................... 11
予算・実績比較計算書.................. 210
予算総則............................... 23
予算体系............................... 30
予算単一の原則.................... 20, 109
予算の配賦............................. 31
予定価格............................... 42
予定経費要求書.................... 24, 28
予備費................................. 33

【ら】

利益の処分又は損失の処理に関する
　書類................................ 164
流用................................... 33
連結決算.............................. 116
ロジック・モデル................. 14, 72

【監修者紹介】

山浦　久司（やまうら　ひさし）

昭和23年生まれ（福岡県出身）
昭和51年　一橋大学大学院商学研究科会計学専攻博士課程単位取得
同年　　　千葉商科大学商経学部専任講師
昭和60年　千葉大学法経学部助教授
平成3年　 同教授
平成6年　 一橋大学博士（商学）
平成9年　 明治大学経営学部教授および同会計専門職研究科長
　　　　　この間，税理士試験委員，公認会計士試験委員，企業会計審議会監査部会長等を歴任
平成20年　会計検査院検査官就任
平成25年　会計検査院長（同5月定年退官）
同年9月　 明治大学会計専門職研究科教授，現在に至る
著書：『英国株式会社会計制度論』（平成5年，白桃書房，平成5年度日本会計研究学会太田賞）
　　　『会計監査論』（平成11年，中央経済社，第28回日本公認会計士協会学術賞）等多数

【著者紹介】

東　信男（あずま　のぶお）

昭和31年生まれ（岩手県出身）
昭和55年　横浜国立大学経済学部卒業
同年　　　会計検査院採用
昭和61年　ロチェスター大学経営大学院修士課程修了（MBA）
平成18年　事務総長官房調査課長
平成22年　第2局厚生労働検査第1課長
平成24年　事務総長官房審議官（検査支援・国際担当）
平成25年　事務総長官房調査課国際検査情報分析官，現在に至る
　　　　　この間，名古屋大学経済学部講師，早稲田大学商学学術院非常勤講師，明治大学兼任講師
著書：『会計検査院の検査制度』（平成23年，中央経済社）
　　　『第9巻 政府と非営利組織の会計　体系現代会計学』（共著，平成24年，中央経済社）

■ **政府公会計の理論と実務**
　国の予算・決算制度，財産管理，政策評価及び国際公会計基準への対応

■ 発行日──2016年3月26日　初版発行　　　　　　　　　　〈検印省略〉

■ 監修者──山浦久司
■ 著　者──東　信男
■ 発行者──大矢栄一郎
■ 発行所──株式会社　白桃書房

　　　〒101-0021　東京都千代田区外神田5-1-15
　　　☎03-3836-4781　📠03-3836-9370　振替00100-4-20192
　　　http://www.hakutou.co.jp/

■ 印刷・製本──藤原印刷

　　　Ⓒ Hisashi Yamaura, Nobuo Azuma 2016 Printed in Japan　ISBN 978-4-561-36212-8 C3034

本書のコピー，スキャン，デジタル化等の無断複製は著作権法上での例外を除き禁じられています。本書を代行業者等の第三者に依頼してスキャンやデジタル化することは，たとえ個人や家庭内の利用であっても著作権法上認められておりません。

JCOPY 〈（社）出版者著作権管理機構　委託出版物〉
本書の無断複写は著作権法上の例外を除き禁じられています。複写される場合は，
そのつど事前に，（社）出版者著作権管理機構（電話 03-3513-6969，FAX 03-3513-6979，
e-mail：info@jcopy.or.jp）の許諾を得てください。

落丁本・乱丁本はおとりかえいたします。

好評書

山浦久司・廣本敏郎【編著】
ガイダンス企業会計入門(第4版)　　本体 1,905 円
―手ほどき　絵ほどき　A to Z

新日本有限責任監査法人【著】
よくわかる国立大学法人会計基準(実践詳解)　　本体 5,800 円
―第7版

新日本有限責任監査法人【著】
よくわかる独立行政法人会計基準(実践詳解)　　本体 5,500 円
―改訂第3版

平野秀輔【著】
非上場株式に関する相続税・贈与税の問題点　　本体 3,200 円
―応能負担原則からの考察と分離型の導入

安部和彦【著】
消費税の税率構造と仕入税額控除　　本体 3,400 円
―医療非課税を中心に

亀井孝文【著】
公会計改革論　　本体 11,000 円
―ドイツ公会計研究と資金理論的公会計の構築

亀井孝文【著】
明治国づくりのなかの公会計　　本体 1,905 円

桜井久勝【編著】
テキスト国際会計基準(第6版)　　本体 3,300 円

越知克吉【著】
会計士物語(第3版)　　本体 2,381 円
―公認会計士の仕事と生活

――――― 東京　白桃書房　神田 ―――――

本広告の価格は本体価格です。別途消費税が加算されます。